日本商工会議所主催 簿記検定試験

検定 簿記ワークブック

2級

渡部裕亘
片山　覚 ［編著］
北村敬子

商業簿記

JN011544

中央経済社

■検定簿記ワークブック　編著者・執筆者一覧

巻	編成	編者（太字は主編者）	執筆者	
1級	商業簿記・会計学 上巻	渡部　裕亘（中央大学名誉教授） 片山　　覚（早稲田大学名誉教授） **北村　敬子**（中央大学名誉教授）	北村　敬子	石川　鉄郎（中央大学教授） 川村　義則（早稲田大学教授） 藤木　潤司（龍谷大学教授） 菅野　浩勢（早稲田大学准教授） 中村　英敏（中央大学准教授）
	商業簿記・会計学 下巻	渡部　裕亘（中央大学名誉教授） 片山　　覚（早稲田大学名誉教授） **北村　敬子**（中央大学名誉教授）	北村　敬子	石川　鉄郎（中央大学教授） 小宮山　賢（早稲田大学教授） 持永　勇一（早稲田大学教授） 川村　義則（早稲田大学教授） 藤木　潤司（龍谷大学教授） 中村　英敏（中央大学准教授） 小阪　敬志（日本大学准教授）
	工業簿記・原価計算 上巻	**岡本　　清**（一橋大学名誉教授 東京国際大学名誉教授） 廣本　敏郎（一橋大学名誉教授）	廣本　敏郎	鳥居　宏史（明治学院大学名誉教授） 片岡　洋人（明治大学教授） 藤野　雅史（日本大学教授）
	工業簿記・原価計算 下巻	**岡本　　清**（一橋大学名誉教授 東京国際大学名誉教授） 廣本　敏郎（一橋大学名誉教授）	廣本　敏郎	尾畑　　裕（明治学院大学教授） 伊藤　克容（成蹊大学教授） 荒井　　耕（一橋大学大学院教授） 渡邊　章好（東京経済大学教授）
2級	商業簿記	**渡部　裕亘**（中央大学名誉教授） 片山　　覚（早稲田大学名誉教授） 北村　敬子（中央大学名誉教授）	渡部　裕亘	三浦　　敬（横浜市立大学教授） 増子　敦仁（東洋大学准教授） 石山　　宏（山梨県立大学教授） 渡辺　竜介（関東学院大学教授） 可児島達夫（滋賀大学准教授）
	工業簿記	岡本　　清（一橋大学名誉教授 東京国際大学名誉教授） **廣本　敏郎**（一橋大学名誉教授）	廣本　敏郎	中村　博之（横浜国立大学教授） 簗本　智之（小樽商科大学教授） 挽　　文子（元一橋大学大学院教授） 諸藤　裕美（立教大学教授） 近藤　大輔（立正大学准教授）
3級	商業簿記	渡部　裕亘（中央大学名誉教授） **片山　　覚**（早稲田大学名誉教授） 北村　敬子（中央大学名誉教授）	片山　　覚	森田　佳宏（駒澤大学教授） 川村　義則（早稲田大学教授） 山内　　暁（早稲田大学教授） 福島　　隆（明星大学教授） 清水　秀輝（羽生実業高等学校教諭）

ま え が き

　本書「検定簿記ワークブック」は，日本商工会議所・各地商工会議所主催の簿記検定試験を受験しようとする皆さんに，真に簿記に関する実力をつけていただきたいと願って編集・出版されたものです。

　学習効果を高めるために，「検定簿記講義」と本書「検定簿記ワークブック」をセットとして，一体的に勉強できるように配慮しています。

　簿記の学習では，取引の仕訳から，財務諸表の作成までの帳簿システムや，計算の技術を学び，またその基礎となる簿記や会計のしくみを学んでいかなければなりません。

　簿記教育の経験上，簿記の学習の効果を高め，真の実力や応用力をつけ，合格して目標を達成するためには，単に簿記のテキストを読んで，頭で理解するだけでは十分とはいえません。

　簿記の学習では，実際に鉛筆・ペン，そして電卓等の計算機を使用して，仕訳や記帳練習を繰り返し行い，また計算・作表などの訓練を，繰り返し実践していくことが大切です。すなわち，頭だけでなく，身体で覚えることが必要です。その努力を続けることにより，財務的センス，会計的センスをいつの間にか向上させます。

　最近では，IT機器の発達により，コンピューターによる事務合理化が進んでいます。しかし，コンピューターのマニュアルどおりに事務処理を行うだけでは意味がありません。複式簿記の基本的なシステムや会計の基本的な考え方を理解していなければ，企業の経理処理の本質は理解できませんし，貸借対照表や損益計算書などの意義や活用の仕方もわからないことになります。

　簿記や会計を学ぼうとする皆さんにとって大事なことは，1つひとつの取引を正確に仕訳し，記帳し，アウトプットとしての財務諸表をしっかりと着実に作成するためのノウハウを，一歩一歩着実に自分のものとしていくことです。

　この「検定簿記ワークブック」は，そのようなノウハウを十分身につけてもらえるよう，さまざまな工夫をしてあります。主な工夫を挙げてみると次のような事項があります。

(1) 「検定簿記講義」のテキストと「検定簿記ワークブック」の記帳練習帳が，一体となった構成により編集されています。

(2) 「検定簿記講義」の学習内容や学習者の勉学の進度に合わせて，体系的に学習できるように多くの観点からの練習問題を設定しています。

(3) 各練習問題などについては，その正しい解答と解説を用意し，着実に，そして納得のい

1

く学習が，自主的にできるよう配慮しています。

⑷　最新の日商簿記検定試験の出題区分表に準拠し，最近の出題傾向などにも配慮して編集してあります。

　日商簿記検定は，3級と2級について，2020年12月より，年3回（6月，11月，2月）の試験日に加えて，新試験（ネット試験）が導入されています。これまで実施されてきたペーパー試験（統一試験と呼んでいます）に加え，随時，試験の受験が可能なネット試験が並行して行われています。ネット試験は受験者の自宅ではなく，商工会議所が認定したテストセンターで受験し，実施から採点，合否判定，デジタル合格証の交付（即日交付）までインターネット上で行われています。

　日商簿記検定の制度は，デジタル化時代の流れとともに変化しています。しかし，複式簿記の習得に必要な基本的知識は変わりがありません。本書のような問題集の内容をしっかり理解し，着実な学習を積み重ねれば，どのような出題・解答形式にも柔軟に対応することが可能となります。

　本シリーズが，皆さんの受験対策，学習のためにさらに愛されていくことを，編著者一同，心より願っています。

　2024年2月

編　著　者

〔問題編〕

〔解答編〕　別　冊　（取りはずし式）

当社ホームページに本書に関する情報を掲載しておりますので，ご参照ください。

「簿記ワークブック」で検索！

🔍 簿記ワークブック ｜ 検索

検定簿記ワークブック

２級/商業簿記〔問題編〕

第 1 章
簿記一巡の手続と財務諸表

学習のポイント

1 財務諸表の体系と作成を学びます。

2 **損益計算書**は，一定期間の経営成績を明らかにするため，営業損益計算区分，経常損益計算区分および純損益計算区分に3区分して作成します。

3 営業損益計算区分には，Ⅰ売上高からⅡ売上原価を控除して売上総利益を算出し，さらにⅢ販売費及び一般管理費を控除して営業損益を記載します。

4 経常損益計算区分では，営業損益にⅣ営業外収益とⅤ営業外費用を加減して経常損益を記載します。

5 純損益計算区分では，経常損益にⅥ特別利益とⅦ特別損失を加減して税引前当期純損益を記載し，さらに法人税，住民税および事業税を控除して当期純利益を記載します。

6 **貸借対照表**は，一定時点の財政状態を明らかにするため，資産の部，負債の部および純資産の部に区分して作成します。

7 資産の部は，流動資産，固定資産の順に記載します。固定資産は，有形固定資産，無形固定資産および投資その他の資産に細区分します。

8 負債の部は，流動負債と固定負債の順に記載します。

9 純資産の部は，株主資本，評価・換算差額等の順に記載します。株主資本は，資本金，資本剰余金および利益剰余金の順に記載します。

問題 1-1 下記の決算整理後残高試算表にもとづいて損益計算書，貸借対照表を完成しなさい。

[解答上の注意]

1 当期商品仕入高は¥2,367,600であった。

2 貸倒引当金は売上債権に対し2％を計上している。

3 貸借対照表の純資産は，資本金と当期純利益を区別し，後者は繰越利益剰余金として表示すること。

決算整理後残高試算表

現　　　　　金	258,600	支 払 手 形	246,100
当 座 預 金	943,200	買 掛 金	324,800
受 取 手 形	350,000	未 払 金	160,000
売 掛 金	1,250,000	未 払 費 用	13,500
貸 付 金	376,200	長 期 借 入 金	1,000,000
繰 越 商 品	285,400	貸 倒 引 当 金	32,000
前 払 費 用	16,200	建物減価償却累計額	360,000
建　　　　　物	2,000,000	備品減価償却累計額	164,200
備　　　　　品	500,000	資 本 金	4,174,300
土　　　　　地	845,400	売　　　　　上	3,925,000
仕　　　　　入	2,345,800	受 取 利 息	47,500
給　　　　　料	964,800	固定資産売却益	36,000
広 告 宣 伝 費	168,200		
貸倒引当金繰入	25,400		
減 価 償 却 費	96,200		
保 険 料	28,000		
支 払 利 息	30,000		
	10,483,400		10,483,400

損 益 計 算 書

```
Ⅰ 売 上 高                              (          )
Ⅱ 売上原価
     商品期首棚卸高        (          )
     当期商品仕入高          2,367,600
          合　計          (          )
     商品期末棚卸高        (          )    (          )
          売上総利益                      (          )
Ⅲ 販売費及び一般管理費
     給　　料                964,800
     広 告 宣 伝 費        (          )
     貸倒引当金繰入        (          )
     減 価 償 却 費        (          )
     保 険 料              (          )    (          )
          営 業 利 益                      (          )
Ⅳ 営業外収益
     受 取 利 息                          (          )
Ⅴ 営業外費用
     支 払 利 息                            30,000
          経 常 利 益                      (          )
Ⅵ 特別利益
     固定資産売却益                        (          )
          当期純利益                      (          )
```

貸 借 対 照 表

資産の部			負債の部		
Ⅰ　流動資産			Ⅰ　流動負債		
現　　　　　金		258,600	支　払　手　形		246,100
当　座　預　金		943,200	買　　掛　　金		324,800
受　取　手　形	（　　　　）		未　　払　　金		160,000
貸倒引当金	（　　　　）	（　　　　）	未　払　費　用		13,500
売　　掛　　金	（　　　　）		流動負債合計		（　　　　）
貸倒引当金	（　　　　）	（　　　　）	Ⅱ　固定負債		
貸　　付　　金		（　　　　）	長　期　借　入　金		1,000,000
商　　　　　品		（　　　　）	固定負債合計		（　　　　）
前　払　費　用		16,200	負債合計		（　　　　）
流動資産合計		（　　　　）	純資産の部		
Ⅱ　固定資産			Ⅰ　株主資本		
有形固定資産			資　　本　　金		4,174,300
建　　　　　物	2,000,000		繰越利益剰余金		（　　　　）
減価償却累計額	（　　　　）	（　　　　）	純資産合計		（　　　　）
備　　　　　品	500,000				
減価償却累計額	（　　　　）	（　　　　）			
土　　　　　地		845,400			
固定資産合計		（　　　　）			
資産合計		（　　　　）	負債及び純資産合計		（　　　　）

第 2 章

現金預金と債権の譲渡

学習のポイント

1　銀行勘定調整表の作成

　銀行勘定調整表は，銀行から入手した残高証明書と当座預金勘定残高が一致しない場合の不一致を分析するために作成する表です。

　銀行勘定調整表の作成方法として，次の３つがあります。

⑴　銀行の残高証明書の残高に不一致の原因となる項目を加減して，企業の当座預金勘定の残高に一致させる方法

⑵　企業の当座預金勘定の残高に不一致の原因となる項目を加減して，銀行の残高証明書の残高に一致させる方法

⑶　銀行の残高証明書の残高と企業の当座預金勘定の残高のそれぞれに対して，不一致の原因となる項目を加減して，２つの金額を一致させる方法

2　預金残高の不一致の原因

　金額の不一致が生じる原因としては，企業による「誤記入」を除けば，次のようなものがあります。

⑴　企業では勘定記入しているが，銀行では記録していない取引

①　企業では預入れの記録済み　⇔　銀行では未記入

　例：決算日に預け入れたが，銀行では翌日付で預入記入をしていた。

②　企業では引出しの記録済み　⇔　銀行では未記入

　例：未取付小切手

⑵　銀行では記録されているが，企業では未記入の取引

①　銀行では預入れの記録済み　⇔　企業では未記入

　例：得意先から売上債権の振込みがあったが，企業には未通知であった。

②　銀行では引出しの記録済み　⇔　企業では未記入

　例：利息や公共料金などの引落しがあったが，企業には未通知であった。

3　必要な修正記入

　銀行の残高証明書の残高と当座預金勘定の残高の不一致について，企業は判明した誤記入および上記の不一致の原因⑵について修正記入を行います。

4　債権の譲渡

　債権を早期に現金化することによって資金を調達するため，企業は売掛金などを譲渡することがあります。売掛金の譲渡は，売掛金の売却と考えて処理します。通常，売掛金の帳簿価額よりも低

い金額で換金されますが，その差額は債権売却損勘定で処理されます。

＜仕訳例＞

| （借）当　座　預　金　　×××　（貸）売　　掛　　金　　××× |
| 債　権　売　却　損　　××× |

問題 2-1　次の［資料］にもとづいて，下記の［設問］に答えなさい。

［資　料］

決算日現在の当座預金勘定残高は¥490,000であり銀行の残高証明書残高は¥491,000であったので不一致の原因を調べたところ，次の事実が判明した。

① 小切手の振出しによる手数料¥39,000の支払いについて，これを¥36,000と誤記入していた。

② 得意先から売掛金の回収として，当座預金口座に¥28,000が振り込まれていたが，通知が届いていなかったため未記入であった。

③ 光熱費¥15,000が当座預金口座から引き落とされていたが，未記入であった。

④ 仕入先に対する買掛金の支払いとして小切手¥31,000を振り出していたが，決算日時点でこの小切手は銀行に未呈示であった。

⑤ 決算日に売上代金¥40,000を当座預金口座に預け入れたが，銀行ではそれを時間外として翌日付で預入れ処理していた。

［設　問］

問1　下記の様式の銀行勘定調整表を完成させなさい。なお，［　］には，上記の［資料］における番号①〜⑤を記入し，（　）には金額を記入すること。

銀行勘定調整表

当社の当座預金勘定残高	（　　　）	銀行の残高証明書残高	（　　　）
（加算）［　　　］	（　　　）	（加算）［　　　］	（　　　）
（減算）［　　　］（　　　）		（減算）［　　　］	（　　　）
［　　　］（　　　）	（　　　）		
	（　　　）		（　　　）

問2　上記の［資料］における①〜⑤のそれぞれについて，決算における企業側の修正仕訳を示しなさい。ただし，修正仕訳が不要な場合には，借方科目欄に「仕訳なし」と記入すること。

	借　方　科　目	金　　額	貸　方　科　目	金　　額
①				
②				
③				
④				
⑤				

問題 2-2 次の取引を仕訳しなさい（仕訳する必要がない場合には借方科目欄に「仕訳なし」と答えること）。

(1) 残高証明書の残高と当座預金勘定の残高が不一致のため調査したところ，次の事実が判明した。

① 得意先からの売掛金回収にあたり，かねて当店が振り出した小切手¥30,000を受け取った際に，借方を現金としていた。

② 銀行に取立てを依頼していた約束手形¥79,000について，当座預金口座に入金されていたが，通知が届いていなかった。

(2) 当座預金勘定の残高が¥548,000で，銀行の残高証明書の金額が¥577,000であったので，不一致の原因を調査したところ，仕入先に振り出した小切手¥23,000が銀行に未呈示であったほか，買掛金の支払いとして振り出した小切手¥13,000が¥19,000と誤記帳していたことが判明した。

	借 方 科 目	金 額	貸 方 科 目	金 額
(1)①				
②				
(2)				

問題 2-3 次の［資料］にもとづいて，下記の［設問］に答えなさい。

［資 料］

決算日現在の当座預金勘定残高は¥620,000であり，銀行の残高証明書残高は¥691,000であったので不一致の原因を調べたところ，次の事実が判明した。

① 買掛金の支払いとして小切手¥35,000を振り出していたが，銀行に未呈示であった。

② 貸付金の回収として，当座預金口座に¥56,000が振り込まれていたが，通知が届いていなかった。

③ 決算日に現金¥40,000を当座預金口座に預け入れたが，銀行ではそれを翌日の入金として処理していた。

④ 手数料の支払いとして小切手¥20,000を振り出した際に，誤って¥40,000と記帳していた。

［設 問］

問1 銀行勘定調整表を完成させなさい。なお，［ ］には上記の［資料］における番号①〜④を記入し，（ ）には，金額を記入すること。

銀行勘定調整表

```
当社の当座預金勘定の残高              (        )
(加算) [        ]    (        )
       [        ]    (        )
       [        ]    (        )    (        )
(減算) [        ]                   (        )
銀行の残高証明書の残高               (        )
```

問2 決算時に必要な仕訳を示すこと。ただし，修正仕訳が不要な場合には，借方科目欄に「仕訳なし」と記入すること。

	借 方 科 目	金 額	貸 方 科 目	金 額
①				
②				
③				
④				

問題 **2−4** 次の取引を仕訳しなさい。

(1) 商品¥150,000をクレジット払いの条件で販売した。なお，信販会社へのクレジット手数料（販売代金の2％）を販売時に認識する。

(2) 商品¥200,000を売り渡し，代金のうち¥50,000は当店がかつて振り出した小切手で受け取り，残額は月末受取りとした。

(3) 上記(1)につき，信販会社から手数料を差し引いた手取額が当座預金口座に入金された。

(4) 千葉商店に商品¥700,000を売り渡し，代金のうち¥200,000は同店振出しの小切手を受け取り，残額は掛けとした。

(5) 上記(4)の売上債権を神奈川商店に¥470,000で譲渡することにつき，千葉商店および神奈川商店双方からの同意を得て譲渡し，代金は普通預金口座に振り込まれた。

	借 方 科 目	金 額	貸 方 科 目	金 額
(1)				
(2)				
(3)				
(4)				
(5)				

第**3**章

手　　形

学習のポイント

1　手形の裏書・割引

手形の所持人は，所有している手形を満期日到来前に仕入代金の支払いや債務の弁済のために取引相手にその手形を譲渡することができます。これを**手形の裏書**（裏書譲渡）といいます。

手形の満期日到来前に金融機関などに買い取ってもらい換金することを**手形の割引**といいます。割り引いた日から決済日までの利息相当額が控除され，手形金額よりも手取金のほうが少なくなるので，その差額を手形売却損勘定で処理します。

＜仕訳例＞

商品の仕入時に所持している約束手形を裏書譲渡したとき：

（借）仕　　　　　入　×××　（貸）受　取　手　形　×××

手形を割り引き，手取金を当座預金に預け入れたとき：

（借）当　座　預　金　×××　（貸）受　取　手　形　×××
　　　手　形　売　却　損　×××

2　手形の更改

手形の支払人が手形所持人に対して支払いの延期を申し入れ，手形所持人の承諾を得て満期日の到来する手形（旧手形）を破棄し，満期日を延長した手形（新手形）を新たに振り出すことがあります。これを**手形の更改**といいます。手形の支払人，所持人はそれぞれ手形の更改を記帳しますが，期日の延長にともなう利息については，延長された満期日での授受とした場合は新手形の金額にその利息額を含めます。

＜仕訳例＞

手形債務者（手形更改時に新手形に利息を含めた場合）：

（借）支　払　手　形　×××　（貸）支　払　手　形　×××
　　　支　払　利　息　×××

手形債権者（手形更改時に新手形に利息を含めた場合）：

（借）受　取　手　形　×××　（貸）受　取　手　形　×××
　　　　　　　　　　　　　　　　　　受　取　利　息　×××

3　手形の不渡り

所持している手形が不渡りになった場合には，その金額を受取手形勘定から不渡手形勘定に振り替えます。また，手形の裏書・割引をした企業が，後日，当該手形の不渡りによって償還請求（遡求）を受け請求金額を支払ったとき，手形債務者に遡求を行うのでその金額を不渡手形勘定の借方

に記入します。遡求を行った際の諸費用（期日以降の利息も含む）を支払った場合には，その金額も不渡手形勘定の借方に記入します。

 <仕訳例>

  所持していた手形が不渡りとなった場合の償還請求時（諸費用を当座預金から支払う）：

   （借）不 渡 手 形 ××× （貸）受 取 手 形 ×××

                当 座 預 金 ×××

  裏書・割引した手形の償還請求に応じたとき（当座預金から支払う）：

   （借）不 渡 手 形 ××× （貸）当 座 預 金 ×××

4　営業外受取手形・営業外支払手形

 売上取引・仕入取引以外の取引，たとえば車両や備品等の売却または購入のために約束手形を受け取るまたは振り出す場合には，営業外受取手形勘定・営業外支払手形勘定を用いて，受取手形勘定・支払手形勘定と区別して処理します。

 <仕訳例>

  事業用に使用していた土地を売却し，代金を相手方振出しの約束手形で受け取ったとき（売却損を仮定）：

   （借）営 業 外 受 取 手 形 ××× （貸）土   地 ×××

   （借）固 定 資 産 売 却 損 ×××

  備品を購入し，支払いのために約束手形を振り出したとき：

   （借）備   品 ××× （貸）営 業 外 支 払 手 形 ×××

5　電子記録債権・電子記録債務

 手形債権と同様に，電子記録債権も譲渡や割引を行うことができます。電子化された債権であることから，債権を分割して譲渡や割引をすることが可能となります。

 なお，固定資産の売買などの通常の営業取引以外の取引にもとづく債権・債務を電子化して記録する場合には，**営業外電子記録債権勘定**（資産）・**営業外電子記録債務勘定**（負債）を用いて処理します。

 <仕訳例>

  買掛金の支払いにつき，取引銀行を通して電子記録債権の譲渡記録を行ったとき：

   （借）買 掛 金 ××× （貸）電 子 記 録 債 権 ×××

  電子記録債権の割引を行うために債権の譲渡記録を行ったとき：

   （借）当 座 預 金 ××× （貸）電 子 記 録 債 権 ×××

     電子記録債権売却損 ×××

  固定資産を購入した際の未払金に対して取引銀行を通じて債務の発生記録を請求したとき：

   （借）未 払 金 ××× （貸）営業外電子記録債務 ×××

  固定資産を売却した際の未収入金につき，取引銀行を通じて債権の発生記録の通知を受けたとき：

   （借）営業外電子記録債権 ××× （貸）未 収 入 金 ×××

問題 3-1　次の取引を仕訳しなさい。

(1) 香川商会から商品￥920,000を仕入れ，代金のうち￥600,000は得意先鹿児島商会から売掛金の回収として受け取っていた大分商店振出しの約束手形を裏書譲渡し，残額は約束手形を振り出して支払った。

(2) 営業用トラック￥5,200,000を購入し，代金のうち￥1,200,000は小切手を振り出して支払い，残額は約束手形を振り出した。取得に要した諸費用￥300,000は現金で支払った。

(3) 上記(2)の約束手形の支払期日が到来し，当座預金口座から引き落とされた。

(4) 期首に，不用となった備品（取得原価￥3,000,000，期首の備品減価償却累計額￥1,920,000）を￥900,000で山口商店に売却し，代金のうち￥200,000を同店振出しの小切手で受け取り，残額を同店振出しの約束手形で受け取った。

(5) 上記(4)の約束手形が不渡りとなった。

(6) 熊本商店振出しの約束手形￥600,000を取引銀行で割り引き，割引料を差し引かれた手取金を当座預金に預け入れた。割引日数は50日，利率は年3.65％である。

(7) 所持していた長崎商店振出しの約束手形￥500,000を，福岡商店への買掛金支払いのために裏書譲渡した。

(8) かねて北海道商店から受け取っていた約束手形￥700,000を取引銀行で割り引き，割引料を差し引かれた手取金を当座預金に預け入れた。割引日数は20日で，利率は年7.3％である。

	借　方　科　目	金　　額	貸　方　科　目	金　　額
(1)				
(2)				
(3)				
(4)				
(5)				
(6)				
(7)				
(8)				

問題 3−2 次の取引を仕訳しなさい。

(1) 金沢商店は，かねて振り出していた約束手形￥400,000について，手形の満期日に手形の所持人である前橋商店に支払期日の延長を申し入れ，同店の承諾を得て，手形の更改を行った。なお，支払期日の延長にともなう利息￥9,000については更改時に現金で授受を行った。

(2) かねて受け取っていた新潟商店振出しの約束手形￥750,000について，同店から支払期日延長の申入れがあり，これを承諾して同店振出しの約束手形を受け取った。なお，支払期日の延長にともなう利息￥8,000は新手形の金額に含めた。

	借 方 科 目	金 額	貸 方 科 目	金 額
(1)				
(2)				

問題 3−3 次の取引を仕訳しなさい。

(1) かねて旭川商店より裏書譲渡されていた札幌商会振出しの約束手形￥450,000が不渡りになったので，ただちに償還請求の手続を行い，旭川商店に手形代金と償還請求の諸費用￥6,000の請求を行った。なお，諸費用は現金で支払った。

(2) 上記の償還請求していた不渡手形について，請求額に遅延利息￥2,000を加えた額を旭川商店から小切手で受け取り，ただちに当座預金に預け入れた。

	借 方 科 目	金 額	貸 方 科 目	金 額
(1)				
(2)				

問題 3−4 次の取引を仕訳しなさい。

(1) かねて京都商店に裏書譲渡していた福井商店振出しの約束手形￥700,000について，同店より不渡りとなった旨の通知を受け，手形代金に加えて償還請求に必要な諸費用￥5,000および遅延利息￥2,000を含めて小切手を振り出して支払った。

(2) かねて取引銀行で割り引いた島根商店振出しの約束手形￥450,000が不渡りとなった旨の通知を受け，同行に手形金額と法定利息￥4,000を当座預金口座から支払った。

	借 方 科 目	金 額	貸 方 科 目	金 額
(1)				
(2)				

12

問題 **3-5** 次の取引を仕訳しなさい。

(1) 宮崎商店から商品¥600,000を仕入れ，代金のうち¥400,000は博多商店振出しの約束手形を裏書譲渡し，残額は約束手形を振り出した。引取費用¥5,000は現金で支払った。

(2) 上記の裏書譲渡した手形が期日に不渡りになった旨の通知を受け，手形代金と償還請求の諸費用を含めた請求額¥405,000を小切手を振り出して支払った。同時に，博多商店に償還請求の手続を行い，その費用¥8,000を現金で支払った。

(3) 上記の不渡手形につき，¥200,000を現金で回収した。残金については回収の見込みがないと判断し，償却することとした。なお，当該債権に対する貸倒引当金の設定はない。

	借 方 科 目	金 額	貸 方 科 目	金 額
(1)				
(2)				
(3)				

問題 **3-6** 次の取引を仕訳しなさい。

(1) 福岡商店に対する買掛金¥160,000の支払いについて，取引銀行を通じて電子債権記録機関に債務の発生記録を請求した。

(2) 電子債権記録機関に発生記録した電子記録債務¥250,000について支払期日が到来し，当座預金口座から引き落とされた。

(3) 宮崎商店に対する売掛金¥210,000について，電子債権記録機関から取引銀行を通じて電子記録債権の発生記録の通知を受けた。

(4) 発生記録の通知を受けていた電子記録債権¥150,000の支払期日が到来し，当座預金口座に振り込まれた。

(5) 長崎商店に対する買掛金¥90,000の支払いのため，電子債権記録機関に取引銀行を通じて電子記録債権の譲渡記録を行った。

(6) 電子債権記録機関に取引銀行を通じて電子記録債権¥340,000の取引銀行への譲渡記録を行い，取引銀行から¥3,400が差し引かれた残額が当座預金口座へ振り込まれた。

(7) 事業用に購入した陳列棚の未払金¥480,000について，取引銀行を通じて電子債権記録機関に債務の発生記録を請求した。

(8) 事業用の土地をかねて売却した際の未収入金¥1,500,000について，電子債権記録機関から取引銀行を通じて債権の発生記録の通知を受けた。

	借 方 科 目	金 額	貸 方 科 目	金 額
(1)				
(2)				
(3)				
(4)				
(5)				
(6)				
(7)				
(8)				

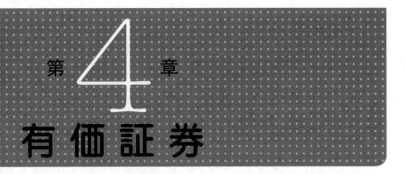

第4章

有価証券

学習のポイント

1(1) 保有する株式について配当金領収証を受け取ったとき

　　配当金領収証はただちに換金できる証券であり，受領時点で現金で処理し，受取配当金勘定（収益）の貸方に記入します。

　　　（借）現　　　　　金　×××　（貸）受取配当金　×××

(2) 保有する社債（もしくは国債や地方債）について，利札の期日が到来したとき

　　支払期日の到来した利札はただちに換金できる証券であり，到来した期日に現金で処理し，有価証券利息勘定（収益）の貸方に記入します。

　　　（借）現　　　　　金　×××　（貸）有価証券利息　×××

2　有価証券（株式および公社債等）は，その保有目的に従って次のように分類されます。

(1) **売買目的有価証券**：時価の変動により利益を得ることを目的として保有する株式および社債（もしくは国債や地方債）

(2) **満期保有目的債券**：満期まで保有する意図をもって保有する社債（もしくは国債や地方債）

(3) **子会社株式および関連会社株式**：他社を支配するために保有している株式（子会社株式）と，他社に影響力を及ぼすために保有している株式（関連会社株式）

(4) **その他有価証券**：上記のいずれにも分類されない有価証券

3　有価証券を取得したときは，その取得原価を保有目的により分類し，売買目的有価証券勘定，満期保有目的債券勘定，子会社株式勘定・関連会社株式勘定あるいはその他有価証券勘定の各資産勘定の借方に記入します。取得原価には，購入代価のほかにその購入に要した手数料等の付随費用も含めます。

4　売買目的有価証券として同一銘柄の株式や債券を異なる単価で数回にわたって購入したのちに，決算を迎える前にその一部を売却した場合，総平均法または移動平均法によって帳簿単価を算出して帳簿価額を求めます。売却価額から帳簿価額を差し引いた金額がプラスの場合には有価証券売却益（または有価証券運用益）勘定に，マイナスの場合には有価証券売却損（または有価証券運用損）勘定に記入します。

5　社債等が利払日と異なる日に売買された場合，その直前の利払日の翌日から売買日までの期間に発生した利息（端数利息）を債券の価額とともに買手側から売手側に対して支払います。買手側は端数利息を有価証券利息勘定（収益）の借方に記入します。売手側は受け取った端数利息を有価証券利息勘定の貸方に記入します。

<仕訳例>

債券を売買目的で購入して，債券の価額と端数利息を当座預金口座から支払ったとき：

（借）	売買目的有価証券	×××	（貸）	当 座 預 金	×××
	有 価 証 券 利 息	×××			

6　売買目的有価証券は，時価をもって貸借対照表価額とし，評価差額は当期の損益として処理します。時価が帳簿価額を上回るときはその差額を売買目的有価証券勘定の借方に記入するとともに，有価証券評価損益（または有価証券評価益）勘定の貸方に記入します。時価が帳簿価額を下回るときはその差額を売買目的有価証券勘定の貸方に記入するとともに，有価証券評価損益（または有価証券評価損）勘定の借方に記入します。

前期末に計上した売買目的有価証券の評価差額は，翌期首において洗替処理（評価差額を帳簿価額に加減して取得原価に戻す処理）または切放処理（前期末の時価のまま翌期における帳簿価額とする方法）のいずれによることも認められています。

7　満期保有目的の債券は満期保有目的債券勘定で処理し，取得原価をもって貸借対照表価額とします。ただし，債券を債券金額より低い価額または高い価額で取得した場合において，その差額が金利の調整と認められるときは，その差額を償還期まで一定の方法で貸借対照表価額に加減します（償却原価法）。**償却原価法**（定額法）は，額面総額と取得価額との差額を，期間に応じた一定額で帳簿価額に毎期期間配分すると同時に，その差額分を有価証券利息とする方法です。

<仕訳例>

決算時に満期保有目的債券に償却原価法を適用したとき（額面総額＞取得価額）：

（借）	満期保有目的債券	×××	（貸）	有 価 証 券 利 息	×××

8　子会社株式および関連会社株式

子会社株式および関連会社株式については，取得原価をもって貸借対照表価額とします。

9　その他有価証券

その他有価証券については，時価をもって貸借対照表価額とします。時価が取得原価を上回った場合には，その評価差額をその他有価証券勘定の借方に記入するとともに，その他有価証券評価差額金勘定（純資産）の貸方に記入します。時価が取得原価を下回った場合には，その評価差額をその他有価証券勘定の貸方に記入するとともに，その他有価証券評価差額金勘定（純資産）の借方に記入します（全部純資産直入法）。翌期首に，評価差額は洗替処理され，その他有価証券の帳簿価額を取得原価に振り戻します。

問題 4－1　次の取引を仕訳しなさい。

⑴　当期に売買目的で購入していた山梨商工株式会社の株式10,000株（7,000株は1株につき¥400，3,000株は1株につき¥450で購入）のうち6,000株を1株につき¥460で売却し，代金は月末に受け取ることにした。なお，株式の1株当たり単価は総平均法によるものとする。

⑵　売買目的で購入していた甲府商事株式会社の株式4,000株（1回目：3,000株を1株につき取得原価¥200，2回目：1,000株を1株につき取得原価¥220）のうち2,000株を1株につき¥225で売却し，代金は普通預金口座に振り込まれた。なお，1回目の株式3,000株は前期中に取得し，前

期末の時価は1株につき¥232であった（時価評価にあたり洗替法を適用している）。1株当たり単価は総平均法によっている。

	借　方　科　目	金　　額	貸　方　科　目	金　　額
(1)				
(2)				

問題 4-2　次の取引を仕訳しなさい（ただし，1年を365日とする）。

(1) 20X1年12月19日に，売買目的で松本商事株式会社の社債（額面総額¥6,000,000）を額面¥100につき¥95で購入し，代金は売買手数料¥12,000および端数利息を含めて当座預金口座から支払った。なお，この社債の利率は年7.3%，利払日は3月および9月の各末日である。

(2) 20X2年3月31日に，上記社債の利札の利払日が到来し，利息が当座預金口座に振り込まれた。

(3) 20X1年6月29日に，売買目的で兵庫商事株式会社の社債（額面総額¥4,000,000，利率：年7.3%，利払日：3月末と9月末）を額面¥100につき¥97で購入し，購入代金のほか売買手数料¥8,000と前の利払日の翌日から売買日までの端数利息を含めて当座預金口座から支払った（当社の決算日は12月31日）。

(4) 20X1年12月9日に，上記(3)の社債のうち額面総額¥2,000,000分を額面¥100につき¥99で岡山商事株式会社に売却し，代金は端数利息を含めて当座預金口座に振り込まれた。

	借　方　科　目	金　　額	貸　方　科　目	金　　額
(1)				
(2)				
(3)				
(4)				

問題 4-3 次の問いに答えなさい。なお，本問では利息の未収計上は行わなくてよい。

(1) 決算時に保有している売買目的の有価証券（A社社債：帳簿価額￥420,000，時価￥430,000，B社株式：帳簿価額￥870,000，時価￥910,000，C社社債：帳簿価額￥350,000，時価￥330,000）について，決算時の仕訳を示しなさい。

(2)① 当期に売買目的で購入した兵庫商事株式会社の社債（額面総額￥3,000,000を額面￥100につき￥96で取得）について，期末の時価が額面￥100につき￥98となっている。決算時の仕訳を示しなさい（洗替法を適用している）。

② 翌期首の洗替処理の仕訳を示しなさい。

	借 方 科 目	金 額	貸 方 科 目	金 額
(1)				
(2)①				
②				

問題 4-4 次の一連の取引を仕訳しなさい。

(1) 20X2年4月1日に償還日（20X5年3月31日）まで保有する目的で山形商事株式会社社債（額面総額￥2,000,000，利率：年5％，利払日：3月末と9月末）を額面￥100につき￥97で購入し，代金は当座預金口座から支払った。なお，取得価額と額面総額との差額は，すべて金利の調整と認められる。

(2) 20X2年9月30日 上記社債の利払日が到来した。

(3) 20X3年3月31日決算に際し，上記社債に償却原価法（定額法）を適用する。償却原価法の適用による計算は月割計算とする。また，利札の利払日が到来しているが未処理である。

	借 方 科 目	金 額	貸 方 科 目	金 額
(1)				
(2)				
(3)				

問題 4-5 次の一連の取引を仕訳しなさい。

(1) 20X1年9月11日　満期保有目的で埼玉商事株式会社社債（額面総額¥3,000,000，償還日20X4年12月31日，利率：年2％，利払日：6月および12月の各末日）を額面¥100につき¥97.2で購入し，代金は端数利息を含めて当座預金口座から支払った。なお，取得価額と額面総額との差額は，すべて金利の調整と認められる。

(2) 20X1年12月31日　上記社債の利札¥30,000の期限が到来した。

(3) 20X2年3月31日　本日決算につき上記社債に償却原価法（定額法）を適用する。償却原価法の適用による計算は月割計算とする。また，有価証券利息の未収分を処理する。

	借　方　科　目	金　　　額	貸　方　科　目	金　　　額
(1)				
(2)				
(3)				

問題 4-6 次の一連の取引を仕訳しなさい

(1) 20X1年5月1日　埼玉商事株式会社株式¥4,200,000を取得し，代金は当座預金口座から支払った。取得した株式は，その他有価証券として処理する。その他有価証券については，全部純資産直入法を適用する。

(2) 20X2年3月31日（決算）　埼玉商事株式会社株式の時価は¥3,900,000である。

(3) 20X2年4月1日　上記株式について，洗替処理し帳簿価額を取得原価に振り戻した。

(4) 20X3年3月31日（決算）　埼玉商事株式会社株式の時価は¥4,350,000である。

(5) 20X3年4月1日　上記株式について，洗替処理し帳簿価額を取得原価に振り戻した。

	借　方　科　目	金　　　額	貸　方　科　目	金　　　額
(1)				
(2)				
(3)				
(4)				
(5)				

問題 4-7 保有する有価証券について，次の資料にもとづいて下記の設問に答えなさい。

[資 料]

20X1年度，20X2年度に保有している有価証券は以下のとおりである。20X1年度の簿価は決算整理前のものである。売買目的有価証券の評価差額は切放処理とし，その他有価証券については全部純資産直入法を適用する。

銘柄	有価証券の分類	20X1年度末		20X2年度末	備　考
		簿　価	時　価	時　価	
A社株式	売買目的有価証券	¥27,000	¥29,000	－	20X2年度中に¥28,000ですべて売却
B社株式	売買目的有価証券	¥45,000	¥44,500	¥41,000	
C社株式	子会社株式	¥51,000	¥49,000	¥50,000	
D社株式	その他有価証券	¥62,000	¥59,000	¥61,000	
E社株式	その他有価証券	¥44,000	¥45,000	¥46,000	

[設 問]

問1　20X1年度の決算整理仕訳を示しなさい。

借　方　科　目	金　　額	貸　方　科　目	金　　額

問2　20X2年度期首に必要な仕訳を示しなさい。

借　方　科　目	金　　額	貸　方　科　目	金　　額

問3　20X2年度中の売買目的有価証券の売却に伴う損益について，売却益または売却損のいずれか発生する方に○をつけ，金額を示しなさい。

いずれか一方に○をつけること		金　額
売却損	売却益	円

問4　20X2年度の決算整理仕訳を示しなさい。

借　方　科　目	金　　額	貸　方　科　目	金　　額

第 5 章

その他の債権・債務

学習のポイント

1 **債務の保証**とは，他の者（債務者）がその債務を返済できなくなったときに，その債務者に代わって債権者に債務を支払う義務を負う契約を結ぶことをいいます。債務を保証した者は，債務者が将来返済不能になったときに，その義務を履行しなければなりません。債務の保証による偶発債務は，保証債務見返勘定と保証債務勘定という一対の対照勘定を用いて備忘的に仕訳しておくことがあります。

2 債務者が債務を返済した場合，あるいは債務者が返済不能になることによってその債務を支払う義務が確定した場合は，いずれもその備忘的な仕訳は不要になるので，債務の保証時の仕訳の反対仕訳を行います。

＜仕訳例＞

債務の保証時：

(借) 保 証 債 務 見 返　×××　(貸) 保 証 債 務　×××

債務者による債務の返済時または債務の履行時：

(借) 保 証 債 務　×××　(貸) 保 証 債 務 見 返　×××

3 資産が焼失，盗難などの被害を受けた際に，その資産に保険が掛けられている場合には，保険金を受け取る可能性があるため，損失等の金額は不確定です。このような場合，金額が確定するまでの間，一時的に処理する勘定科目として，未決算勘定を用います。

4 保険金額が確定したら，未決算勘定を消去して，未収入金勘定に振り替える処理を行います。保険金額が被害にあった資産の帳簿価額を上回るときには，その差額を保険差益勘定（収益）の貸方に記入し，下回るときには火災損失勘定等の借方に記入します。

＜仕訳例＞

建物が焼失し保険金を請求したとき：

(借) 未 決 算　×××　(貸) 建 物　×××

保険金額が確定したとき（保険金額＞建物の帳簿価額）：

(借) 未 収 入 金　×××　(貸) 未 決 算　×××
　　　　　　　　　　　　　　　 保 険 差 益　×××

保険金額が確定したとき（保険金額＜建物の帳簿価額）：

(借) 未 収 入 金　×××　(貸) 未 決 算　×××
　　　 火 災 損 失　×××

次の取引を仕訳しなさい。

(1) 静岡商店より同店が銀行から借りた借入金¥800,000について，保証人となるように求められた。この債務保証にともなう偶発債務を対照勘定で記帳した。

(2) 上記の静岡商店の借入金について，同店が支払不能となったため，延滞利息¥6,400とともに小切手を振り出して支払った。

(3) かねて債務保証をしていた取引先愛知商店の借入金¥500,000について，期日に同店が返済した旨の通知を受けた。なお，この債務保証にともなう偶発債務を対照勘定で記帳していた。

	借 方 科 目	金 額	貸 方 科 目	金 額
(1)				
(2)				
(3)				

問題 **5-2** 次の取引を仕訳しなさい。なお，商品の会計処理は3分法によっている。

(1) 倉庫の火災によって，建物（取得原価¥9,000,000，建物減価償却累計額¥6,300,000，減価償却の記帳方法は間接法による）および商品（取得原価¥800,000）が焼失した。なお，焼失した資産には総額¥4,000,000の火災保険契約を結んでおり，保険会社に保険金の支払いを請求した。

(2) 保険会社より，(1)の火災について，保険金¥3,000,000を支払う旨の連絡があった。

(3) 20X5年9月30日に火災が発生し，車両運搬具（取得原価¥4,000,000）が焼失した。この車両運搬具は20X1年4月1日に取得したものであり，減価償却は定額法（残存価額ゼロ，耐用年数8年），記帳方法は間接法で行っている（決算日は3月31日）。なお，焼失した資産には総額¥1,800,000の火災保険契約を結んでおり，保険会社に保険金の支払いを請求した。

(4) 保険会社より，(3)の火災について，上記の保険金額全額が支払われる旨の連絡があった。

	借 方 科 目	金 額	貸 方 科 目	金 額
(1)				
(2)				
(3)				
(4)				

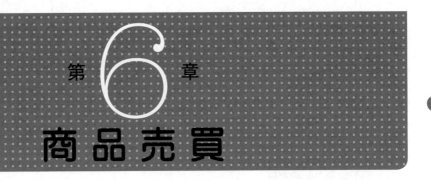

第6章

商品売買

6

商品売買

学習のポイント

1　3分法では，商品を仕入れたときには，仕入勘定（費用）の借方に，商品を販売したときには，売上勘定（収益）の貸方に記入します。

(1)　商品を掛けで仕入れたとき　　　（借）仕　　　入　×××　（貸）買　掛　金　×××

(2)　商品を掛けで販売したとき　　　（借）売　掛　金　×××　（貸）売　　　上　×××

2　3分法では，決算整理事項の1つとして売上原価を算定する必要がありますが，簿記上は(1)仕入勘定で算定する方法と，(2)売上原価勘定を設けて算定する方法，の2つの方法があります。

> 売上原価＝商品期首棚卸高＋当期商品仕入高－商品期末棚卸高

(1)　仕入勘定で売上原価を算定する方法

商品期首棚卸高の振替え　　　　（借）仕　　　入　×××　（貸）繰 越 商 品　×××

商品期末棚卸高の振替え　　　　（借）繰 越 商 品　×××　（貸）仕　　　入　×××

(2)　売上原価勘定を設けて売上原価を算定する方法

商品期首棚卸高の振替え　　　　（借）売 上 原 価　×××　（貸）繰 越 商 品　×××

当期商品仕入高の振替え　　　　（借）売 上 原 価　×××　（貸）仕　　　入　×××

商品期末棚卸高の振替え　　　　（借）繰 越 商 品　×××　（貸）売 上 原 価　×××

3　販売のつど売上原価勘定に振り替える方法

販売のつど売上原価勘定に振り替える方法では，商品を仕入れたときには，商品勘定（資産）の借方に記入し，商品を販売したときには，売上を計上するだけでなく，売上原価部分を商品勘定から売上原価勘定（費用）に振り替えます。

(1)　商品を掛けで仕入れたとき　　　（借）商　　　品　×××　（貸）買　掛　金　×××

(2)　商品を掛けで販売したとき　　　（借）売　掛　金　×××　（貸）売　　　上　×××

　　　　　　　　　　　　　　　　　（借）売 上 原 価　×××　（貸）商　　　品　×××

4　仕入単価が異なる場合の払出単価の決定方法

(1)　**先入先出法**：先に仕入れた商品から先に払い出す方法

(2)　**移動平均法**：商品を仕入れるたびに，次の式で平均単価を求め，次の仕入時までの払出単価とする方法

> 平均単価＝仕入直後の商品の総額÷仕入直後の商品の数量

(3)　**総平均法**：一定期間の受入総額（**前月繰越高＋当月受入高**）を受入数量（**前月繰越数量＋当月受入数量**）で除した平均単価を払出単価とする方法

5　商品有高帳は，商品の種類ごとに受払いを記録し，現在の残高を明らかにした補助元帳ですが，

23

仕入戻し（売上戻り）は，払出欄（受入欄）に仕入れた（払い出した）単価・金額で記入します。

6　仕入割戻

　　割戻とは，一定以上の金額・数量以上購入した顧客に対して，代金の一部の支払いを免除することをいいます。仕入割戻を受けた場合，仕入高の減少と考えられるので，仕入勘定の貸方に記入します（仕入割戻勘定を設けて仕訳することもあります）。

　　　仕入割戻を受けたとき　　　（借）買　掛　金　×××　（貸）現　　　　金　×××
　　　（3分法を前提）　　　　　　　　　　　　　　　　　　仕　　　　入　×××

7　契約資産と契約負債

　⑴　契約資産

　　　1つの契約に複数の履行義務が盛り込まれ，すべての履行義務を充足して初めて買い手に支払義務が生じる旨の契約が締結されている場合には，最初の履行義務を充足したとしても，すべての履行義務を充足していないので，買い手の支払義務や売り手の債権はまだ発生していません。しかし，移転した商品やサービスと交換に売り手が受け取る対価に対する権利として生じている分は**契約資産**として計上し，その対価の額を収益として認識する必要があります。契約資産の増加・減少は**契約資産勘定**（資産）に記録します。

　　　契約資産は債権ではありませんが，債権に準じて会計処理を行います。なお，貸借対照表では一定の条件のもと契約資産を売掛金に含めて表示することも認められています。

　⑵　契約負債

　　　商品やサービスを買い手に移転する売り手の義務に対して，売り手が買い手から受け取った対価を**契約負債**といいます。したがって，商品売買に関して代金の一部を手付金として受け取った前受金は，契約負債に該当することになります。契約負債の増加・減少は**契約負債勘定**（負債）に記録します。なお，貸借対照表では契約負債を前受金と表示することも認められています。

8　複数の履行義務を含む顧客との契約

　　売り手が買い手に対して一時点または一定期間にわたり履行義務を充足することにより収益が認識されます。売り手が買い手との間で締結した契約のなかで複数の履行義務が含まれている場合には，原則として収益を別々に認識します。

9　変動対価

　　売り手が買い手と約束した対価のうち変動する可能性のある部分を**変動対価**といいます。

　　変動対価はさまざまなケースで生じると考えられますが，ここでは売上割戻を例に取り上げます。割戻（リベート）は，一定以上の金額・数量を購入した顧客に対し，代金の一部を免除することですが，割戻を行う売り手側にとっては売上割戻となります。

　　売り手が将来リベートを支払うことと予想し，収益の著しい減額が発生する可能性が高い場合，リベートの部分については，売上を計上せずに，**返金負債**という負債を計上します。返金負債は顧客にリベートとして返金する義務の見込額を負債として計上したものであり，その増加・減少は**返金負債勘定**（負債）に記録します。その後，リベートの支払いが確定した時点で未払金に振り替えます。

10　商品の帳簿上のあるべき数量（帳簿棚卸数量）と実際に確認した数量（実地棚卸数量）との

間に生じた数量不足を棚卸減耗といい，商品期末帳簿棚卸高と商品期末実地棚卸高との差額を棚卸減耗損勘定（費用）の借方に記入します。

　　　棚卸減耗損が生じたとき　　　　（借）　棚卸減耗損　　×××　（貸）　繰越商品　　×××

> **棚卸減耗損＝原価×（帳簿棚卸数量－実地棚卸数量）**

　　棚卸減耗損は，損益計算書において，①原価性があれば，売上原価の内訳科目または販売費及び一般管理費に表示し，②原価性がなければ，営業外費用または特別損失に表示します。

11　原価と正味売却価額（売却市場の時価（売価）から販売のための諸費用を差し引いたもの）との差額を評価損といいます。期末に保有している商品の価値が下落し，正味売却価額が原価よりも下回っている場合，正味売却価額まで商品の金額を減少させます。この下落分は商品評価損勘定（費用）の借方に記入します。

　　　商品評価損が生じたとき　　　　（借）　商品評価損　　×××　（貸）　繰越商品　　×××

> **商品評価損＝（原価－正味売却価額）×実地棚卸数量**

　　商品評価損は，損益計算書において，原則として**売上原価の区分**にその内訳科目として表示します。ただし，臨時の事象に起因し，かつ金額が多額の場合には**特別損失の区分**に表示します。

問題 6-1　　次の取引を仕訳しなさい。ただし，商品売買の記帳は3分法によること。

(1)　東京商店よりA商品@￥100を10個仕入れ，代金は掛けとした。

(2)　上記(1)で仕入れた商品に品違いの商品があったため，5個返品した。返品額は掛代金から差し引くこととした。

(3)　横浜商店にB商品@￥150を50個売り渡し，代金のうち￥500は現金で受け取り，残額は掛けとした。

(4)　上記(3)で販売したB商品2個に汚損があり，返品に応じた。返品額は掛代金から控除することとした。

	借　方　科　目	金　　額	貸　方　科　目	金　　額
(1)				
(2)				
(3)				
(4)				

問題 6-2 下記の資料にもとづいて，次の問(1)・問(2)に答えなさい。なお，決算日は3月31日である。

問(1) 売上原価を仕入勘定で算定するための決算整理仕訳を示し，諸勘定を締め切りなさい。

問(2) 売上原価を売上原価勘定で算定するための決算整理仕訳を示し，諸勘定を締め切りなさい。

[資　料]

① 商品期首棚卸高　¥ 90,000　　② 当期商品仕入高　¥850,000

③ 商品期末棚卸高　¥ 86,000

問(1)

借　方　科　目	金　　額	貸　方　科　目	金　　額

仕　　　入		繰　越　商　品	
諸　　口 850,000			

問(2)

借　方　科　目	金　　額	貸　方　科　目	金　　額

仕　　　入		売　上　原　価	
諸　　口 850,000			

繰　越　商　品	

問題 6-3 次の取引を仕訳しなさい。ただし，商品売買の記帳は販売のつど売上原価勘定に振り替える方法によること。なお，仕訳不要の場合は，借方科目の欄に「仕訳なし」と記入すること。

⑴ 大阪商店より C 商品@¥200を15個仕入れ，代金は掛けとした。

⑵ 上記⑴で仕入れた商品のうち8個を@¥300にて京都商店に販売し，代金は掛けとした。

⑶ 決算日を迎えた。決算整理仕訳を行う。

	借方科目	金額	貸方科目	金額
(1)				
(2)				
(3)				

問題 **6-4** 次の(1)3分法および(2)販売のつど売上原価勘定に振り替える方法で記帳された勘定記録は，それぞれ同一の取引を記入したものである。各勘定の空欄について，適切な金額または用語を答えなさい。

(1) 3分法

```
              仕        入
3/ 3 買 掛 金   90,000 │ 2/ 4 買 掛 金    1,000
4/ 9 現    金 （ ① ）│
```

```
              売        上
                      │ 4/ 4 売 掛 金   70,000
                      │ 5/ 7 現    金   49,000
```

```
            繰 越 商 品
1/ 1 前期繰越 （ ② ）│
```

(2) 販売のつど売上原価勘定に振り替える方法

```
              商        品
1/ 1 前期繰越   30,000 │ 2/ 4 （ ④ ）     1,000
3/ 3 買 掛 金 （ ③ ）│ 4/ 4 売上原価 （ ⑤ ）
4/ 9 現    金   83,000 │ 5/ 7 （ ⑥ ）    41,000
```

```
              売 上 原 価
4/ 4 商    品   50,000 │
5/ 7 （ ⑦ ）（ ⑧ ）│
```

①		②		③		④	
⑤		⑥		⑦		⑧	

問題 **6-5** 次の3月中の商品売買に関する資料により，下記の問いに答えなさい。

[資　料]　3月1日　　前月繰越　　500個　@¥ 60　　6日　　仕　　入　　500個　@¥ 50

　　　　　　　9日　　売　　上　　600個　@¥100　　15日　　仕　　入　1,600個　@¥ 50

　　　　　　　20日　　売　　上　1,500個　@¥110　　25日　　仕　　入　　500個　@¥ 56

　　　　　　　28日　　売　　上　　700個　@¥120

問(1)　先入先出法により①商品有高帳を記入し，さらに当月の②売上原価，③3月末の商品棚卸高，および④売上総利益を答えなさい。

問(2)　移動平均法により①商品有高帳を記入し，さらに当月の②売上原価，③3月末の商品棚卸高，および④売上総利益を答えなさい。

問(1)　先入先出法

① 商品有高帳

商　品　有　高　帳

20X1年		摘　要	受　入			払　出			残　高		
			数　量	単価	金　額	数　量	単価	金　額	数　量	単価	金　額
3	1	前月繰越									
	31	次月繰越									
4	1	前月繰越									

② 売上原価　　　　　　￥

③ ３月末の商品棚卸高　￥

④ 売上総利益　　　　　￥

問(2)　移動平均法

① 商品有高帳

商　品　有　高　帳

20X1年		摘　要	受　入			払　出			残　高		
			数　量	単価	金　額	数　量	単価	金　額	数　量	単価	金　額
3	1	前月繰越									
	31	次月繰越									
4	1	前月繰越									

② 売上原価　　　　　　￥

③　3月末の商品棚卸高　¥_____

④　売上総利益　　　　¥_____

問題 6-6　次の５月中の商品売買に関する資料にもとづいて，総平均法により①商品有高帳を記入
し，さらに当月の②売上原価，③５月末の商品棚卸高，および④売上総利益を答えなさい。

[資　料]　５月１日　　前月繰越　100個　@¥188　　５日　仕　　入　140個　@¥200

10日　売　　上　150個　@¥300　　14日　仕　　入　100個　@¥180

21日　売　　上　120個　@¥290　　24日　売　　上　 30個　@¥295

27日　仕　　入　160個　@¥220　　30日　売　　上　180個　@¥310

①　商品有高帳

商 品 有 高 帳

総平均法

20X1年		摘　要	受　　入			払　　出			残　　高		
			数　量	単価	金　額	数　量	単価	金　額	数　量	単価	金　額
5	1	前月繰越									
	31	次月繰越									
6	1	前月繰越									

②　売上原価　　　　　　¥_____

③　５月末の商品棚卸高　¥_____

④　売上総利益　　　　　¥_____

29

問題 6−7 次の取引について，当社（買い手）の仕訳を示しなさい。ただし，商品売買の記帳は，3分法によること。

(1) 当社は，東北商事より商品¥500,000を仕入れ，代金は掛けとした。

(2) 当社は，東北商事に対する買掛金¥500,000について，割戻の適用を受けられる金額のため，代金の3％の支払いが免除され，小切手を振り出して残金を支払った。

	借 方 科 目	金 額	貸 方 科 目	金 額
(1)				
(2)				

問題 6−8 次の取引について，当社（売り手）の仕訳を示しなさい。ただし，商品売買に関する記帳は，3分法によること。

(1) 当社は大分商会に商品A¥300,000と商品B¥450,000を販売する契約を締結した。ただし，代金は商品Aと商品Bの両方を大分商会に移転した後に請求する契約となっている。そのため，商品Aの引渡しと商品Bの引渡しは，それぞれ独立した履行義務として識別する。契約締結後，ただちに商品Aを引き渡したが，商品Bは在庫がないので，後日引き渡すこととなった。

(2) 当社は大分商会へ商品Bを引き渡した。当社は今月末に商品Aと商品Bの代金の請求書を送付する予定である。

(3) 当社は，商品C¥240,000を宮崎商事に販売する契約を締結するとともに，手付金として¥24,000を同社振出しの小切手で受け取った。

(4) 当社は商品Cを宮崎商事に引き渡し，残額は掛けとした。

	借 方 科 目	金 額	貸 方 科 目	金 額
(1)				
(2)				
(3)				
(4)				

問題 6−9 次の取引について，当社（売り手）の仕訳を示しなさい。ただし，商品売買に関する記帳は，3分法によること。

(1) 11月1日，当社は徳島商事に大型コンピューターの販売および当該大型コンピューターの1年間のサポートサービスの提供を合計¥9,360,000（うち大型コンピューター¥9,000,000，サポートサービス¥360,000）で行う契約を締結し，コンピューターを引き渡すとともに，直ちにサポートサービスを開始した。代金は当社の当座預金口座に振り込まれた。当社では契約に含まれてい

る複数の履行義務をそれぞれ別個に認識することとしており，サポートサービスについては時の経過に応じて履行義務を充足し，決算時に月割計算にて収益を計上する。

(2) 翌年3月31日，当社は決算日を迎えた。

	借方科目	金額	貸方科目	金額
(1)				
(2)				

問題 6-10 次の取引について，当社（売り手）の仕訳を示しなさい。ただし，商品売買に関する記帳は，3分法によること。

(1) 9月1日，当社は青森商店に商品600個を1個当たり¥800で掛けにて販売した。当社は，青森商店との間で年間に商品を1,500個以上販売した場合には，販売額の25%をリベートとして支払う旨の契約を締結している。当社は，この条件が達成される可能性は高いと見込んでいる。

(2) 11月21日，当社は青森商店に商品900個を1個当たり¥800で掛けにて販売し，この時点において上記(1)のリベート契約の条件が達成された。リベートは来月末に青森商店の指定する銀行口座へ振り込むこととした。

(3) 12月30日，当社は青森商店にリベートを支払うため，普通預金から振り込んだ。

	借方科目	金額	貸方科目	金額
(1)				
(2)				
(3)				

問題 6-11 次の資料にもとづいて，棚卸減耗損と商品評価損を求め，必要な決算整理仕訳を示しなさい。

[資 料]

商品期首棚卸高	200個	帳 簿 価 額	@¥1,000
商品期末帳簿棚卸数量	300個	原 価	@¥ 900
商品期末実地棚卸数量	270個	正味売却価額	@¥ 850

なお，売上原価は仕入勘定で算定し，棚卸減耗損および商品評価損はともに売上原価の内訳科目とすること。

借 方 科 目	金 額	貸 方 科 目	金 額

問題 6-12 次の資料にもとづいて，棚卸減耗損と商品評価損を求め，報告式損益計算書（ただし，売上総利益まででよい）の空欄を埋めなさい。

[資 料]

1．繰越商品勘定決算整理前残高 　¥ 300,000 （600個 @¥500）

2．仕入勘定決算整理前残高 　　　¥1,200,000 （2,000個 @¥600）

3．商品期末帳簿棚卸数量　500個　　　　原　　　価 @¥600

4．商品期末実地棚卸数量　465個　　　　正味売却価額 @¥550

5．当期販売数量　各自計算　　　　　　売　　　価 @¥900

　なお，棚卸減耗損および商品評価損はともに売上原価の内訳科目とする。

損 益 計 算 書

Ⅰ 売上高 （　　　　　　　）

Ⅱ 売上原価

　1．商品期首棚卸高 （　　　　　　）

　2．当期商品仕入高 （　　　　　　）

　　　合　計 （　　　　　　）

　3．商品期末棚卸高 （　　　　　　）

　　　差　引 （　　　　　　）

　4．棚卸減耗損 （　　　　　　）

　5．商品評価損 （　　　　　　） （　　　　　　）

　　　売上総利益 （　　　　　　）

第 **7** 章
固定資産

学習のポイント

1　固定資産

　固定資産とは，資産のうち，経営活動において長期間使用する目的で所有している資産をいいます。

　固定資産は，有形固定資産，無形固定資産および投資その他の資産に区分されます。**有形固定資産**には，建物，備品，車両運搬具，機械装置，構築物，土地などのような具体的な形態をもつ資産と建設仮勘定に分類されます。**無形固定資産**は，物としての形はありませんが，使用することによって経済的便益が得られる固定資産であり，社内利用目的のソフトウェアや法律上の権利やのれんが含められます。**投資その他の資産**には，長期の投資や他企業を支配する目的で所有する有価証券や長期前払費用などが含められます。

2　有形固定資産の取得

　有形固定資産を購入した場合は，購入代価に買入手数料，運送費，荷役費，据付費，試運転費など，その固定資産を使用するまでに要した付随費用を加算して取得原価とします。購入にあたって値引または割戻を受けた場合には，購入代価からその金額を控除します。

　有形固定資産の購入代金を分割払い（割賦購入）する場合，支払いが長期になるため，全額一括で代金を支払うよりも，利息相当分について支払総額が増加することが一般的です。割賦購入にあたっては，購入時の支払および残額の債務を負債勘定の貸方に記入すると同時に，固定資産勘定の借方に現金購入価額で記入し，支払総額と現金購入価額との差額を支払利息勘定または前払利息勘定に記入します。決算時には支払利息と前払利息の期間配分に必要な決算整理を行います。

　＜仕訳例＞

　　備品の購入にあたり，代金の一部を支払い，残額は分割払い（支払総額には利息相当分を含む）

　　したとき：

　　　（借）備　　　　　品　　×××　（貸）当　座　預　金　　×××
　　　　　　前　払　利　息　　×××　　　　未　　払　　金　　×××

　建物や機械装置などについて，完成して引渡しを受けるまでに長期間の建設工事期間が必要な場合に，建設途中に代金の一部を支払うことがありますが，この支払額を一時的に建設仮勘定勘定に借方記入します。建物などが完成して引渡しを受けたときに建物勘定など適切な勘定に振り替えます。

　＜仕訳例＞

　　建物建築工事について，完成前に小切手を振り出して支払ったとき：

　　　（借）建　設　仮　勘　定　　×××　（貸）当　座　預　金　　×××

工事の完成・引渡しを受けたとき：

　　（借）建　　　　物　×××　（貸）建 設 仮 勘 定　×××

3　修繕・改良

　有形固定資産の取得後に行われる支出は，**修繕**と**改良**とに区別して行います。修繕とは有形固定資産の価値または性能を現状維持するための支出（収益的支出）で，支出額を修繕費として支出期間の費用として計上します。改良とは有形固定資産の価値を高めたり，耐用年数を延長させる効果をもつ支出（資本的支出）であり，その支出額をその資産の原価に加算します。

＜仕訳例＞

　建物に対する修繕（収益的支出）を行い，代金は小切手を振り出して支払ったとき：

　　（借）修　　繕　　費　×××　（貸）当 座 預 金　×××

　建物に対する改良（資本的支出）を行い，代金は小切手を振り出して支払ったとき：

　　（借）建　　　　物　×××　（貸）当 座 預 金　×××

4　減価償却

　減価償却では，有形固定資産の価値減少を一定の計画的・規則的な方法で費用配分します。減価償却の記帳方法として，間接法のほかに直接法があります。直接法では減価償却費を計上するとともに同額を有形固定資産から減額（すなわち貸方記入）します。減価償却費の計算方法として定額法，定率法，生産高比例法があります。

＜仕訳例＞

　間接法：備品の減価償却を行う場合

　　（借）減 価 償 却 費　×××　（貸）備品減価償却累計額　×××

　直接法：備品の減価償却を行う場合

　　（借）減 価 償 却 費　×××　（貸）備　　　　品　×××

① **定額法**：毎期同額の減価償却を計上する方法です。取得年度の減価償却費については，取得した月から決算までの月数に応じて月割計算します。

$$減価償却費＝\frac{取得原価－残存価額}{耐用年数}$$

　なお，税法では2007年4月1日以降に取得した有形固定資産について，残存価額を廃止して備忘価額（1円）まで償却することとしています。

② **定率法**：毎期の減価償却費を，有形固定資産の期首未償却残高（取得原価からその減価償却累計額を差し引いた金額）に一定の償却率を乗じて計算する方法です。

$$減価償却費＝期首未償却残高×償却率$$

　なお，税法では，2012年4月1日以降に取得した固定資産を定率法で償却する場合，その償却率を定額法による償却率（1÷耐用年数）の2.0倍した率を償却率としています（200％定率法）。200％定率法では，未償却残高×償却率＜償却保証額の場合には，改定取得原価（期首の未償却残高）に改定償却率を乗じて，当該年度以降の減価償却費を算出します。

③ **生産高比例法**：有形固定資産の利用度に比例して毎期の減価償却費を計上する方法です。

$$減価償却費＝（取得原価－残存価額）×\frac{当期利用量}{総利用可能量}$$

5 有形固定資産の売却・買換えと除却・廃棄

　有形固定資産を売却した場合は，売却価額と帳簿価額（取得原価−減価償却累計額）の差額は固定資産売却損勘定（売却価額＜帳簿価額の場合）の借方，または固定資産売却益勘定（売却価額＞帳簿価額の場合）の貸方に記入します。期中に売却した場合，売却した会計期間の期首から売却月までの減価償却を月割計算で計上したうえで，売却の処理を行います。

　売却に関連して，古い有形固定資産を下取りに出して新資産を購入する場合（買換え）があります。その場合，古い固定資産を下取り価額でいったん売却し，続けて新資産を購入するよう処理します。

　有形固定資産を事業の用途から除き，帳簿から除外することを除却といいます。除却した資産に処分価値があると認められる場合は，その処分価値を見積もって**貯蔵品勘定**（資産）に借方記入し，見積処分価値と帳簿価額との差額を**固定資産除却損勘定**（費用）（見積処分価値＜帳簿価額の場合）の借方，または固定資産除却益勘定（見積処分価値＞帳簿価額の場合）の貸方に記入します。

　売却や再利用ができないなどの理由で除却する資産を廃棄する場合は，その帳簿価額を固定資産除却損勘定の借方に記入します。

　＜仕訳例＞

　　有形固定資産の売却時（売却価額＞帳簿価額の場合，間接法で記帳）：

| （借） | 備品減価償却累計額 | ××× | （貸） | 備　　　　品 | ××× |
| | 未　収　入　金 | ××× | | 固定資産売却益 | ××× |

　　有形固定資産の除却時（処分価額＜帳簿価額の場合，間接法で記帳）：

（借）	備品減価償却累計額	×××	（貸）	備　　　　品	×××
	貯　蔵　品	×××			
	固定資産除却損	×××			

6 無形固定資産

　無形固定資産とは，物としての具体的な形はないものの，所有することによって長期間にわたり経済的便益が得られる固定資産をいい，社内利用目的の**ソフトウェア**や法律上・契約上の権利と**のれん**が含まれます。

　社内利用の目的でソフトウェアを購入し，その利用により将来の収益獲得または費用削減が確実であると認められる場合には，取得に要した金額を**ソフトウェア勘定**（資産）に計上します。社内利用目的のソフトウェアの開発を外部に依頼し，開発途中で代金の全部あるいは一部を支払った場合，この支払額を一時的に**ソフトウェア仮勘定勘定**（資産）に借方記入します。ソフトウェアの引渡しを受けたときにソフトウェア勘定に振り替えます。

　法律上・契約上の権利としては，特許権，借地権，商標権などがあります。法律上・契約上の権利は，通常，金銭を支払って取得します。取得に要したすべての支出額を取得原価とします。

　のれんとは，他の企業を構成する事業の全部または一部を有償で取得したり他の企業との合併を行う際に，事業の譲り受けや合併に要した金額が譲り受けた事業や他企業の純資産額（資産合計額−負債合計額）を超過する部分をいい，その差額は**のれん勘定**（資産）の借方に記入されます。なお，事業の譲り受けに要した金額が譲り受けた事業の純資産額を下回ったときは，その差額は**負ののれん発生益勘定**（収益）の貸方に記入されます。

無形固定資産については，償却を行います。法律上・契約上の権利については，法律・契約に定める有効期間を償却期間として，定額法により償却します。ソフトウェアも定額法により償却します。のれんについては，20年以内のその効果の及ぶ期間にわたって定額法その他の合理的な方法によって規則的に償却します。いずれの場合も残存価額はゼロとし，直接法（固定資産の帳簿価額を直接減額する方法）によって記帳します。

＜仕訳例＞

他の企業の事業等を譲り受け，のれんを計上したとき（当座預金口座から支払い）：

（借）資　産　A	×××	（貸）負　債　A	×××
資　産　B	×××	負　債　B	×××
資　産　C	×××	当　座　預　金	×××
の　れ　ん	×××		

他の企業から譲り受ける事業の資産と引き受ける負債は時価で受け入れます。

のれんの償却時：

| （借）の　れ　ん　償　却 | ××× | （貸）の　れ　ん | ××× |

7　投資その他の資産

　投資その他の資産には，長期の投資（満期保有目的債券，その他有価証券，長期貸付金など），他の企業を支配する等の目的で所有する有価証券（子会社株式，関連会社株式），長期前払費用などがあります。

　満期保有目的債券について，償還期限まで1年以内のものについては有価証券として流動資産に区分表示し，1年を超えるものについては投資有価証券として固定資産の部の投資その他の資産に区分表示します。

　長期前払費用とは，前払費用のうち貸借対照表日の翌日から起算して1年以内には前払いした金額に対応するサービスの提供を受けることがない（サービスを費消しない）部分をいいます。

問題 7-1 次の取引を仕訳しなさい。

(1) 営業用自動車¥4,000,000を購入し，自動車取得税等の諸費用¥500,000を含めた支払額のうち60％を小切手を振り出して支払い，残額は月末に支払うことにした。

(2)① 既存の工場の増設工事について，建設工事契約（工事代金総額¥36,000,000，各回¥12,000,000で３回の分割払い）を結び，第１回目の支払いを当座預金から行った。工事の明細は，建物¥15,000,000，構築物¥10,000,000，機械装置¥5,000,000，共通工事費¥6,000,000であった。

② 第３回目の支払いを当座預金から行った。

③ 増設工事が完了し，引渡しを受けて各固定資産等への振替えを行った。共通工事費については固定資産の工事金額により配賦することにした。

(3) 備品について定期点検を行い，点検の代金¥800,000を小切手を振り出して支払った。なお，このうち25％は消耗品の交換に要しており，修繕として処理した。残りは内蔵部品の入替えでありこれによって耐用年数の延長が見込まれ，改良のための支出とみなされた。

(4)① 20X1年12月１日に，営業用トラック（現金購入価額¥3,600,000）を割賦契約で購入した。代金は，月末ごとに支払期限が順次到来する額面¥315,000の約束手形12枚を振り出した。なお，利息相当分については，費用勘定で処理することにした。

② 20X2年３月31日　支払期日の到来した約束手形について，当座預金口座から引き落とされた。また，決算整理として利息の期間配分を月割計算で行う。

7
固定資産

	借 方 科 目	金 額	貸 方 科 目	金 額
(1)				
(2)①				
②				
③				
(3)				
(4)①				
②				

問題 **7-2** 次の取引を仕訳しなさい。

(1) 20X4年3月31日，備品（20X1年4月1日期首に取得，備品勘定残高¥738,000，耐用年数10年，残存価額は取得原価の10%）の減価償却を定額法で行う。記帳方法は直接法を用いている。

(2) 備品（取得原価¥2,000,000，備品減価償却累計額¥400,000，償却率20%）の減価償却を定率法で行う。記帳方法は間接法を用いている。

(3) 鉱山採掘用の機械装置（取得原価¥2,700,000，残存価額は取得原価の10%，推定総埋蔵量100,000トン，当期採掘量20,000トン）の減価償却を生産高比例法で行う。記帳方法は間接法を用いている。

(4) 20X3年3月31日，備品（20X1年4月1日期首に取得，取得原価¥800,000，耐用年数10年）の減価償却を200%定率法で行う（償却率は各自推定）。記帳方法は間接法を用いている。

(5) 20X5年3月31日，備品（20X1年4月1日期首に取得，取得原価¥2,400,000，耐用年数5年）の減価償却を200%定率法で行う。保証率は0.10800，改定償却率は0.5である。記帳方法は間接法を用いている。

	借 方 科 目	金 額	貸 方 科 目	金 額
(1)				
(2)				
(3)				
(4)				
(5)				

問題 **7-3** 次の取引を仕訳しなさい。

(1) 20X5年9月30日に備品（取得原価¥5,000,000）を¥3,000,000で売却し代金は次月に受け取ることとした。なお，この備品は20X1年4月1日に取得したものであり，減価償却は定額法（残存価額：取得原価の10%，耐用年数10年）で行っている（決算日は3月31日である）。減価償却の記帳方法は間接法を用いている。当期の減価償却費は月割計算する。

(2) 20X1年度期首に購入した営業用自動車（取得原価：¥3,600,000，耐用年数5年，残存価額：ゼロ，償却方法：定額法，記帳方法：直接法）を，20X5年7月31日に下取りに出し，新車¥4,000,000を購入した。旧車両の下取り価額¥400,000を差し引き，残額は小切手を振り出して支払った。なお，決算日は3月31日である。下取り時までの当期の減価償却費は月割計算する。

(3) 20X9年8月31日に機械装置（取得原価¥1,200,000）を除却した。この機械装置は処分価値があると認められ倉庫に保管することにした。処分価値は¥100,000である。なお，この機械装置は20X1年1月1日期首に取得したものであり，減価償却は定額法（残存価額：ゼロ，耐用年数：10年）で行っている。記帳方法は直接法を用いている。除却時までの当期の減価償却費は月割計算する。

(4) 20X6年8月31日に不用となった備品（取得原価：¥900,000）を除却した。この備品は20X1年12月1日に取得したものであり，減価償却は定額法（耐用年数5年，残存価額：ゼロ）で行って

いる（決算日は3月31日である）。減価償却の記帳方法は間接法を用いている。なお，この備品について処分価値はなく，廃棄した。除却時までの当期の減価償却費は月割計算する。

	借　方　科　目	金　　額	貸　方　科　目	金　　額
(1)				
(2)				
(3)				
(4)				

問題 7-4　次の一連の取引を仕訳しなさい。決算日は3月31日である。

(1)　20X1年4月1日に業務用パソコン¥1,200,000を購入し，代金は設置等に関する諸費用¥300,000とともに小切手を振り出して支払った。なお，減価償却は定率法（償却率20%）で行い，間接法で記帳する。

(2)　20X4年4月1日に上記の業務用パソコンに記憶装置を増設し，代金¥132,000を現金で支払った。なお，記憶装置の取付けは改良（資本的支出）として処理した。

(3)　20X4年11月24日に上記の業務用パソコンを修理に出し，修理代¥30,000を現金で支払った。

(4)　20X6年4月1日に上記の業務用パソコンを¥500,000で売却し，代金は月末に受け取ることとした。

	借　方　科　目	金　　額	貸　方　科　目	金　　額
(1)				
(2)				
(3)				
(4)				

問題 7-5　次の取引を仕訳しなさい。

(1)　長岡工業株式会社から特許権を期首に取得し，購入に要した費用とともに¥1,200,000を小切手を振り出して支払った。

(2)　決算にあたり，上記の特許権を償却する。なお，償却期間は8年である。

	借 方 科 目	金 額	貸 方 科 目	金 額
(1)				
(2)				

問題 7−6　次の取引を仕訳しなさい。

(1)　期首に同業他社の事業の一部を譲り受け，代金￥6,500,000を当座預金口座から支払った。譲り受けた資産の評価額は，商品￥900,000，建物￥2,700,000，機械装置￥1,600,000であり，引き受けた負債はなかった。なお，商品については販売のつど売上原価勘定に振り替える方法による。

(2)　決算にあたり，上記ののれんの償却を行う。なお，償却期間は10年である。

	借 方 科 目	金 額	貸 方 科 目	金 額
(1)				
(2)				

問題 7−7　次の取引を仕訳しなさい。

(1)　将来の経費削減に確実に役立つとして外部に開発を依頼していたソフトウェアについて，期首に引渡しを受けた。代金￥250,000はすでに全額を支払っている。

(2)　決算にあたり，上記のソフトウェアについて定額法により償却する。なお，このソフトウェアの利用可能期間は5年と見積もっている。

(3)　20X1年12月1日に，向こう3年分の保険料￥450,000を小切手を振り出して支払い，費用として処理した。

(4)　20X2年3月31日決算に際し，上記の保険料の前払い分を計上する。

	借 方 科 目	金 額	貸 方 科 目	金 額
(1)				
(2)				
(3)				
(4)				

問題 7-8

固定資産について，資料にもとづいて下記の問いに答えなさい。なお，当会計期間は20X8年4月1日から20X9年3月31日までの1年間である。また，各資産の償却にあたっては月割計算を行い，記帳方法は間接法（ソフトウェアを除く）によっている。

[資　料]

固定資産は次のとおりである。

	建　物	備　品	機械装置	ソフトウェア
取　得　日	20X8年7月1日	20X6年4月1日	20X7年12月1日	20X7年8月1日
取 得 価 額	？	¥6,000,000	？	？
償 却 方 法	定額法	定率法	生産高比例法	定額法
耐 用 年 数	20年	－	－	利用可能期間3年
残 存 価 額	ゼロ	ゼロ	ゼロ	ゼロ
償　却　率	－	20%	－	－
備　　考	建設会社に建築を請け負わせ，工事代金の一部として20X8年3月1日に¥9,000,000を，また，5月1日に¥6,000,000を支払っている。 6月末に残りの工事代金として¥15,000,000の小切手を振り出して支払い，7月1日に建物の引渡しを受けた。	20X8年9月30日に除却した。この備品は処分価値があると認められ，その評価額は¥2,900,000である。	機械装置（現金購入価額¥5,000,000）は割賦契約により購入しており，代金は毎月末に支払期限の到来する額面¥520,000の約束手形10枚を購入時に振り出した。この機械装置は鉱山採掘用である。鉱山の推定総埋蔵量は200,000トンであり，20X8年3月31日時点で10,000トン，20X9年3月31日時点で累計で50,000トンを採掘している。	このソフトウェアは自社利用目的で購入したものである。購入時に利用可能期間は3年と見積もられており，当期首のソフトウェア勘定の残高は¥700,000である。

問1　建物について，①取得日および②決算時の仕訳を示しなさい。

問2　備品について，除却時の仕訳を示しなさい。なお，除却する備品にかかる減価償却費の計上は，除却時に行う。

問3　機械装置について，決算時の仕訳を示しなさい。

問4　ソフトウェアについて，決算時の仕訳を示しなさい。

問5　有形固定資産に関連して発生した当会計期間の支払利息の金額を答えなさい（利息の期間配分は定額法による月割計算にもとづくこと）。

問6　20X9年3月31日における貸借対照表の有形固定資産の合計金額を答えなさい。

	借 方 科 目	金　　額	貸 方 科 目	金　　額
問1－①				
問1－②				
問2				
問3				
問4				

問5	支払利息の金額	￥

問6	有形固定資産の合計金額	￥

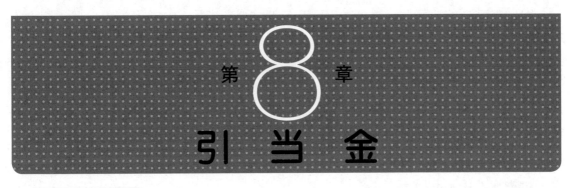

第 8 章

引 当 金

学習のポイント

1 貸倒引当金：将来において売掛金，契約資産，受取手形，電子記録債権，貸付金等の債権等が回収不能（貸倒れ）になることが見込まれる場合，それを見越して決算で見積もる引当金

(1) 設定時：

［貸倒引当金勘定残高＜貸倒引当金設定金額］の場合

      （借）　貸 倒 引 当 金 繰 入　　×××　（貸）　貸 倒 引 当 金　　×××

［貸倒引当金勘定残高＞貸倒引当金設定金額］の場合

      （借）　貸 倒 引 当 金　　×××　（貸）　貸倒引当金戻入　　×××

(2) 貸倒時：

      （借）　貸 倒 引 当 金　　×××　（貸）　売 　 掛 　 金　　×××

2 商品（製品）保証引当金：当期に販売した商品（製品）を対象として翌期に保証（合意仕様に従う保証）が行われる可能性が高い場合，決算において補修や交換の金額を見積もる引当金

(1) 設定時：

      （借）　商品保証引当金繰入　　×××　（貸）　商品保証引当金　　×××

(2) 修理時（修理に必要な支出につき小切手を振り出して支払ったとき）：

      （借）　商品保証引当金　　×××　（貸）　当 座 預 金　　×××

3 賞与引当金：当期の労働を対象として翌期に賞与が支払われる可能性が高い場合，決算においてその支払額のうち当期に属する金額を見積もる引当金

(1) 設定時：

      （借）　賞 与 引 当 金 繰 入　　×××　（貸）　賞 与 引 当 金　　×××

(2) 賞与支払時：

      （借）　賞 与 引 当 金　　×××　（貸）　現 　 　 　 金　　×××

4 退職給付引当金：当期の労働を対象として退職時以後に退職給付が支払われる可能性が高い場合，決算においてその支払額のうち当期に属する金額を見積もる引当金

(1) 設定時：

      （借）　退 職 給 付 費 用　　×××　（貸）　退職給付引当金　　×××

(2) 退職給付時（従業員に退職給付を現金で行ったとき）：

      （借）　退職給付引当金　　×××　（貸）　現 　 　 　 金　　×××

(3) 掛金支払時：

      （借）　退職給付引当金　　×××　（貸）　現 　 　 　 金　　×××

5　修繕引当金：翌期以後に修繕が行われる可能性が高い場合，決算において修繕金額のうち当期使用分を見積もる引当金

(1)　設定時：

(借)　修 繕 引 当 金 繰 入　　×××　(貸)　修 繕 引 当 金　　×××

(2)　修繕時（修繕に必要な支出を小切手を振り出して支払ったとき）：

(借)　修 繕 引 当 金　　×××　(貸)　当 座 預 金　　×××

問題 8-1　次の取引を仕訳しなさい。

(1)　得意先那覇産業株式会社が倒産し，当社が保有する同店振出の約束手形¥192,000と掛販売の代金¥434,000が回収不能となったため貸倒れとして処理する。なお，約束手形は前期に取得したもので，掛販売の代金は当期に生じたものである。貸倒引当金残高¥217,000は適切な金額と認められる。

(2)　取引先石垣産業株式会社が倒産し，同店に対する貸付金¥1,200,000が回収不能となったため貸倒れとして処理する。回収不能となった同店に対する貸付金のうち，¥400,000は前期に貸し付けたもので，残額は当期に貸し付けたものである。なお，貸倒引当金の残高は¥80,000であり，設定金額は適切と認められる。

(3)　得意先糸満商事株式会社が当期に倒産した際，売掛金¥323,000につき貸倒引当金勘定を充当して貸倒処理をしていたが，同日の貸倒引当金の残高は¥189,000（適正額）であることが判明したため，適切に処理を行うこととした。なお，当該売掛金は前期の販売から生じたものであった。

(4)　前期に発生した売掛金¥227,000につき，前期に貸し倒れた際，貸倒損失として処理していたが，当期においてその全額が回収され，当座預金に入金された。

(5)　本日決算につき，受取手形¥1,280,000，売掛金¥960,000に対し貸倒引当金を1.25％設定する。貸倒引当金の残高は¥34,000であり，設定金額は適切と認められる。

(6)　本日決算につき，金銭債権に対して貸倒引当金を設定する。決算整理前残高試算表（一部）は次のとおりである。受取手形，売掛金および契約資産に対する貸倒引当金の設定率は4％であり，貸付金に対する貸倒引当金は担保物の処分見込額¥270,000を差し引いた全額とする。貸付金は当期に貸付を実行したものである。

残 高 試 算 表

受 取 手 形	500,000	貸 倒 引 当 金	14,900
売 掛 金	417,000		
契 約 資 産	138,000		
貸 付 金	400,000		

	借　方　科　目	金　額	貸　方　科　目	金　額
(1)				
(2)				
(3)				
(4)				
(5)				
(6)				

問題 8-2　次の一連の取引を仕訳しなさい。

(1)　決算に際し，合意した仕様に従う品質保証書付販売商品¥960,000に対し，1.5%の保証費用を見積もった。

(2)　品質保証書付販売商品について無償修理の依頼があり，貯蔵品に計上されている修理用部品を使用した分の修繕費用¥7,700が発生した。うち¥5,200が，前期販売分に係るものであった。

(3)　前期に販売した品質保証書付販売商品について，保証期間の6カ月が経過したため商品保証引当金¥9,200を取り崩すこととした。

	借　方　科　目	金　　額	貸　方　科　目	金　　額
(1)				
(2)				
(3)				

問題 8-3　次の一連の取引を仕訳しなさい。

(1)　当社の規程では，賞与が年3回（6月，12月および期末）支給されることとなっている。支給対象期間は6月賞与が12月から5月，12月賞与が6月から11月であり，期末分は利益に連動して決定される。本日3月31日期末を迎えたため，6月賞与の支給見込総額¥5,475,000に対して賞与引当金を設定する。

(2)　6月末日，予定通り賞与¥5,475,000が当座預金口座より支払われた。その際，源泉所得税額¥273,750と社会保険料¥547,500が差し引かれている。

	借 方 科 目	金 額	貸 方 科 目	金 額
(1)				
(2)				

問題 8-4 次の取引を仕訳しなさい。

(1) 従業員の退職給付を見積もった結果，当期の負担に属する金額は¥336,000と計算されたため，決算に際し退職給付引当金を設定した。

(2) 外部の基金に対し，退職年金の掛金¥29,000を当座預金口座より支払った。

(3) 本日従業員A氏が退職し，退職一時金¥5,240,000につき当座預金口座より支払った。なお，退職給付引当金の残高は¥49,700,000である。

	借 方 科 目	金 額	貸 方 科 目	金 額
(1)				
(2)				
(3)				

問題 8-5 次の取引を仕訳しなさい。

(1) 当社は例年3月中に建物の修繕を実施している。しかし，本年度は都合により修繕が実施できなかったため，本日決算につき修繕引当金¥180,000を設定する。

(2) 営業用トラックについて定期修繕を行い，代金¥84,000は翌月に支払うこととした。なお，当該修繕のために修繕引当金¥56,000が設定されている。

(3) 備品の改修を行い，代金¥140,000は小切手を振り出して支払った。なお，このうち70％相当は備品の性能向上にかかる支出と判断された。

	借 方 科 目	金 額	貸 方 科 目	金 額
(1)				
(2)				
(3)				

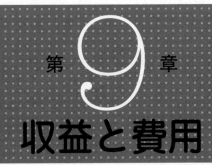

第 9 章

収益と費用

学習のポイント

1 収益の認識

　企業は，約束した財（商品や製品）またはサービスを顧客（取引先）に移転することにより履行義務（財またはサービスを移転する約束）を充足したときに，または充足するにつれて収益を認識します。

2 売上高

　売上収益は，商品等の販売の時点で認識されます。販売の時点とは，商品等の支配が顧客に移転される時です。出荷時から商品等の支配が顧客に移転される時までの期間が通常の期間である場合には，出荷時から商品等の支配が顧客に移転される時までの間の一時点に収益を認識することができます。

　売上収益を認識する時点として，次のものが挙げられます。

売上収益の認識基準	売上収益の認識時点
出荷基準	商品等を出荷した時点
着荷基準	商品等が得意先に到着した時点
検収基準	商品等を得意先が検収した時点

3 役務収益と役務原価

　物品販売業のように具体的な形のある商品を販売するのではなく，顧客にサービスの提供を行うサービス業を営む企業では，役務収益（物品販売業の売上収益に対応）と役務原価（物品販売業の売上原価に対応）をサービスの移転取引に応じて計上します。役務収益勘定には，顧客との契約にもとづくサービスの移転に応じて役務収益を認識し，役務収益勘定の貸方に記入します。役務収益の計上よりも前に発生したサービスの移転にともなう諸費用については，これをいったん仕掛品勘定（資産）に振り替える処理を行い，サービスを移転した時点で，収益の認識をすると同時に仕掛品勘定から役務原価勘定に振り替えます。

4 販売費及び一般管理費

　販売費及び一般管理費は，主たる営業活動としての販売業務および管理業務に関連して発生する費用の総称で，主な勘定として，給料，発送費，通信費，広告宣伝費，保険料，旅費交通費，水道光熱費，消耗品費，租税公課，研究開発費，減価償却費，貸倒引当金繰入（売上債権（等）を対象としたものである場合），のれん償却などがあります。

　研究開発費には，研究開発のために費消された人件費や原材料費，固定資産の減価償却費等，ま

た研究開発目的にのみ使用する設備の取得に要した原価などを含み，発生した期間の費用とします。

　租税公課は，固定資産税，印紙税などの税金を記録する勘定科目です。固定資産税は，納税通知書を受け取ったときに納税額を租税公課勘定の借方と未払固定資産税勘定の貸方に記入します。

5　営業外収益・営業外費用

　営業外収益には，主として資金運用など企業の財務活動に関連して発生する収益が該当します。受取利息，受取配当金，有価証券売却益，有価証券評価益などがあります。

　営業外費用は，企業の副次的活動から生じる費用で，そのほとんどが資金調達に関連する財務上の費用か資金運用に関連する損失です。主な勘定に，支払利息，手形売却損，有価証券売却損，有価証券評価損などがあります。

　支払利息・受取利息のような時の経過にともなうサービスの費消・提供により発生すると認識される費用・収益は，その期間の支払額・受取額と異なっている場合があります。決算時に当該期間の支出・収入と発生額が一致しない場合には，未払・未収および前払・前受の処理が必要となります。未払・未収および前払・前受の処理は，翌期首において反対仕訳を行って再振替します。

問題 9-1　次の取引を仕訳しなさい。

(1)①　当社は市場に関する情報提供サービス業を営んでおり，情報収集，調査，分析の依頼を受け，先に支払っていた給料￥200,000と消耗品費￥150,000および水道光熱費￥10,000をサービス提供に係るものとして，仕掛品勘定に振り替えた。また，サービス提供の対価としての契約額￥700,000のうち，手付金として￥200,000が当座預金口座に振り込まれた。

②　情報提供サービスを行い，上記の契約額から手付金を差し引いた残額が，当座預金口座に振り込まれた。

(2)①　当社は広告業を営んでいるが，このたび契約総額￥4,000,000で広告サービスの依頼を受け，契約の対価の40％である￥1,600,000が当座預金口座に振り込まれた。

②　上記①の広告制作提供につき，当該サービスに係るものとして給料￥1,100,000，通信費￥80,000，水道光熱費￥290,000および消耗品費￥230,000を仕掛品勘定に振り替えた。

③　決算にあたり，当期中に上記①の広告サービスの20％の提供が完了している。

	借 方 科 目	金 額	貸 方 科 目	金 額
(1)①				
②				
(2)①				
②				
③				

問題 **9-2** 次の取引を仕訳しなさい。

(1) 研究開発部門で働く従業員の給料￥420,000および同部門で生じた原材料費￥270,000に対する支出について，小切手を振り出して支払った。また，研究開発目的にのみ使用する実験装置￥900,000を購入し，代金は月末払いとした。

(2) 当期に支出した人件費（給料勘定で処理）のうち￥190,000，消耗品費のうち￥350,000および備品の減価償却費として処理した金額のうちの￥300,000分が，研究開発目的のものと把握された。

	借 方 科 目	金 額	貸 方 科 目	金 額
(1)				
(2)				

問題 **9-3** 次の取引を仕訳しなさい

(1)① 固定資産税￥250,000の納税通知書が送付されてきた。

② 上記固定資産税の第1期分￥70,000を当座預金口座から支払った。

(2) 国外の取引先から商品￥500,000を代金は月末払いで仕入れ，引取費用￥20,000と関税￥15,000を現金で支払った。

	借 方 科 目	金 額	貸 方 科 目	金 額
(1)①				
②				
(2)				

問題 **9－4** 次の取引を仕訳しなさい。

(1) 北海商店から，借入期間7カ月，利率年6％，利息は元本の返済時に支払う条件で¥500,000を借り入れていたが，借入れから4カ月経過して決算日を迎え，借入金の利息について決算整理を行った。

(2)① 名古屋商店に¥600,000の貸付けを行い，貸付利率年6％，7カ月分の利息を差し引いた残額を小切手を振り出していたが，貸付けから4カ月経過した本日，決算日を迎え，決算整理を行う。

② 上記決算日の翌日，新会計年度を開始し，①の決算整理について再振替仕訳を行う。

③ ①の貸付金について，先方振出しの小切手を受け取って回収した。

(3) 保有している大阪商事株式会社株式（10,000株）について，1株につき¥100の配当が実施されることになり，株式配当金領収証を受け取った。

	借 方 科 目	金 額	貸 方 科 目	金 額
(1)				
(2)①				
②				
③				
(3)				

第 10 章

株式会社の純資産（資本）

学習のポイント

1 株式会社の純資産の構成要素を確認します。

　　株式会社の純資産は，株主に帰属する**株主資本**と，株主資本以外の部分から構成されます。また，株主資本は，株主が出資した元本部分である資本金，**資本剰余金**と，これらを活用して獲得した成果としての利益部分である**利益剰余金**から構成されています。

　　株主資本以外の部分には，**評価・換算差額等**があり，ここにはその他有価証券を期末に時価評価した際に生じるその他有価証券評価差額金が含まれます。その他有価証券の時価が帳簿価額を上回れば，その分純資産の部の金額を直接増加させ，下回れば純資産の部の金額を減少させることになります。

2 会社設立時の資本金勘定の記帳方法と，設立と開業に必要な諸費用の処理方法について学びます。

(1) 設立時の株式の発行とその記帳

① 設立時の発行株式数

　　会社の設立時に，公開会社は発行可能株式総数の4分の1以上の株式を発行しなければなりません。

② 資本金への計上額

　　原則として，株主が払い込んだ全額を資本金に計上しなければなりません。ただし，会社法では払込金額の2分の1を超えない額については資本金としないことを認めており，資本金に計上しない部分は**資本準備金勘定**の貸方に記入します。

　　　　（借）当 座 預 金　　×××　（貸）資　　本　　金　　×××
　　　　　　　　　　　　　　　　　　　　　　資 本 準 備 金　　×××

(2) 創立費の記帳

　　会社設立までに要する諸費用を支払ったときは，創立費勘定の借方に記入します。

　　　　（借）創　　立　　費　　×××　（貸）当 座 預 金　　×××

(3) 開業費の記帳

　　会社設立後から営業を開始（開業）するまでの間に支出した開業準備費用は開業費勘定で処理します。

　　　　（借）開　　業　　費　　×××　（貸）当 座 預 金　　×××

3 会社設立後に資本金を増加させたときの記帳方法と，新株の発行に必要となる諸費用の処理方法について学びます。

10

株式会社の純資産（資本）

(1) 株式の引受人から払い込まれた金額は株式申込証拠金勘定の貸方に記入します。

（借）当 座 預 金　　×××　（貸）株式申込証拠金　　×××

(2) 払込期日に株式申込証拠金勘定から資本金勘定へ振り替えます。株主からの払込額の総額を資本金とするのが原則ですが，払込金額の2分の1を超えない額を資本金としないことも認められています。資本金に計上されなかった部分は資本準備金勘定の貸方に記入します。

（借）株式申込証拠金　　×××　（貸）資 本 金　　×××

　　　　　　　　　　　　　　　　　　資 本 準 備 金　　×××

(3) 会社設立後に，事業規模拡大などのため，新たに株式を発行するのに要した諸費用は株式交付費勘定で処理します。

（借）株 式 交 付 費　　×××　（貸）当 座 預 金　　×××

4　会社法で積立てが強制されている準備金の積立方法とその記帳方法について学びます。

(1) 資本準備金

　資本準備金は，株主から払い込まれた資本のうち資本金とされなかった部分で，会社法および会社計算規則等で資本準備金とすることが定められているものに限られます。株式払込剰余金などが資本準備金に含まれます。

(2) 利益準備金

　利益準備金は，資本準備金と同様に，剰余金の配当にあたって会社法上積み立てることが強制されている準備金の1つです。その他利益剰余金を原資として剰余金を配当するたびに，配当によって減少するその他利益剰余金の額に10分の1を乗じた金額を，資本準備金との合計が資本金の4分の1に達するまで，その他利益剰余金を減少させて利益準備金として積み立てることが義務づけられています。

　利益準備金の積立てを必要とするのは，その他利益剰余金を原資として剰余金を配当した場合で，その他資本剰余金を原資として剰余金の配当を行った場合は，資本準備金を積み立てなければなりません。

5　剰余金の処分方法とその記帳方法について学びます。

(1) その他資本剰余金

　資本金または資本準備金は，株主総会の決議があれば減少させることができます。その場合は，その他資本剰余金に含められ，配当の原資とすることができます。その他資本剰余金を原資として配当を実施した場合は，利益準備金との合計が資本金の4分の1に達するまで，減少したその他資本剰余金の10分の1をその他資本剰余金から資本準備金として積み立てなければなりません。

(2) その他利益剰余金

　① 任意積立金

　　任意積立金には，特定の使用目的をもって積み立てられる積立金と，特定の使用目的のない別途積立金があります。剰余金の処分で任意積立金の積立てを決定したときは，その内容を明示した積立金勘定の貸方に記入しておき，取り崩したときに借方に記入します。取り崩された後は，積み立てられる以前の繰越利益剰余金に戻ります。

［積立時の処理］

　　　（借）　繰越利益剰余金　　　×××　（貸）　配当平均積立金　　　×××
　　　　　　　　　　　　　　　　　　　　　　　　別　途　積　立　金　　×××

［取崩時の処理］

　　　（借）　別　途　積　立　金　　×××　（貸）　繰越利益剰余金　　×××

　② 　繰越利益剰余金

　　　当期純損益はいったん繰越利益剰余金勘定へ振り替えられて，その後株主総会の決議を経て，繰越利益剰余金の処分が行われ，繰越利益剰余金勘定から未払配当金，利益準備金，任意積立金といった処分対象となる勘定へ振り替えます。なお，処分されずに繰越利益剰余金の貸方に残高が残る場合は，そのまま次期へと繰り越されます。

6　複数の会社が1つの会社になる合併の処理方法について学びます。

(1)　合併の形態

　　合併には，ある会社（合併会社）が他の会社（被合併会社）を吸収する形で行われる吸収合併と，合併する複数の会社（被合併会社）が消滅して新設会社（合併会社）を設立する新設合併があります。

(2)　合併の処理

　　合併が行われた場合，合併会社はパーチェス法にもとづいて，次の手順でその処理を行います。

　① 　被合併会社から引き継いだ資産を借方に，負債を貸方にそれぞれ時価にもとづいて記入します。

　② 　交付した株式の時価総額を，合併契約にもとづいて，資本金勘定と資本準備金勘定の貸方にそれぞれ記入し，残額がある場合はその他資本剰余金とします。

　③ 　合併の対価と引き継いだ純資産との間に差額が生じる場合は，その差額をのれんとして処理します。のれんが計上された場合は，20年以内のその効果が及ぶ期間にわたって毎決算時に定額法などで規則的に償却します。

　④ 　合併会社と被合併会社との間に債権・債務があれば，それらを相殺消去します。

7　株主資本以外の純資産について学びます。

(1)　株主資本以外の純資産には，特定の資産・負債を時価評価した場合の評価差額である評価・換算差額等があります。その他有価証券評価差額金はその代表例です。

(2)　その他有価証券は期末に時価で評価し，その評価差額はその他有価証券評価差額金勘定として処理し（全部純資産直入法），評価・換算差額等の区分に直接計上します。

(3)　その他有価証券を期末に時価で評価した場合は次のような仕訳になります。

［値上がりした場合］

　　　（借）　そ の 他 有 価 証 券　　×××　（貸）　その他有価証券評価差額金　　×××

［値下がりした場合］

　　　（借）　その他有価証券評価差額金　　×××　（貸）　そ の 他 有 価 証 券　　×××

　　その他有価証券については，洗替法が適用されるため，翌期首には期末と全く反対の仕訳を行い，取得原価へと戻す仕訳が行われます。

問題 10-1 次の取引の仕訳を示しなさい。なお，資本金には会社法の定める原則的な金額を計上する。

(1) 公開会社の設立にあたり定款において発行可能株式総数を20,000株と定め，そのうち会社法の定める最低発行株式数を1株につき¥60,000で発行し，全額の払込みを受け，これを当座預金とした。

(2) 公開会社の設立にあたり定款において発行可能株式総数を24,000株と定め，そのうち会社法の定める最低発行株式数を1株につき¥80,000で発行し，全額の払込みを受け，これを当座預金とした。

	借 方 科 目	金 額	貸 方 科 目	金 額
(1)				
(2)				

問題 10-2 次の取引の仕訳を示しなさい。なお，資本金には会社法の定める最低額を計上する。

(1) 公開会社の設立にあたり定款において発行可能株式総数を5,000株と定め，そのうち会社法の定める最低発行株式数を1株につき¥40,000で発行し，全額の払込みを受け，これを当座預金とした。

(2) 公開会社の設立にあたり定款において発行可能株式総数を6,000株と定め，そのうち会社法の定める最低発行株式数を1株につき¥50,000で発行し，全額の払込みを受け，これを当座預金とした。

	借 方 科 目	金 額	貸 方 科 目	金 額
(1)				
(2)				

問題 10-3 次の一連の取引の仕訳を示しなさい。

(1) 石川産業株式会社は，新株の募集にあたって，未発行株式のうち500株を1株につき¥60,000で発行することとし，申込期日までに540株の申込みがあり，同額の申込証拠金が取引銀行の別段預金に払い込まれた。

(2) 新たに発行する500株の株式を抽選によって割り当て，割り当てられなかった40株分の申込証拠金については，別段預金から払戻しを行った。

(3) 新株式払込期日にあたる本日，(1)の申込証拠金を資本金に振り替えるとともに，別段預金を当座預金に預け入れた。なお，資本金には払込金額のうち会社法で認められる最低額を計上することにした。

	借方科目	金額	貸方科目	金額
(1)				
(2)				
(3)				

問題 10−4　次の一連の取引の仕訳を示しなさい。なお，会計期間は１年とする。

(1)　20X1年４月１日，公開会社の設立にあたり定款において発行可能株式総数を3,000株と定め，そのうち会社法の定める最低発行株式数を１株につき￥50,000で発行し，全額の払込みを受け，これを当座預金とした。なお，資本金には会社法が定める最低額を計上することにした。また，株式の発行費用￥250,000と設立のための諸費用￥550,000については現金で支払った。

(2)　20X1年４月５日，営業用店舗開設のための準備費用￥2,500,000と広告用チラシの印刷代￥350,000を小切手を振り出して支払った。

	借方科目	金額	貸方科目	金額
(1)				
(2)				

問題 10−5　次の一連の取引の仕訳を示しなさい。

(1)　秋田工業株式会社は，事業規模を拡張するため増資を行うことにし，未発行株式のうち400株を１株につき￥30,000で発行することとし，申込期日までに全株の申込みがあり，同額の申込証拠金が取引銀行の別段預金に払い込まれた。なお，新株の募集にあたって広告費￥75,000と証券会社への手数料と株式発行のための諸費用￥90,000を小切手を振り出して支払った。

(2)　新株式払込期日にあたる本日，(1)の申込証拠金を資本金に振り替えるとともに，別段預金を当座預金に預け入れた。なお，資本金には発行価額のうち会社法で認められる最低額を計上することにした。

	借方科目	金額	貸方科目	金額
(1)				
(2)				

問題 10-6 次の取引の仕訳を示しなさい。

(1) 栃木貿易株式会社は，第11期の決算で収益総額¥9,650,000，費用総額は¥6,780,000であったため，当期の純損益を純資産の勘定に振り替える処理を行う。

(2) 栃木貿易株式会社は，第12期の決算で収益総額¥8,765,000，費用総額は¥9,236,000であったため，当期の純損益を純資産の勘定に振り替える処理を行う。

	借 方 科 目	金 額	貸 方 科 目	金 額
(1)				
(2)				

問題 10-7 次の一連の取引の仕訳を示しなさい。

(1) 20X1年3月31日，決算の結果，当期純利益¥9,436,000を計上した。なお，繰越利益剰余金勘定の貸方に¥670,000の残高がある。

(2) 20X1年6月27日，株主総会において繰越利益剰余金の処分を次のとおり行うこととした。なお，資本金勘定の残高は¥60,000,000，資本準備金の残高は¥9,600,000，利益準備金の残高は¥3,800,000である。

　　　利益準備金　会社法の定める金額

　　　配当金　　　¥8,000,000

　　　別途積立金　¥500,000

(3) 20X1年7月5日，配当金全額を小切手を振り出して支払った。

	借 方 科 目	金 額	貸 方 科 目	金 額
(1)				
(2)				
(3)				

問題 10-8 20X1年6月26日，千葉産業株式会社は株主総会において，その他資本剰余金50,000千円と繰越利益剰余金105,000千円を財源として，剰余金の処分を次のとおり行うこととした。

　　準備金　会社法の定める金額

　　配当金　　　125,000千円

　　別途積立金　30,000千円

　　株主総会時点における千葉産業の貸借対照表は次のとおりである。これらの資料にもとづいて，千葉産業の剰余金の処分に関する仕訳を示しなさい。ただし，準備金が資本金の4分の1に達する場合は，各剰余金の配当財源の割合に応じてそれぞれ準備金の積立てを行う。

貸 借 対 照 表
20X1年6月26日　　　　　　　　　　　　　　　　　　（単位：千円）

純資産の部

Ⅰ　株主資本
　1　資本金　　　　　　　　　　　　　　　　　　　　　　500,000
　2　資本剰余金
　　(1)　資本準備金　　　　　　　　　60,000
　　(2)　その他資本剰余金　　　　　　62,500　　　　　122,500
　3　利益剰余金
　　(1)　利益準備金　　　　　　　　　57,500
　　(2)　その他利益剰余金
　　　　別途積立金　　　　　　　　　50,000
　　　　繰越利益剰余金　　　　　　　112,500　　　　　220,000
　　　　株主資本合計　　　　　　　　　　　　　　　　　842,500

借　方　科　目	金　　額	貸　方　科　目	金　　額

問題 10-9　次の一連の取引の仕訳を示しなさい。

(1)　20X1年9月30日，決算の結果，茨木海運株式会社は当期純損失¥5,780,000を計上した。なお，繰越利益剰余金勘定の貸方に¥3,800,000の残高がある。

(2)　20X1年12月26日，株主総会において繰越利益剰余金につき，別途積立金¥4,800,000を取り崩して填補することが決定された。

	借　方　科　目	金　　額	貸　方　科　目	金　　額
(1)				
(2)				

問題 10-10　次の取引の仕訳を示しなさい。

(1)　立川物産株式会社は，株主総会の決議により，資本準備金¥9,000,000と利益準備金¥8,000,000を資本金へ組み入れることとした。

(2)　新宿商事株式会社は，株主総会の決議を経て，その他資本剰余金¥12,000,000と繰越利益剰余金¥11,000,000を資本金へ組み入れることとした。

(3)　中野通商株式会社は，株主総会の決議を経て，その他資本剰余金¥750,000と繰越利益剰余金¥660,000を準備金へ組み入れることとした。

(4)　三鷹興業株式会社は，株主総会の決議により，資本準備金¥7,000,000と利益準備金¥6,000,000

を取り崩すこととした。なお，利益準備金取崩額は繰越利益剰余金とすることとした。

	借　方　科　目	金　　額	貸　方　科　目	金　　額
(1)				
(2)				
(3)				
(4)				

問題 10-11　次の取引の仕訳を示しなさい。

⑴　20X1年４月１日，広島製紙株式会社は，岡山パルプ株式会社を吸収合併することとし，議決権株式20,000株（合併時点の時価@￥400）を交付した。岡山パルプから引き継いだ諸資産の帳簿価額は￥12,000,000，時価は￥14,000,000で，諸負債の帳簿価額と時価は￥7,500,000で等しかった。なお，岡山パルプの株主に対して交付した株式の時価評価額の全額を資本金に組み入れる。

⑵　20X2年３月31日，広島製紙株式会社は決算（会計期間は１年）にあたって，(1)において期首に岡山パルプを合併した際に計上したのれんを償却する。償却期間は10年で毎期均等額を償却することにした。

⑶　20X1年４月１日，静岡情報株式会社は，以下のような財政状態にある山梨通信株式会社を吸収合併し，議決権株式40,000株（合併時点の時価@￥500）を交付した。合併にあたっては，１株につき￥350を資本金に組み入れ，￥4,000,000は資本準備金として計上することとした。山梨通信の諸資産・諸負債の時価について評価したところ，土地の時価については￥12,300,000であった。山梨通信の株主に対して交付した株式の時価評価額のうち，資本金および資本準備金に計上しなかった残額はすべてその他資本剰余金とする。なお，商品売買については３分法によって記帳している。

貸　借　対　照　表

山梨通信株式会社　　　20X1年３月31日　　　　　（単位：円）

当　座　預　金	1,000,000	支　払　手　形	800,000
売　　掛　　金	2,000,000	借　　入　　金	1,000,000
商　　　　　品	4,500,000	資　　本　　金	10,000,000
土　　　　　地	9,500,000	資　本　準　備　金	2,500,000
		利　益　準　備　金	2,700,000
	17,000,000		17,000,000

	借　方　科　目	金　　額	貸　方　科　目	金　　額
(1)				
(2)				
(3)				

問題 **10-12**　金沢運輸株式会社は，福井陸送株式会社を吸収合併することになり，議決権株式20,000株（合併時点の時価@¥800）を福井陸送の株主へ交付した。合併時の金沢運輸と福井陸送の貸借対照表は，次に示すとおりである。合併にあたっては，1株につき¥750を資本金に組み入れることとした。福井陸送の諸資産・諸負債の時価について評価したところ，建物の時価については¥9,700,000であった。福井陸送の株主に対して交付した株式の時価評価額のうち，資本金に組み入れなかった残額はすべてその他資本剰余金とする。合併の際の仕訳を示すとともに，合併後の貸借対照表を作成しなさい。なお，商品売買については3分法によって記帳している。

貸　借　対　照　表

金沢運輸株式会社　　　　20X1年3月31日　　　　（単位：円）

現　金　預　金	950,000	買　　掛　　金	800,000
売　　掛　　金	1,650,000	借　　入　　金	1,000,000
商　　　　品	2,350,000	資　　本　　金	15,000,000
建　　　　物	8,600,000	利　益　準　備　金	3,500,000
土　　　　地	9,450,000	繰越利益剰余金	2,700,000
	23,000,000		23,000,000

貸　借　対　照　表

福井陸送株式会社　　　　20X1年3月31日　　　　（単位：円）

現　金　預　金	480,000	買　　掛　　金	650,000
売　　掛　　金	870,000	資　　本　　金	9,500,000
商　　　　品	4,600,000	利　益　準　備　金	2,500,000
建　　　　物	8,500,000	繰越利益剰余金	1,800,000
	14,450,000		14,450,000

借　方　科　目	金　　額	貸　方　科　目	金　　　額

合併貸借対照表

金沢運輸株式会社　　　　　　　　20X1年3月31日　　　　　　　（単位：円）

現　金　預　金	（　　　　　）	買　　掛　　金	（　　　　　）
売　　掛　　金	（　　　　　）	借　　入　　金	（　　　　　）
商　　　　品	（　　　　　）	資　　本　　金	（　　　　　）
建　　　　物	（　　　　　）	（　　　　　）	（　　　　　）
土　　　　地	（　　　　　）	利　益　準　備　金	（　　　　　）
（　　　　　）	（　　　　　）	繰越利益剰余金	（　　　　　）
	（　　　　　）		（　　　　　）

問題 10-13　次の取引の仕訳を示しなさい。

次の所有有価証券の第1期末，第2期首および第2期末の評価に関する仕訳を示しなさい。

銘　　柄	取得原価	期　　末　　時　　価		備　　考
		第1期末	第2期末	
A社株式	660,000	740,000	580,000	長期投資目的。子会社，関連会社に該当しない
B社株式	720,000	740,000	750,000	〃
C社株式	360,000	310,000	390,000	〃

	借　方　科　目	金　　額	貸　方　科　目	金　　　額
第1期末				
第2期首				
第2期末				

第11章 税金

学習のポイント

1 税金の種類と記帳方法

株式会社の利益に対して課される税金の種類と，これらの税金を申告・納付するときの記帳方法について学びます。

(1) 法人税は課税所得に一定の税率を乗じて算定します。課税所得は，会計上の収益から益金不算入項目を控除し，益金算入項目を加算して算出される益金と，会計上の費用から損金不算入項目を控除し，損金算入項目を加算して算出される損金の差額として計算されます。

　　　益金＝収益＋益金算入項目－益金不算入項目

　　　損金＝費用＋損金算入項目－損金不算入項目

　　　法人税＝課税所得（益金－損金）×税率

(2) 法人税，住民税および事業税は，所得に対して課される税金であり，申告や納付の方法が同じであるため，実務上はまとめて法人税，住民税及び事業税勘定で処理します。

(3) 中間申告納付時の処理

中間申告を行って中間納付額を納めたときは，仮払法人税等勘定の借方に記入します。

　　　（借）仮 払 法 人 税 等　　×××　（貸）現　金　預　金　　×××

(4) 受取利子・配当等に課される源泉所得税については，期中，仮払法人税等勘定で処理しておき，年間の法人税額を計算する確定申告の際に調整を行います。

(5) 決算時の処理

決算によって法人税等の納付額が確定したときは，法人税，住民税及び事業税勘定の借方に記入するとともに，中間納付額と源泉徴収額を仮払法人税等勘定の貸方に記入し，差額を未払法人税等勘定の貸方に記入します。

　　　（借）法人税,住民税及び事業税　　×××　（貸）仮 払 法 人 税 等　　×××

　　　　　　　　　　　　　　　　　　　　　　未 払 法 人 税 等　　×××

(6) 確定申告・納付時の処理

確定申告を行って法人税等の未払分を納付したときに，未払法人税等勘定の借方に記入します。

　　　（借）未 払 法 人 税 等　　×××　（貸）現　金　預　金　　×××

2 税金の追徴と還付

過年度に納付した法人税等について追加の納付（追徴）を求められた場合は，追徴法人税等勘定の借方に記入します。また，過年度の法人税等について払戻し（還付）を受けた場合は，還付法人税等勘定の貸方に記入します。

[追徴を求められた場合]

　　　　　（借）追 徴 法 人 税 等　　×××　（貸）未 払 法 人 税 等　　×××

[還付を受けた場合]

　　　　　（借）未収還付法人税等　　×××　（貸）還 付 法 人 税 等　　×××

3　消費税の記帳方法

消費税の記帳にあたっては，消費税部分を区別して処理します。これを税抜方式といいます。

(1)　商品仕入時の処理

商品の仕入時等に消費税部分を仮払消費税勘定の借方に記入します。

　　　　　（借）仕　　　　　　入　　×××　（貸）買　　掛　　金　　×××
　　　　　　　　仮 払 消 費 税　　×××

(2)　商品販売時の処理

税抜方式では，消費税部分を仮受消費税勘定の貸方に記入します。

　　　　　（借）売　　掛　　金　　×××　（貸）売　　　　　　上　　×××
　　　　　　　　　　　　　　　　　　　　　　　　仮 受 消 費 税　　×××

(3)　決算時の処理

仮払消費税勘定と仮受消費税勘定とを相殺し，仮払分より仮受分が多いときはその差額を未払消費税勘定の貸方に記入します。逆の場合は，その差額を未収還付消費税勘定の借方に記入します。

　　　　　（借）仮 受 消 費 税　　×××　（貸）仮 払 消 費 税　　×××
　　　　　　　　　　　　　　　　　　　　　　　　未 払 消 費 税　　×××

(4)　確定申告・納付時

未払消費税勘定の借方に記入します。

　　　　　（借）未 払 消 費 税　　×××　（貸）現 金 預 金　　×××

4　圧縮記帳

国庫補助金や工事負担金の交付を受けて，固定資産を取得する際に，取得した固定資産の取得価額から交付された国庫補助金等と同額を控除する処理を**圧縮記帳**といいます（直接控除方式）。

国庫補助金等を受領し当座預金口座に入金された場合，貸方には**国庫補助金受贈益勘定**（工事負担金の場合には**工事負担金受贈益勘定**）を用いて，次のような仕訳を行います。

　　　　　（借）当 座 預 金　　×××　（貸）国庫補助金受贈益　　×××

備品を取得して，代金は小切手を振り出して支払ったときに，次のように仕訳します。

　　　　　（借）備　　　　　　品　　×××　（貸）当 座 預 金　　×××

圧縮記帳は国庫補助金相当額を当該固定資産の金額から直接減じて，借方には費用の勘定として**固定資産圧縮損勘定**を用いて，次のように仕訳します。

　　　　　（借）固 定 資 産 圧 縮 損　　×××　（貸）備　　　　　　品　　×××

問題 **11-1**　次の一連の取引の仕訳を示しなさい。

(1)　20X1年11月30日，中間決算を行い，法人税，住民税および事業税が，それぞれ，￥1,550,000,

¥725,000，¥340,000と計算されたため，前年度の法人税等の納付額¥5,120,000の２分の１と比べて少ない方の金額を現金で納付した。

(2) 20X2年３月31日，決算を行ったところ，法人税は¥3,250,000，住民税は¥1,510,000，事業税は¥720,000と確定した。

(3) 20X2年５月31日，確定申告を行って(2)の法人税，住民税および事業税のうち中間納付額を除く税額を現金で納付した。

	借 方 科 目	金 額	貸 方 科 目	金 額
(1)				
(2)				
(3)				

問題 11-2　次の一連の取引の仕訳を示しなさい。

(1) 20X2年11月30日，中間決算を行い，法人税，住民税および事業税が，それぞれ，¥4,230,000，¥2,124,000，¥970,000と計算されたため，前年度の法人税等の納付額¥15,110,000の２分の１と比べて少ない方の金額を現金で納付した。

(2) 定期預金（１年満期，利率年1.12％）¥5,000,000を銀行に預けていたが，この定期預金が満期となり，さらに１年間自動継続することとした。なお，自動継続の場合は，利息の受領額から20％の源泉所得税控除後の金額が新たな預金額として当初の預金額に上乗せされて預け入れる契約となっている。

(3) 本日，取引銀行の当座預金口座の残高を確認したところ，所有する日本商工株式会社株式に対する期末配当金¥1,040,000の振込みがあったことが判明した。なお，期末配当金の額は源泉所得税20％控除後の金額である。

(4) 20X3年３月31日，決算を行ったところ，法人税は¥8,788,000，住民税は¥3,914,000，事業税は¥1,356,000と確定した。

(5) 20X3年５月31日，確定申告を行って(4)の法人税，住民税および事業税のうち中間納付額および期中納付額を除く税額を現金で納付した。

	借 方 科 目	金 額	貸 方 科 目	金 額
(1)				
(2)				
(3)				
(4)				
(5)				

問題 11-3 次の取引の仕訳を示しなさい。

(1) 過年度の法人税について更正を受け，追徴額が¥1,132,000となる旨の連絡をうけた。

(2) 過年度の法人税について更正を受け，還付額が¥1,689,000となる旨の連絡をうけた。

	借 方 科 目	金 額	貸 方 科 目	金 額
(1)				
(2)				

問題 11-4 次の一連の取引を税抜方式で仕訳を示しなさい。なお，商品売買の記帳は3分法によること。

(1) 商品¥3,375,000を仕入れ，代金は10％の消費税を含めて掛けとした。

(2) 商品¥4,220,000を売り渡し，代金は10％の消費税を含めて掛けとした。

(3) 決算に際し，商品売買にかかる消費税の納付額を計算し，これを確定した。なお，本年度の商品売買取引は先の(1)と(2)のみである。

(4) 確定申告を行い，先の決算で確定した消費税を現金で納付した。

	借 方 科 目	金 額	貸 方 科 目	金 額
(1)				
(2)				
(3)				
(4)				

問題 11-5 次の一連の取引を税抜方式で仕訳を示しなさい。なお，商品売買の記帳は3分法によること。

(1) 商品¥4,615,000を仕入れ，代金は10％の消費税を含めて掛けとした。

(2) 商品¥3,365,000を売り渡し，代金は10％の消費税を含めて掛けとした。

(3) 決算に際し，商品売買にかかる消費税の納付額を計算し，これを確定した。なお，本年度の商品売買取引は先の(1)と(2)のみである。

(4) 確定申告を行い，先の決算で確定した消費税が還付され，当座預金に振り込まれた。

	借　方　科　目	金　　額	貸　方　科　目	金　　額
(1)				
(2)				
(3)				
(4)				

問題 11−6　次の一連の取引の仕訳を示しなさい。

(1)　20X1年度期首（20X1年 4 月 1 日）に機械装置の取得にあたって国庫補助金¥4,000,000の交付を受けることが決定し，当座預金口座に振り込まれた。

(2)　20X1年12月 1 日，外注していた機械装置が完成したため引渡しを受け，代金¥20,000,000と設置費用2,000,000について当座預金口座から振り込んだ。

(3)　本日，決算にあたって，この機械装置について補助金相当額の圧縮記帳（直接控除方式）を行うとともに，残存価額ゼロ，耐用年数 5 年として，定額法により減価償却を行う（月割計算）。記帳方法は間接法による。

	借　方　科　目	金　　額	貸　方　科　目	金　　額
(1)				
(2)				
(3)				

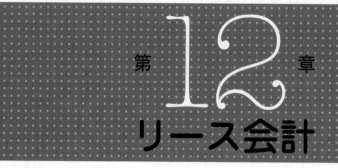

第12章
リース会計

学習のポイント

1　リース取引

　リース取引とは，特定の物件の所有者である貸手が，当該物件の借手に対し，リース期間にわた
りこれを使用する権利を与え，借手がリース料を貸手に支払う取引をいいます。

2　リース取引の分類

　リース取引は，法的には**賃貸借取引**です。ただし，リース契約によっては**実質的にその物件を売
買したのと同様の経済的実態をもつリース取引**があります。たとえば，①リース期間の中途で契約
を解除することができない取引またはこれに準ずる取引で，②借手がリース物件を自己所有してい
るのと同様の経済的利益を享受し，かつ使用にともなって生じるコスト（当該リース物件の取得価
額相当額等）を実質的に負担することとなるリース取引があります。このようなリース契約による
取引を**ファイナンス・リース取引**といい，ファイナンス・リース取引以外のリース取引を**オペレー
ティング・リース取引**といいます。

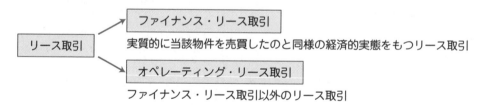

3　ファイナンス・リース取引の借手の処理

　ファイナンス・リース取引について，借手は当該物件を購入したのと同様に**通常の売買処理**に準
じた会計処理を行います。その際，リース取引開始日においてリース物件を**リース資産勘定**（資産），
これにかかる債務を**リース債務勘定**（負債）で処理します。ただし，リース資産については，固定
資産に属する各科目に含めることも認められています。

　［取引開始日］

　　　　（借）リ ー ス 資 産　　×××　（貸）リ ー ス 債 務　　×××

　通常，リース期間は長期にわたることから，リース料総額は当該物件を現金購入して支払うであ
ろう金額（**見積現金購入価額**）より高くなります。その際のリース料総額と見積現金購入価額の差
額は，利息の性格をもっています。この利息相当額の処理について，〈1〉**利子込み法**と〈2〉**利
子抜き法**（定額法）と呼ばれる会計処理方法があります。

　〈1〉　利子込み法

　　　リース取引開始時に合意されたリース料総額に含まれている利息相当額を控除しない金額で，

リース資産・リース債務を計上する方法をいいます。

[取引開始日] リース資産・リース債務につき，利息相当額を含めたリース料総額で計上します。

　　　　（借）リ ー ス 資 産　　×××（貸）リ ー ス 債 務　　×××

[リース料支払日] リース債務を減額させます。

　　　　（借）リ ー ス 債 務　　×××（貸）当 座 預 金　　×××

[決算日] リース資産について，減価償却を行います。

　　　　（借）減 価 償 却 費　　×××（貸）リース資産減価償却累計額　　×××

〈2〉 利子抜き法（定額法）

　　リース取引開始時に合意されたリース料総額に含まれている利息相当額を控除した金額（見積現金購入価額）で，リース資産・リース債務を計上する方法です。

[取引開始日] リース資産・リース債務を見積現金購入価額で計上します。

　　　　（借）リ ー ス 資 産　　×××（貸）リ ー ス 債 務　　×××

[リース料支払日] リース債務を減額させるとともに支払利息を認識します。支払利息は，支払ったリース料とリース債務減少額の差額で，利息相当額をリース期間にわたり均等額で配分する方法（定額法）が，2級で出題されます。

　　　　（借）リ ー ス 債 務　　×××（貸）当 座 預 金　　×××
　　　　　　　支 払 利 息　　×××

[決算日] リース資産について，減価償却を行います。

　　　　（借）減 価 償 却 費　　×××（貸）リース資産減価償却累計額　　×××

　　利息相当額の期間配分で未払い分がある場合には，支払利息勘定の借方に記入するとともに，未払利息勘定の貸方に記入します。

　　　　（借）支 払 利 息　　×××（貸）未 払 利 息　　×××

4　オペレーティング・リース取引の借手の処理

　　オペレーティング・リース取引は，**通常の賃貸借処理**に準じて会計処理を行います。借手がリース料を支払った際には，支払リース料勘定（費用）を用いて処理します。

　　　　（借）支 払 リ ー ス 料　　×××（貸）当 座 預 金　　×××

決算においては，必要な未払・前払の処理を行います。

問題 **12−1** 次の取引を仕訳しなさい。仕訳不要の場合には「仕訳なし」と記入しなさい。なお，会計期間は4月1日から翌年の3月31日である。リース料の計算は月割によること。

(1)① 20X1年12月1日　千葉リース商会と下記の条件で備品のリース契約を結んだ。なお，このリース取引はオペレーティング・リース取引である。

　　　リース期間：5年間

　　　リース料　：年額¥180,000（毎年11月末日に当座預金口座から支払い）

　　② 20X2年3月31日　決算日

　　③ 20X2年11月30日　支払日

(2)① 20X1年9月1日　松山リース商会と下記の条件の備品のリース契約を結び，初回のリース

料を支払った。なお，このリース取引はオペレーティング・リース取引である。

　　　リース期間：4年間

　　　リース料　：年額¥240,000（9月1日，3月1日の半年払いで当座預金口座から支払い）

② 20X2年3月1日　支払日

③ 20X2年3月31日　決算日

	借　方　科　目	金　　額	貸　方　科　目	金　　額
(1)①				
②				
③				
(2)①				
②				
③				

問題 12-2　次の一連の取引につき，下記の問いに答えなさい（会計期間は20X1年4月1日〜20X2年3月31日）。

(1) 20X1年8月1日　リース会社と備品のリース契約を下記のように結び，リース取引を開始した。なお，このリース取引は，ファイナンス・リース取引と判定した。

　　　リース期間：5年間

　　　リース料：年額¥600,000（支払日：1月末日と7月末日に¥300,000の支払い）

　　　リース資産の見積現金購入価額：¥2,940,000

(2) 1月31日　1回目のリース料を当座預金口座から支払った。

(3) 3月31日　本日決算日につき，決算整理として必要な処理を行う。なお，リース資産の減価償却について，リース期間を耐用年数として定額法（残存価額：ゼロ，月割計算），記帳方法は間接法によることとする。

問1　(1)〜(3)について，利子込み法によって仕訳しなさい。

問2　(1)〜(3)について，利子抜き法によって仕訳しなさい。なお，利息相当額の期間配分は定額法で月割計算する。

問1 利子込み法

	借 方 科 目	金 額	貸 方 科 目	金 額
(1)				
(2)				
(3)				

問2 利子抜き法（定額法）

	借 方 科 目	金 額	貸 方 科 目	金 額
(1)				
(2)				
(3)				

問題 **12−3** 　20X2年3月31日現在（会計期間は20X1年4月1日〜20X2年3月31日），使用している備品は以下のとおりである。

備品A：20X0年8月1日　リース取引開始（ファイナンス・リース取引と判定）

　　　　リース期間：5年，リース料：年額¥300,000（支払日は毎年7月末日）

　　　　見積現金購入価額：¥1,440,000　利子抜き法（利息相当額の期間配分は定額法で月割計算する）

　　　　減価償却：定額法（耐用年数：リース期間，残存価額：ゼロ）

備品B：20X1年12月1日　割賦購入

　　　　月末ごとに支払期限が到来する額面¥85,000の約束手形12枚を振り出した。

　　　　この備品Bを現金購入すると仮定した場合の金額は，¥960,000と見積られた。

　　　　減価償却：定額法（耐用年数：5年で月割計算する，残存価額：ゼロ）

　　　　利息部分：月割計算で期間配分する。

　　上記の備品A，備品Bについて，20X1年度（20X1年4月1日〜20X2年3月31日）の財務諸表上における次の項目の金額を求めなさい。

リース資産（取得原価）	
リース債務	
減価償却費	
支払利息	
前払利息	
未払利息	

第13章 外貨建取引

学習のポイント

1 外貨建取引と換算

(1) 売買価額その他取引価額が外国の通貨で表示される取引を**外貨建取引**といいます。外貨で表示された会計項目については自国通貨に変換しなければなりません。これを**換算**といいます。

(2) 外貨換算で要求される処理は，主に①国内企業の外貨建取引の処理，②決算時の処理および③**為替予約**の処理です。

2 外貨建取引の記帳

(1) 企業が外国の取引先との間で行う外貨建取引は，適切な外国為替相場にもとづいて自国通貨の金額に換算した上で記帳しなければなりません。

(2) 外貨建取引は，原則として取引が発生した時点の為替相場，すなわち**直物為替相場**による円換算額で記帳しなければなりません。

3 外貨建取引と決算および決済取引の処理

(1) 外貨建取引とその決済取引との関係についての基本的な考え方として，外貨建取引と決済取引は，それぞれ別の取引であると考える**二取引基準**がわが国では採用されています。

(2) 二取引基準では為替相場の変動によって債権・債務を増減させるとともに，その変動額を**為替差損益**として処理します。

[取引発生時]（たとえば，外国の会社に商品を掛けで売り上げた場合）

    （借）売　掛　金　×××（貸）売　　　　　上　×××

[決　算　時]（円の価値が上昇して為替差損が生じている場合）

    （借）為 替 差 損 益　×××（貸）売　掛　金　×××

[決　済　時]（円の価値が上昇して為替差損が生じている場合）

    （借）当 座 預 金　×××（貸）売　掛　金　×××

    　　　為 替 差 損 益　×××

4 為替予約の処理

(1) 為替予約とは，将来外貨と円とを交換する際に適用される為替相場をあらかじめ契約しておくことです。

(2) 為替予約をしておくと，為替相場が将来どのように変動しても，あらかじめ契約しておいた為替相場（**先物為替相場**）で将来外貨を売買することができます。そのため，為替相場の変動によるリスクを回避することが可能になります。

(3) 為替予約が付された外貨建取引を処理する場合，為替予約で確定した円換算額で外貨建取引

を記録します。このような記録方法を**振当処理**といいます。

5　外貨建金銭債権債務等の換算

(1)　決済取引については，取引後の相場変動による円貨額の変化分を決済差額として処理します。

(2)　外国通貨および外貨預金を含む**外貨建金銭債権債務**については，決算時の為替相場（CR）により円換算した額に換算替えしなければなりません。このとき生じる差額を換算差額といいます。

(3)　前払金のような資産および契約負債（前受金）のような負債については，取引時または発生時の為替相場（HR）で換算した額を貸借対照表価額とするので，換算替えの必要はありません。

(4)　損益計算書上は，換算差額も決済差額も区別することなく為替差損益（営業外収益または営業外費用）の区分に純額で表示します。

問題 13−1　次の文章の中の（　ア　）～（　オ　）の中に入る最も適切な用語を語群の中から1つ選び，番号で答えなさい。

(1)　外国通貨および外貨預金を含む外貨建金銭債権債務については，決算時の為替相場により円換算した額に換算替えしなければなりません。この差額を（　ア　）といいます。

(2)　外貨建取引の記帳にあたって，外貨建取引とその決済取引については，会計上，それぞれ別々の取引であると考えて記帳を行う（　イ　）が採用されています。

(3)　外国為替相場には，外貨との交換が当日または翌日中に行われる場合に適用される（　ウ　）と，将来の時点で外貨と交換することを約束する取引に適用される（　エ　）とがあり，外貨建取引は，取引が発生した時点の（　ウ　）による円換算額で記帳します。

(4)　為替予約が付された外貨建取引を処理する場合，為替予約で確定した円換算額により外貨建取引を記録します。このような記録方法を（　オ　）といいます。

［語　群］

1. 一取引基準	2. 二取引基準	3. 先物為替相場	4. 独立処理
5. 換算差額	6. 振当処理	7. 洗替法	8. 直物為替相場
9. 切放法	10. 決済差額	11. 固定相場	12. 評価差額

ア	イ	ウ	エ	オ

問題 13-2 次の一連の取引の仕訳を示しなさい。ただし，仕訳が不要な場合は，「仕訳なし」と記入しなさい。

(1) 3月1日，米国のX社に商品20,000ドルを発注し，輸入に先だって輸入代金の一部として4,000ドルを当座預金から振り込んだ。このときの直物為替相場は1ドル¥101である。

(2) 3月31日，決算日を迎えた。このときの直物為替相場は1ドル¥100である。

(3) 4月30日，先に米国X社に発注していた商品20,000ドルを受け取り，注文時に支払った手付金から差し引き，残額は掛けとした。このときの直物為替相場は1ドル¥103である。

(4) 5月10日，米国のY社から商品36,000ドルの注文を受け，輸出に先だって，輸出代金の一部として7,000ドルが円建てで当座預金に振り込まれた。このときの直物為替相場は1ドル¥105である。

(5) 5月31日，米国X社に掛代金を当座預金から振り込んだ。このときの直物為替相場は1ドル¥106である。

(6) 6月20日，先に米国Y社に発送していた商品36,000ドルがY社に到着した旨の連絡を受けた。注文時に受け取った手付金については代金と相殺し，残額は掛けとした。このときの直物為替相場は1ドル¥104である。

(7) 6月30日，米国Y社から掛代金が円建てで当座預金口座に振り込まれた。このときの直物為替相場は1ドル¥102である。

	借 方 科 目	金　　額	貸 方 科 目	金　　額
(1)				
(2)				
(3)				
(4)				
(5)				
(6)				
(7)				

問題 13-3　次の一連の取引の仕訳を示しなさい。ただし，仕訳が不要な場合は，「仕訳なし」と記入しなさい。

(1)　20X1年3月1日，米国のD社から商品30,000ドル（取引日の為替相場は1ドル￥102）を掛けで仕入れた。なお，この買掛金については5月31日に決済する予定である。

(2)　20X1年3月20日，取引銀行との間で5月31日の買掛金支払いのために30,000ドルを1ドル￥103で購入する為替予約を行った。なお，振当処理を適用することとするが，3月1日の為替相場による円への換算額と，為替予約による円への換算額との差額はすべて当期の損益として処理する。なお，本日の為替相場は1ドル￥104である。

(3)　20X1年3月31日，D社に対する買掛金が未決済のまま決算を迎えた（決算日の為替相場は1ドル￥105）。

(4)　20X1年5月31日，D社に対する買掛金30,000ドルの支払期日が到来したため，取引銀行との為替予約契約にもとづき，仕入先に30,000ドルを当座預金口座から送金した（決済日の為替相場は1ドル￥107）。

(5)　米国のE社に商品50,000ドルを2カ月後に決済する契約で輸出した。輸出時の為替相場は1ドル￥112であったが，輸出の1週間前に80,000ドルを2カ月後に1ドル￥110で売却する為替予約契約を結んでいたため，この為替予約に対して振当処理を行う。

	借　方　科　目	金　　額	貸　方　科　目	金　　額
(1)				
(2)				
(3)				
(4)				
(5)				

次の資料にもとづいて，決算整理後残高試算表（一部）を完成しなさい。なお，当期は20X2年4月1日から20X3年3月31日までの1年で，決算日における為替相場は1ドル¥110である。

[資料Ⅰ]

<table>
<tr><td colspan="4" align="center">決算整理前残高試算表（一部）</td><td align="right">（単位：円）</td></tr>
<tr><td>現　金　預　金</td><td align="right">536,000</td><td>買　　掛　　金</td><td align="right">688,000</td></tr>
<tr><td>売　　掛　　金</td><td align="right">944,500</td><td>契　約　負　債</td><td align="right">42,000</td></tr>
<tr><td>前　　払　　金</td><td align="right">74,200</td><td>仮　　受　　金</td><td align="right">96,900</td></tr>
<tr><td>為　替　差　損　益</td><td align="right">6,700</td><td>貸　倒　引　当　金</td><td align="right">9,720</td></tr>
</table>

[資料Ⅱ]

(1) 現金預金のうち¥324,000はドル建預金3,000ドルである。

(2) 売掛金のうち¥157,500は1,500ドルの外貨建売掛金であった（ただし，この金額には(6)の仮受金として回収されたものも含んでいる）。なお，売掛金の期末残高に対して2％の貸倒引当金を差額補充法で設定する。

(3) 前払金は全額ドル建てで商品を発注した際に支払ったもので，支払時のレートの1ドル¥106で換算している。

(4) 買掛金のうち¥93,600は900ドルの外貨建買掛金である。

(5) 契約負債は全額ドル建てで商品を受注した際に受け取ったもので，受取時のレートの1ドル¥105で換算している。

(6) 仮受金はドル建てで商品を受注した際の手付金300ドル（受取時のレートの1ドル¥109で換算）と売掛金600ドルを回収したものであることが判明した。

<table>
<tr><td colspan="4" align="center">決算整理後残高試算表（一部）</td><td align="right">（単位：円）</td></tr>
<tr><td>現　金　預　金</td><td align="right">（　　　　　）</td><td>買　　掛　　金</td><td align="right">（　　　　　）</td></tr>
<tr><td>売　　掛　　金</td><td align="right">（　　　　　）</td><td>契　約　負　債</td><td align="right">（　　　　　）</td></tr>
<tr><td>前　　払　　金</td><td align="right">（　　　　　）</td><td>貸　倒　引　当　金</td><td align="right">（　　　　　）</td></tr>
<tr><td>貸倒引当金繰入</td><td align="right">（　　　　　）</td><td></td><td></td></tr>
<tr><td>為　替　差　損　益</td><td align="right">（　　　　　）</td><td></td><td></td></tr>
</table>

第 14 章 税効果会計

学習のポイント

1 税効果会計の意義

税効果会計は，企業会計上の収益または費用と課税所得計算上の益金または損金の認識時点の相違等により，企業会計上の資産または負債の額と課税所得計算上の資産または負債の額に相違がある場合に，法人税等の額を適切に期間配分することにより，法人税等を控除する前の当期純利益と法人税等を合理的に対応させることを目的とする手続をいいます。

税効果会計を適用すると，企業会計上と課税所得計算上の認識時点の相違等に起因する差異（一時差異といいます）について，その差異がもつ将来の期間の法人税等の支払額に対する税効果として繰延税金資産または繰延税金負債が貸借対照表に計上されるとともに，当期の法人税等に係る費用が税引前当期純利益と合理的に対応するように調整されて損益計算書に計上されることになります。

2 法定実効税率

法定実効税率は，法人税等に係る税効果額を計算する際に用いる税率をいいます。

3 引当金に係る税効果会計

引当金を設定した額について，税務上，損金への算入が認められない場合があります。このような引当金の損金不算入額は一時差異として，税効果会計の適用対象となります。引当金の損金不算入額は，将来，その差異が解消するときに課税所得を減少させる効果があるため（将来減算一時差異），税効果会計を適用し，**繰延税金資産**（資産）を計上することになります。

期末の損金算入限度超過額が期首のそれより増加している場合，損金算入限度超過額の増加額に法定実効税率を乗じた金額で，次のように税効果に関する仕訳をします。

　　　（借）　繰 延 税 金 資 産　　×××　（貸）　法 人 税 等 調 整 額　　×××

期末の損金算入限度超過額が期首のそれより減少している場合，損金算入限度超過額の減少額に法定実効税率を乗じた金額で，次のように税効果に関する仕訳をします。

　　　（借）　法 人 税 等 調 整 額　　×××　（貸）　繰 延 税 金 資 産　　×××

4 減価償却に係る税効果会計

減価償却を計上した額について，税務上，損金への算入が認められない場合があります。減価償却費の損金算入限度超過額は一時差異として，税効果会計の適用対象となります。減価償却費の損金不算入額は，将来，その差異が解消するときに課税所得を減少させる効果があることから（将来減算一時差異），税効果会計を適用し，**繰延税金資産**（資産）を計上することになります。

期末の損金算入限度超過額が期首のそれより増加している場合，損金算入限度超過額の増加額に

法定実効税率を乗じた金額で，次のように税効果に関する仕訳をします。

（借）　繰 延 税 金 資 産　　×××　（貸）　法 人 税 等 調 整 額　　×××

　期末の損金算入限度超過額が期首のそれより減少している場合，損金算入限度超過額の減少額に法定実効税率を乗じた金額で，次のように税効果に関する仕訳をします。

（借）　法 人 税 等 調 整 額　　×××　（貸）　繰 延 税 金 資 産　　×××

5　その他有価証券に係る税効果会計

　その他有価証券の期末時価評価によるその他有価証券評価差額金は，一時差異として税効果会計の適用対象となります。評価差額は，その他有価証券が売却される将来の期間に益金または損金として課税所得に算入され，その将来の期間の法人税等の金額に影響することになるからです。この場合，その他有価証券の評価替えにより生じた評価差額は直接純資産の部に計上されていることから，評価差額に係る繰延税金資産または繰延税金負債については，当該評価差額から控除して計上し，その残額をその他有価証券評価差額金として計上します。評価差額は，収益や費用ではなく，損益計算には影響を与えないため，法人税等調整額を計上する必要はありません。

　期末においてその他有価証券の時価が取得原価を上回った場合には，評価差額に法定実効税率を乗じた額を**繰延税金負債**（負債）として計上し，その金額を控除した残額をその他有価証券評価差額金として貸方計上します。

（借）　そ の 他 有 価 証 券　　×××　（貸）　繰 延 税 金 負 債　　×××
　　　　　　　　　　　　　　　　　　　　その他有価証券評価差額金　　×××

　期末において，その他有価証券の時価が取得原価を下回った場合には，評価差額に法定実効税率を乗じた額を繰延税金資産として計上し，その金額を控除した残額をその他有価証券評価差額金として借方計上します。

（借）　繰 延 税 金 資 産　　×××　（貸）　そ の 他 有 価 証 券　　×××
　　　　その他有価証券評価差額金　　×××

問題 **14-1**　次の引当金およびこれに係る税効果会計に関する仕訳を示しなさい。なお，法人税等の法定実効税率は40％である。

(1)①　20X1年度末に，翌期の従業員賞与の支給に備えて賞与引当金¥80,000,000を計上する。しかし，税務上は賞与引当金繰入の損金算入は認められていない。

②　20X2年度中に従業員賞与¥80,000,000を当座預金から支給し，賞与引当金全額を取り崩した。この支給にともない，賞与引当金の損金算入が税務上認められた。

(2)①　20X1年度末において売掛金に対して¥200,000の貸倒引当金を差額補充法で設定した（貸倒引当金の残高はゼロである）が，法人税法上は全額損金不算入となった。

②　20X1年度に損金不算入とされた貸倒引当金相当額が20X2年度において貸倒れとなったため，損金への算入が認められることとなった。また，20X2年度末において¥300,000の貸倒引当金を差額補充法で設定したが，法人税法上は全額損金不算入となった。

(3)①　20X2年度の退職給付費用¥4,000,000を計上する。しかし，税務上は退職給付費用の損金算入は認められていない。なお，20X1年度末における退職給付引当金は¥30,000,000，繰延税金

資産は¥12,000,000である。

② 20X2年度中に年金掛金¥1,500,000を当座預金口座から振り込んだ。これにともない，年金掛金部分について，損金算入が認められた。

	借　方　科　目	金　　額	貸　方　科　目	金　　額
(1)①				
②				
(2)①				
②				
(3)①				
②				

問題 14-2　次の減価償却およびこれに係る税効果会計に関する仕訳を示しなさい。なお，法人税等の法定実効税率は30％である。

(1) 20X1年度決算にあたって，期首の4月1日に取得した備品¥1,500,000について，企業会計上の耐用年数3年，残存価額ゼロ，定額法によって減価償却を行う。なお，税務上の法定耐用年数は5年，残存価額はゼロである。

(2) 20X2年度期末に(1)の備品の減価償却を行う。

(3) 20X4年4月1日，(1)の備品を除却した。除却した備品の処分見積価額は¥100,000で，倉庫に保管している。なお，この除却により，償却限度超過額の損金算入が認められた。

	借　方　科　目	金　　額	貸　方　科　目	金　　額
(1)				
(2)				
(3)				

問題 14-3 次のその他有価証券およびこれに係る税効果会計に関する仕訳を示しなさい。なお，法人税等の法定実効税率は35％であり，その他有価証券の処理については全部純資産直入法を採用している。

(1) 20X1年度の決算にあたり，期首に取得したその他有価証券に該当する甲株式会社株式（取得原価¥25,000,000）について期末評価を行う。甲株式会社株式の時価は¥24,000,000である。同年度中において当該株式を売買した事実はない。

(2) 20X2年度の期首を迎え，その他有価証券に洗替法を適用する。

(3) 20X2年度期末にあたってその他有価証券の期末評価を行う。甲株式会社株式の時価は¥27,000,000である。同年度中において当該株式を売買した事実はない。

	借 方 科 目	金 額	貸 方 科 目	金 額
(1)				
(2)				
(3)				

第 15 章

決　　算

学習のポイント

1　決算は以下の手続によりなされます。

(1)　決算予備手続：①試算表の作成　②棚卸表の作成

(2)　決算本手続：①決算整理手続　②帳簿決算手続（a．損益振替，b．資本振替，c．残高確定，d．帳簿締切）

(3)　決算報告手続：①損益計算書の作成　②貸借対照表の作成　③株主資本等変動計算書などの作成

2　**帳簿決算手続**

(1)　一会計期間におけるすべての収益と費用を集合勘定である損益勘定に集計し，差額により当期純利益を計算する手続を**損益振替**といいます。損益振替では以下のように振替仕訳を行います。

（借）収　益　の　諸　勘　定　　×××　（貸）損　　　　　　　益　　×××

（借）損　　　　　　　益　　×××　（貸）費　用　の　諸　勘　定　　×××

(2)　損益勘定の貸借差額で示される当期純利益（または当期純損失）の金額は，貸借対照表の資本勘定に振り替えられます。これを**資本振替**といいます。当期純利益を前提とすれば，以下のように振替仕訳を行います。

（借）損　　　　　　　益　　×××　（貸）繰　越　利　益　剰　余　金　　×××

(3)　貸借対照表を構成する諸勘定を締め切る一般的な方法は**英米式決算法**です。英米式決算法は，簡便な帳簿締切手続です。

3　**決算報告手続**

　損益計算書は損益勘定をもとに作成します。これに対し，**貸借対照表**は英米式決算法においては各勘定残高もしくは繰越試算表をもとにして作成します。したがって，損益勘定と損益計算書，繰越試算表と貸借対照表は実質的に同じものといえますが，損益計算書と貸借対照表は外部に向けた報告書であるため，企業の経営成績や財政状態を明瞭に示すための工夫がなされています。

　また，貸借対照表の純資産の部の期中における変動を明らかにするために，**株主資本等変動計算書**が作成されます。

損益計算書の区分と利益

収　益	費　用	利　益
営業損益計算		
Ⅰ　売上高	Ⅱ　売上原価 〔商品期首棚卸高＋当期商品仕入高 －商品期末棚卸高〕	売上総利益 〔Ⅰ－Ⅱ〕
	Ⅲ　販売費及び一般管理費 〔給料，保険料，支払地代，水道光 熱費，消耗品費，減価償却費，貸 倒引当金繰入，退職給付費用など〕	営業利益 〔売上総利益－Ⅲ〕
経常損益計算		
Ⅳ　営業外収益 〔受取利息，有価証券利息，受取配 当金，受取地代，有価証券評価益， 有価証券売却益，為替差益など〕	Ⅴ　営業外費用 〔支払利息，有価証券評価損，有価 証券売却損，手形売却損，貸倒引 当金繰入，為替差損など〕	経常利益 〔営業利益＋Ⅳ－Ⅴ〕
純損益計算		
Ⅵ　特別利益 〔固定資産売却益，国庫補助 金受贈益など〕	Ⅶ　特別損失 〔固定資産売却損，災害損失，固定 資産圧縮損など〕	税引前当期純利益 〔経常利益＋Ⅵ－Ⅶ〕
	法人税，住民税及び事業税 法人税等調整額	当期純利益 〔税引前当期純利益 　－（法人税，住民税及び事業税 　　±法人税等調整額）〕

貸借対照表の区分

資産の部	負債の部
Ⅰ　流動資産 〔現金，受取手形，売掛金，契約資産，有価 証券，商品，短期貸付金，前払費用など〕	Ⅰ　流動負債 〔支払手形，買掛金，契約負債，返金負債， 短期借入金，修繕引当金，未払費用など〕
	Ⅱ　固定負債 〔長期借入金，退職給付引当金，繰延税金 負債など〕
	純資産の部
	Ⅰ　株主資本
	1．資本金
Ⅱ　固定資産	2．資本剰余金
有形固定資産 　　（建物，備品，車両運搬具，土地など）	(1)　資本準備金 　　(2)　その他資本剰余金
	3．利益剰余金
無形固定資産 　　（特許権，ソフトウェア，のれんなど）	(1)　利益準備金 　　(2)　その他利益剰余金
投資その他の資産 〔投資有価証券，長期貸付金，長期前払費 用，繰延税金資産など〕	（新築積立金，繰越利益剰余金など）
	Ⅱ　評価・換算差額等
	1．その他有価証券評価差額金

4　精算表

　決算における一連の過程を一覧表にしたものが精算表です。通常の決算手続は仕訳と転記により帳簿記入を行うことから帳簿決算手続といいますが，精算表ではそれらを表において行うことから表決算手続ともいいます。

　帳簿決算手続において，精算表は必ずしも必要とされるものではありませんが，決算の全体を概観するために便利なことから作成されることがあります。また伝票式簿記においては，精算表をもって決算の処理を行うことになります。

問題 15-1 次に示した［資料Ⅰ］［資料Ⅱ］および［資料Ⅲ］にもとづいて，解答用紙の決算整理後残高試算表を作成しなさい。会計期間は20X4年4月1日から20X5年3月31日である。なお，税効果会計について考慮する必要はない。

［資料Ⅰ］　決算整理前残高試算表

決算整理前残高試算表

20X5年3月31日　　　　（単位：円）

借　　方	勘 定 科 目	貸　　方
5,713,100	現 金 及 び 預 金	
1,029,000	売 　 掛 　 金	
	貸 倒 引 当 金	5,070
1,287,600	繰 越 商 品	
289,800	有 価 証 券	
1,650,000	建 　 　 　 物	
	建物減価償却累計額	668,250
640,000	備 　 　 　 品	
	備品減価償却累計額	362,500
148,500	前 払 保 険 料	
379,110	仮 払 法 人 税 等	
72,700	仮 　 払 　 金	
654,000	未 　 決 　 算	
	買 　 掛 　 金	703,800
	退 職 給 付 引 当 金	802,100
	資 　 本 　 金	4,000,000
	資 本 準 備 金	3,147,950
	利 益 準 備 金	637,400
	繰 越 利 益 剰 余 金	735,120
	売 　 　 　 上	11,009,000
	受 取 配 当 金	16,560
6,874,000	仕 　 　 　 入	
2,793,400	給 　 　 　 料	
133,500	保 　 険 　 料	
132,000	減 価 償 却 費	
147,400	退 職 給 付 費 用	
143,640	水 道 光 熱 費	
22,087,750		22,087,750

[資料Ⅱ] 判明事項

1. 売上高の計上は，得意先の検収日にもとづいている。20X5年3月28日に発送した商品Y（25個，販売価格@¥4,200）について3月31日に得意先より検収完了の連絡があったが，主要簿，補助簿ともに記録されていないことが判明した。商品販売取引は，すべて掛けによっている。

2. 未決算は前期に水害に遭った建物につき保険会社に対して保険金請求していたものであり，¥793,000の保険金支払確定の通知があったが未処理であった。

3. 期中に退職した従業員に対する退職金が仮払金として処理されていたため，退職給付引当金を取り崩すこととする。

[資料Ⅲ] 決算整理事項

1. 商品の期末棚卸高は次のとおりである。棚卸減耗損や商品評価損が生じる場合，それらを示す勘定科目を設けることとする。

	帳簿棚卸数量	実地棚卸数量	単価（原価）	正味売却価額
商品X	365個	365個	@¥2,440	@¥2,360
商品Y	495個	460個	@¥3,280	@¥3,320

2. 売掛金の期末残高に対し，1％の貸倒引当金を差額補充法によって見積もる。

3. 有価証券は短期利殖目的で保有する上場会社株式115株であり，期末の株価は@¥2,374であった。切り放し法により処理を行う。

4. 有形固定資産の減価償却につき，次の要領で実施する。

	残存価額	償却方法	耐用年数
建物	ゼロ	定額法	30年
備品	ゼロ	200％定率法	8年

減価償却費は，4月から2月までの月次決算で各月ともに建物分¥4,500，備品分¥7,500を計上しているが，年間確定額との差額が生じた場合には決算月に計上する。

5. 退職給付引当金について，4月から2月までの月次決算で各月ともに¥13,400を繰り入れているが，年次決算において計上すべき退職給付引当金の額は¥742,200であった。年間確定額との差額が生じた場合には決算月に計上する。

6. 毎年2月1日に保険料を向こう1年分支払う際，前払費用として資産計上し，月次決算において1カ月分を費用に振り替えている。4月から2月までの月次決算で各月ともに費用への振替を実施しているが，20X5年2月1日の支払分より掛金が改定されている。

7. 法人税，住民税及び事業税の確定申告納付額は¥237,750である。また，中間納付額は仮払法人税等に計上されているが，受取配当金は源泉税額（20％）控除後の金額で処理されていた。

決算整理後残高試算表
20X5年 3 月31日　　　　（単位：円）

借　　方	勘 定 科 目	貸　　方
5,713,100	現 金 及 び 預 金	
（　　　　　）	売 　掛 　金	
	貸 倒 引 当 金	（　　　　　）
（　　　　　）	繰 越 商 品	
（　　　　　）	有 価 証 券	
1,650,000	建 　　　　物	
	建物減価償却累計額	（　　　　　）
640,000	備 　　　　品	
	備品減価償却累計額	（　　　　　）
（　　　　　）	前 払 保 険 料	
（　　　　　）	未 収 入 金	
	買 　掛 　金	703,800
	退 職 給 付 引 当 金	（　　　　　）
	未 払 法 人 税 等	（　　　　　）
	資 　本 　金	4,000,000
	資 本 準 備 金	3,147,950
	利 益 準 備 金	637,400
	繰 越 利 益 剰 余 金	735,120
	売 　　　　上	（　　　　　）
	受 取 配 当 金	（　　　　　）
	（　　　　　　　　）	（　　　　　）
（　　　　　）	仕 　　　　入	
2,793,400	給 　　　　料	
（　　　　　）	保 　険 　料	
（　　　　　）	減 価 償 却 費	
（　　　　　）	退 職 給 付 費 用	
143,640	水 道 光 熱 費	
（　　　　　）	貸 倒 引 当 金 繰 入	
（　　　　　）	商 品 評 価 損	
（　　　　　）	棚 卸 減 耗 損	
（　　　　　）	有 価 証 券 評 価 損	
（　　　　　）	法人税, 住民税及び事業税	
（　　　　　）		（　　　　　）

問題 15−2 次の決算整理後残高試算表にもとづいて，英米式決算法に従って(1)決算振替仕訳を行い，(2)損益勘定，繰越利益剰余金勘定への記入を行いなさい。

決算整理後残高試算表
20X1年3月31日　　　（単位：円）

借　　方	勘 定 科 目	貸　　方
2,578,000	現　金　預　金	
2,276,000	受　取　手　形	
1,374,000	売　　掛　　金	
417,000	繰　越　商　品	
46,000	前　払　保　険　料	
1,250,000	備　　　　　品	
	買　　掛　　金	714,000
	借　　入　　金	1,600,000
	未　払　利　息	10,000
	貸　倒　引　当　金	73,000
	備品減価償却累計額	375,000
	資　　本　　金	3,000,000
	資　本　準　備　金	500,000
	利　益　準　備　金	650,000
	別　途　積　立　金	341,000
	繰　越　利　益　剰　余　金	555,000
	売　　　　　上	9,963,000
	受　取　手　数　料	657,000
7,349,000	仕　　　　　入	
1,434,000	販　　売　　費	
1,385,000	一　般　管　理　費	
250,000	減　価　償　却　費	
39,000	貸　倒　引　当　金　繰　入	
40,000	支　払　利　息	
18,438,000		18,438,000

(1)① 損益振替仕訳

借　方　科　目	金　　額	貸　方　科　目	金　　額

② 資本振替仕訳

借　方　科　目	金　　額	貸　方　科　目	金　　額

(2)① 損益勘定

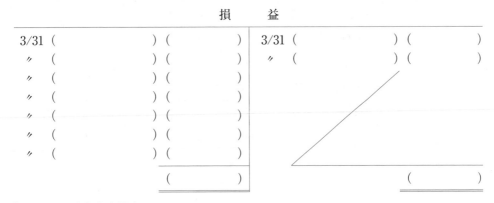

損　　　益

② 繰越利益剰余金勘定

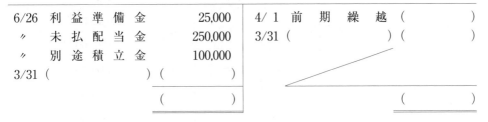

繰越利益剰余金

問題 15−3 次の［資料１］決算整理前残高試算表，［資料２］判明事項および［資料３］決算整理事項にもとづいて，答案用紙の損益計算書を完成させなさい。なお，会計期間は20X5年４月１日から20X6年３月31日までの１年である。

［資料１］　決算整理前残高試算表

残 高 試 算 表
20X6年３月31日

借　　　方	勘 定 科 目	貸　　　方
1,516,820	現　金　預　金	
319,500	受　取　手　形	
430,500	売　　掛　　金	
1,351,300	売買目的有価証券	
481,500	繰　越　商　品	
1,200,000	貸　　付　　金	
4,200,000	建　　　　　物	
1,350,000	備　　　　　品	
5,002,000	土　　　　　地	
504,000	の　　れ　　ん	
10,500	繰　延　税　金　資　産	
431,650	仮　　払　　金	
	買　　掛　　金	593,000
	契　約　負　債	750,000
	貸　倒　引　当　金	11,500
	建物減価償却累計額	1,512,000
	備品減価償却累計額	612,720
	資　　本　　金	9,000,000
	利　益　準　備　金	1,426,000
	繰　越　利　益　剰　余　金	447,000
	売　　　　　上	14,025,000
	有　価　証　券　利　息	84,000
	受　取　配　当　金	87,000
10,158,000	仕　　　　　入	
1,076,350	給　　　　　料	
252,000	保　　険　　料	
264,100	水　道　光　熱　費	
28,548,220		28,548,220

［資料2］　判明事項

1．決算において備品を除却することとし，処分価値を¥75,000と見積もった。当該備品は20X1年
　　4月1日に¥300,000で取得したものであり，減価償却は他の備品と同様の方法によっている。

2．予約販売を行っており，予約金入金時に契約負債として処理している。期中に予約品の一部が
　　入荷し，これを予約客に¥240,000で販売していたが，この売上の処理が未記帳となっていた。
　　ただし，予約品入荷の取引については，適切に処理されている。

［資料3］　決算整理事項

1．売買目的有価証券の内訳は次のとおりである。時価法により評価替えを実施する。

	帳簿価額	時　価
A社社債	¥481,540	¥478,300
B社株式	¥273,640	¥342,350
C社株式	¥596,120	¥715,810

2．金銭債権の期末残高に対して5％の貸倒引当金を差額補充法により設定する（6．参照）。

3．商品の期末棚卸高は次のとおりである。棚卸減耗損や商品評価損は売上原価の内訳科目として
　　処理する。

　　　　帳簿棚卸高：数量　380個　取得原価　@¥1,425

　　　　実地棚卸高：数量　360個　うち $\begin{cases} 290個の正味売却価額　@¥1,440 \\ 70個の正味売却価額　@¥1,335 \end{cases}$

4．固定資産の減価償却を次のとおり行う。

　　　　建物：定額法，耐用年数　30年，残存価額　取得原価の10％

　　　　備品：定率法，償却率　20％

5．のれんは20X3年4月1日に企業買収をした際に生じたものである。10年間で均等償却を行う。

6．20X5年11月1日に貸付期間10カ月，利率年6.6％，元利一括回収の条件で貸付けを行っている。
　　なお，貸付けはこれのみである。

7．毎年同額の保険料を7月1日に支払っている。

8．買掛金には，ドル建てのもの¥132,000（1,100ドル）が含まれている。決算日のレートは取引
　　日に比して1ドルにつき¥4円安になっている。

9．仮払金のうち¥108,750は期中に増資した際，証券会社に支払った取扱手数料であった。原則
　　的な会計処理を行う。残額は，法人税，住民税及び事業税の中間納付額である。

10．当期中の販売商品はすべて品質保証が付されている。売上高に対し，1％の商品保証引当金を
　　設定する。

11．未払法人税等の見込額は¥361,085である。

12．法定実効税率を30％とする税効果会計上の一時差異（期間差異）があり，その金額は期首が
　　¥35,000，期末が¥42,000である。

損 益 計 算 書

自 20X5年４月１日　至 20X6年３月31日　（単位：円）

I　売　　上　　高　　　　　　　　　　　（　　　　　　）

II　売　上　原　価
　　1　商品期首棚卸高　　　　（　　　　　）
　　2　当期商品仕入高　　　　（　　　　　）
　　　　　　合　計　　　　　　（　　　　　）
　　3　商品期末棚卸高　　　　（　　　　　）
　　　　　　差　引　　　　　　（　　　　　）
　　4　棚　卸　減　耗　損　　（　　　　　）
　　5　商　品　評　価　損　　（　　　　　）　（　　　　　　）
　　　　（　　　　）利益　　　　　　　　　　（　　　　　　）

III　販売費及び一般管理費
　　1　給　　　　　料　　　　　1,076,350
　　2　保　　険　　料　　　　（　　　　　）
　　3　水　道　光　熱　費　　　264,100
　　4（　　　　　　　　）　　（　　　　　）
　　5　貸倒引当金繰入　　　　（　　　　　）
　　6　商品保証引当金繰入　　（　　　　　）
　　7　のれん償却額　　　　　（　　　　　）　（　　　　　　）
　　　　（　　　　）利益　　　　　　　　　　（　　　　　　）

IV　営　業　外　収　益
　　1　受　取　利　息　　　　（　　　　　）
　　2　有　価　証　券　利　息　　84,000
　　3　受　取　配　当　金　　　87,000
　　4　有価証券評価益　　　　（　　　　　）

V　営　業　外　費　用
　　1（　　　　　　　　）　　（　　　　　）
　　2（　　　　　　）差損　　（　　　　　）
　　3（　　　　　　）繰入　　（　　　　　）　（　　　　　　）
　　　　（　　　　）利益　　　　　　　　　　（　　　　　　）

VI　特　別　損　失
　　1（　　　　　　　　）　　　　　　　　　　（　　　　　　）
　　　　税引前当期純利益　　　　　　　　　　（　　　　　　）
　　　　法人税, 住民税及び事業税　（　　　　　）
　　　　法人税等調整額　　　　（　　　　　）　（　　　　　　）
　　　　（　　　　　　）　　　　　　　　　　（　　　　　　）

問題 15-4 次の［資料1］決算整理前残高試算表，［資料2］判明事項および［資料3］決算整理事項にもとづいて，答案用紙の貸借対照表を完成させなさい。なお，会計期間は20X5年1月1日から20X5年12月31日までの1年である。

［資料1］ 決算整理前残高試算表

残 高 試 算 表
20X5年12月31日

借 方	勘 定 科 目	貸 方
676,700	現 金 及 び 預 金	
430,300	受 取 手 形	
544,700	売 掛 金	
273,000	繰 越 商 品	
350,000	仮 払 金	
634,000	仮 払 法 人 税 等	
832,000	未 決 算	
2,600,000	建 物	
780,000	備 品	
4,457,800	土 地	
156,000	特 許 権	
1,248,000	その他有価証券	
1,869,000	子 会 社 株 式	
39,000	繰 延 税 金 資 産	
	買 掛 金	588,950
	借 入 金	1,100,000
	貸 倒 引 当 金	15,600
	建物減価償却累計額	936,000
	備品減価償却累計額	280,800
	資 本 金	5,800,000
	資 本 準 備 金	700,000
	その他資本剰余金	246,000
	利 益 準 備 金	325,000
	新 築 積 立 金	234,000
	繰 越 利 益 剰 余 金	430,240
	売 上	16,358,200
	受 取 手 数 料	19,500
	受 取 配 当 金	32,500
9,779,900	仕 入	
1,512,190	給 料 手 当	
547,300	修 繕 費	
223,600	保 険 料	
85,800	通 信 費	
27,500	支 払 利 息	
27,066,790		27,066,790

［資料2］ 判明事項

1．買掛金の支払いのために振り出してあった小切手¥70,200の記帳が二重計上であることが判明した。

2．仮払金は，営業用車両購入の前払いであった。当該車両は20X6年1月末に納車予定である。

3．火災によって建物に生じた損失を未決算にて計上し，保険会社に請求していたが，決算にあたり請求額のうち¥780,000が当座預金口座に振り込まれていることが判明した。残額は火災損失として処理することにした。

［資料3］ 決算整理事項

1．商品期末棚卸高は，次のとおりである。

　　　　帳簿棚卸高：数量　500個　取得原価　@¥650.0

　　　　実地棚卸高：数量　480個　正味売却価額　@¥617.5

2．固定資産の減価償却を次のとおり行う。

　　　　建物：定額法，耐用年数　30年，残存価額　取得原価の10%

　　　　備品：定率法，償却率　20%

3．受取手形と売掛金の期末残高に対して4%の貸倒引当金を差額補充法により計上する。

4．その他有価証券の内訳は次のとおりである。全部純資産直入法により会計処理を行う。期首の振戻処理は完了している。なお，法定実効税率25%による税効果会計を適用している。

	帳簿価額	時　価
A社株式	¥565,500	¥642,200
B社社債	¥377,000	¥362,700
C社株式	¥305,500	¥274,300

5．手数料の未収分が¥3,900ある。

6．借入金は20X7年3月31日に一括返済予定のものである。

7．保険料のうち¥187,200は，20X5年8月1日に向こう3年分を支払ったものである。

8．特許権は20X2年6月1日に，他社から購入したものである。償却期間を8年とし，定額法によって当期分の償却を実施する。

9．通信費は郵便切手代であり，その未使用分は¥17,030である。

10．法人税，住民税及び事業税の当期課税見込額は¥1,050,450である。

11．当期の税効果会計上の一時差異（期間差異）は，次のとおりである。

	期首	期末
減価償却費損金算入限度超過額	¥156,000	¥169,000

貸 借 対 照 表

20X5年12月31日 　　　　　　　　　　　（単位：円）

資産の部			負債の部		
I 流 動 資 産			I 流 動 負 債		
1 現 金 及 び 預 金		（　　　）	1 買 　 掛 　 金		（　　　）
2 受 取 手 形	430,300		2 未 払 法 人 税 等		（　　　）
貸 倒 引 当 金	（　　　）	（　　　）	流 動 負 債 合 計		（　　　）
3 売 　 掛 　 金	544,700		II 固 定 負 債		
貸 倒 引 当 金	（　　　）	（　　　）	1 （　　　　　）		（　　　）
4 商 　 　 　 品		（　　　）	固 定 負 債 合 計		（　　　）
5 貯 　 蔵 　 品		（　　　）	負 　 債 　 合 　 計		（　　　）
6 （　　　）収益		（　　　）	純資産の部		
7 （　　　）費用		（　　　）	I 株 　 主 　 資 　 本		
流 動 資 産 合 計		（　　　）	1 資 　 本 　 金	5,800,000	
II 固 定 資 産			2 資 本 剰 余 金		
1 建 　 　 　 物	2,600,000		(1)資 本 準 備 金	（　　　）	
減価償却累計額	（　　　）	（　　　）	(2)その他資本剰余金	（　　　）	（　　　）
2 備 　 　 　 品	780,000		3 利 益 剰 余 金		
減価償却累計額	（　　　）	（　　　）	(1)利 益 準 備 金	（　　　）	
3 土 　 　 　 地		（　　　）	(2)その他利益剰余金		
4 （　　　）勘定		（　　　）	新 築 積 立 金	（　　　）	
5 特 　 許 　 権		（　　　）	（　　　）	（　　　）	（　　　）
6 投 資 有 価 証 券		（　　　）	株 主 資 本 合 計		（　　　）
7 関 係 会 社 株 式		（　　　）	II 評価・換算差額等		
8 長 期（　　　）		（　　　）	1 （　　　　　）		（　　　）
9 （　　　　　）		（　　　）	評価・換算差額等合計		（　　　）
固 定 資 産 合 計		（　　　）	純 資 産 合 計		（　　　）
資 　 産 　 合 　 計		（　　　）	負債及び純資産合計		（　　　）

問題 15-5 次の資料にもとづいて，株主資本等変動計算書を作成した際に金額が記載される欄を①から㊱より示したうえでその金額を答え，さらにAからEに記載される用語と金額を答えなさい。会計期間は20X8年4月1日から20X9年3月31日までの1年である。同計算書の金額表示単位は千円とし，減少となる金額については「△」を付すこと。

[資　料]

1．20X8年6月24日に開催された定時株主総会において剰余金の配当と計数の変動を次のように決定し，20X8年7月5日に配当の支払が完了している。なお，当社の当期中における剰余金の配当はこれのみである。

　　　　配　当　金　6,440千円（原資：その他利益剰余金（繰越利益剰余金））

　　　　準　備　金　会社法が定める金額

　　　　別途積立金　2,200千円

2．20X8年9月10日，新社屋の完成引渡しに際し，新築積立金18,300千円を取り崩した。

3．20X9年3月31日，決算において，その他有価証券の時価評価を行った。その際，法定実効税率25％により，税効果会計を適用している。時価の推移は以下のとおりであった。なお，期中におけるその他有価証券の売買はなかった。

　　　　前期末時価　38,120千円　　　　当期末時価　31,940千円

4．20X9年3月31日，決算において，当期純損失が4,989千円と確定した。

株主資本等変動計算書
自 20X8年4月1日　至 20X9年3月31日　　　　　　　　　　　　　（単位：千円）

	株主資本										評価・換算差額等		純資産合計
	資本金	資本剰余金			利益剰余金					株主資本合計	その他有価証券評価差額金	評価・換算差額等合計	
		資本準備金	その他資本剰余金	資本剰余金合計	利益準備金	その他利益剰余金			利益剰余金合計				
						新築積立金	別途積立金	繰越利益剰余金					
当期首残高	76,000	12,355	2,880	B	1,688	18,300	C	22,788	73,196	164,431	3,870	3,870	168,301
当期変動額													
剰余金の配当等	①	②	③	④	⑤	⑥	⑦	⑧	⑨	⑩			⑪
新築積立金の取崩	⑫	⑬	⑭	⑮	⑯	⑰	⑱	⑲	⑳	㉑			㉒
当期純（　A　）	㉓	㉔	㉕	㉖	㉗	㉘	㉙	㉚	㉛	㉜			㉝
株主資本以外の項目の当期変動額（純額）											㉞	㉟	㊱
当期変動額合計	×××	×××	×××	×××	×××	×××	×××	×××	×××	×××	×××	×××	×××
当期末残高	×××	×××	×××	15,235	×××	×××	32,620	×××	×××	×××	D	×××	E

金額記載欄と金額				
A	B	C	D	E

次の決算整理事項等にもとづいて，精算表を完成させなさい。会計期間は20X1年4月1日から20X2年3月31日までの1年である。なお，税効果会計は考慮しないこと。

1．期中に生じた手形売上￥340,000につき，￥34,000と誤記していた。

2．当座預金につき銀行から取り寄せた残高証明書の金額と帳簿残高の金額が不一致であったため原因を調べたところ，次の事項が判明した。

(1) 借入金にかかる利息￥1,500が当座預金から引き落とされていたが，銀行からの通知が未達であった。

(2) 決算日に受取手形の決済代金として￥12,000の小切手を受け取り，ただちに当座預金に預け入れていたが，銀行では翌日付で処理していた。

3．当期首に買い入れたB社社債（額面￥75,000，償還期限5年）の利札￥750の支払期日が，決算日に到来していた。

4．売掛金のうち￥15,000は前期における売上から生じたものであるが，得意先の倒産にともない回収不能であることがわかった。

5．貸倒引当金を次のとおり設定する。

(1) 受取手形および売掛金の期末残高に対して2％の貸倒れを見積もる（差額補充法）。

(2) 貸付金の期末残高に対して貸倒れを見積もる。なお，当該貸付先は債務超過であることが判明したが，同社に対して￥178,000の担保が設定されていた。

6．有価証券の内訳は次のとおりである。売買目的有価証券については時価法，満期保有目的債券については償却原価法（定額法）により評価替えを行う。

	帳簿価額	時 価	保有目的
A社株式	￥127,500	￥123,770	売買目的
B社社債	￥ 74,000	￥ 75,100	満期保有目的
C社株式	￥ 93,400	￥ 97,430	売買目的

7．商品の期末棚卸高は次のとおりである。商品の会計処理として，商品販売のつど売上原価を計上する方法によっている。なお，棚卸減耗損と商品評価損は精算表上独立の科目として処理する。

帳簿棚卸高：数量 650個 取得原価 @￥150

実地棚卸高：数量 640個 うち $\begin{cases} 600個の正味売却価額 & @￥180 \\ 40個の正味売却価額 & @￥135 \end{cases}$

8．有形固定資産の減価償却を次のとおり行う。

建物：取得原価は￥6,000,000，耐用年数は30年，残存価額は取得原価の10％として，定額法により計算する。

備品：取得原価は￥1,200,000，償却率は年30％として，定率法により計算する。

9．賞与引当金を設定する。当社は毎年2回，6月と12月に賞与を支給している。支給対象期間は6月分が12月から5月，12月分が6月から11月である。20X2年6月支給予定額は￥140,700である。

10．保険料は当期の6月1日に保険に加入した際，向こう1年分の保険料として一括して前払いしたものである。

精 算 表

勘 定 科 目	残高試算表 借方	残高試算表 貸方	修正記入 借方	修正記入 貸方	損益計算書 借方	損益計算書 貸方	貸借対照表 借方	貸借対照表 貸方
現 金 預 金	282,000							
受 取 手 形	225,000							
売 掛 金	314,000							
売買目的有価証券	220,900							
商 品	97,500							
建 物	4,920,000							
備 品	614,400							
満期保有目的債券	74,000							
貸 付 金	432,000							
支 払 手 形		206,850						
買 掛 金		270,000						
借 入 金		600,000						
貸 倒 引 当 金		16,800						
資 本 金		4,500,000						
利 益 準 備 金		172,500						
繰 越 利 益 剰 余 金		333,800						
売 上		5,998,500						
有 価 証 券 利 息		750						
売 上 原 価	4,039,500							
給 料	855,000							
支 払 地 代	9,900							
保 険 料	7,500							
支 払 利 息	7,500							
	12,099,200	12,099,200						
貸 倒 引 当 金 繰 入								
有 価 証 券( )								
棚 卸 減 耗 損								
商 品 評 価 損								
減 価 償 却 費								
( )繰入								
( )								
( )保険料								
当 期 純( )								

問題 15-7 次の［資料1］未処理判明事項および［資料2］決算整理事項にもとづいて，精算表を完成させなさい。会計期間は20X5年4月1日から20X6年3月31日までの1年である。なお，税効果会計は考慮しないこと。

［資料1］ 未処理判明事項

1. 有形固定資産に関し，次の取引が未処理となっていた。

   (1) 建設建物の工事が完了し，20X6年2月1日に引渡しを受け，業務に供用していた。当該工事代金の残金¥700,000は，20X6年4月30日に支払う予定である。なお，建設中の建物はこれのみである。

   (2) 備品の一部（取得原価¥650,000，期首減価償却累計額¥130,000）を20X5年9月30日に¥234,000で売却処分し，代金は売却先振出しの小切手を受け取り，仮受金として処理していた。なお，当該備品の減価償却に関しては，［資料2］の要領で実施する。

2. 現金過不足に関して次の内容が判明した。なお，原因不明分に関しても適切に処理を行うこと。

   (1) 販売費¥39,000の記入漏れがあった。

   (2) 小切手による売掛金¥96,000の回収について，誤って¥69,000と記帳していた。

［資料2］ 決算整理事項

1. 売買目的有価証券の内訳は次のとおりである。時価法により評価替えを行う。

	帳簿価額	数量	時価
A社株式	@¥2,340	350株	@¥2,430
B社株式	@¥5,150	240株	@¥2,850

2. 商品の期末棚卸高は次のとおりである。売上原価は仕入の行で計算する。なお，商品評価損と棚卸減耗損は原則として売上原価の内訳科目とするが，期末帳簿棚卸高の全商品合計金額の5％を超える棚卸減耗損については原価性を認めず，営業外費用として扱う。

	帳簿数量	実地数量	帳簿価額	正味売却価額
1号商品	796個	760個	@¥750	@¥690
2号商品	750個	620個	@¥460	@¥460
3号商品	840個	800個	@¥450	@¥470

3. 当期に発生した役務原価は仕掛品勘定に集計されている。このうち役務収益に直接対応する金額は¥12,837,000である。

4. 電子記録債権および売掛金の期末残高に対して，差額補充法により4％の貸倒れを見積もる。

5. 有形固定資産の減価償却を定額法によって行う。当社所有の有形固定資産は物品販売および管理部門においてのみ使用されている。なお，期中に増減した資産に関しては月割計算で減価償却を実施すること。

   建物：耐用年数30年，残存価額　取得原価の10％

   備品：耐用年数10年，残存価額　ゼロ

6. ソフトウェアは20X3年1月に管理部門において自社利用目的で購入したものである。償却期間5年で定額法によって償却を実施すること。

7. 手数料の未収分が¥15,600ある。当該手数料は主たる業務に係るものではない。

8. 保険料の未経過分が¥27,000ある。当該保険料は建物に係るものである。

精 算 表

勘 定 科 目	残高試算表		修正記入		損益計算書		貸借対照表	
	借方	貸方	借方	貸方	借方	貸方	借方	貸方
現　　　　　金	738,000							
現 金 過 不 足	17,000							
当 座 預 金	1,430,000							
電 子 記 録 債 権	4,725,000							
売 　 掛 　 金	4,127,000							
売買目的有価証券	2,055,000							
繰 越 商 品	971,000							
仕 　 掛 　 品	13,317,000							
建 　 　 　 物	6,500,000							
備 　 　 　 品	2,600,000							
建 設 仮 勘 定	2,100,000							
ソ フ ト ウ ェ ア	473,000							
支 払 手 形		4,689,000						
買 　 掛 　 金		2,617,550						
仮 　 受 　 金		234,000						
貸 倒 引 当 金		183,000						
建物減価償却累計額		1,560,000						
備品減価償却累計額		1,170,000						
資 　 本 　 金		7,300,000						
利 益 準 備 金		1,798,950						
繰 越 利 益 剰 余 金		1,384,000						
売 　 　 　 上		26,240,000						
役 務 収 益		16,394,000						
受 取 手 数 料		1,656,000						
受 取 配 当 金		84,500						
仕 　 　 　 入	22,127,000							
給 　 　 　 料	2,397,000							
販 　 売 　 費	1,359,000							
保 　 険 　 料	185,500							
電子記録債権売却損	189,500							
	65,311,000	65,311,000						
雑 　 （　　　）								
減 価 償 却 費								
固定資産売却（　　）								
未 　 払 　 金								
有 価 証 券 （　　　）								
棚 卸 減 耗 損								
商 品 評 価 損								
役 務 原 価								
貸 倒 引 当 金 繰 入								
ソフトウェア償却								
（　　　　　）手数料								
（　　　　　）保険料								
当 期 純 （　　　）								

問題 15-8 　受注生産および販売を行っている川越製作所株式会社の(A)20X7年2月末現在の残高試算表，(B)同年3月の取引および決算整理事項等にもとづいて，解答欄で示された損益計算書の各利益と貸借対照表を完成させなさい。会計期間は20X6年4月1日から20X7年3月31日までの1年である。なお，税効果会計は考慮しないこと。

(A) 20X7年2月末現在の残高試算表

残 高 試 算 表
20X7年2月28日

借方科目	金　額	貸方科目	金　額
現　金　預　金	1,250,000	買　　掛　　金	779,000
受　取　手　形	974,000	未　払　費　用	48,000
売　　掛　　金	816,000	退 職 給 付 引 当 金	1,940,670
材　　　　　料	129,000	貸　倒　引　当　金	11,000
仕　　掛　　品	224,000	製 品 保 証 引 当 金	174,000
製　　　　　品	324,000	建物減価償却累計額	8,308,500
仮 払 法 人 税 等	169,000	機械装置減価償却累計額	1,185,500
建　　　　　物	14,500,000	資　　本　　金	5,600,000
機　械　装　置	2,730,000	資　本　準　備　金	5,600,000
土　　　　　地	8,669,000	利　益　準　備　金	3,415,000
売　上　原　価	9,485,000	繰 越 利 益 剰 余 金	1,458,000
販　売　管　理　費	2,782,670	売　　　　　上	13,173,000
手　形　売　却　損	19,000	固 定 資 産 売 却 益	379,000
	42,071,670		42,071,670

(B) 3月の取引および決算整理事項等

1. 3月中の製造データは，次のとおりである。

① 材料

　　仕入高（すべて掛買い）　　　￥257,000

　　直接材料費　　　　　　　　　￥193,000

② 賃金

　　直接工直接作業賃金支払高（すべて現預金払い）　　　￥226,000

　　月初未払高　　　　　　　　　　　　　　　　　　　　￥48,000

　　月末未払高　　　　　　　　　　　　　　　　　　　　￥51,000

③ 製造間接費

　　製造間接費予定配賦額　　　￥374,000

　　間接材料費実際発生額　　　￥67,000

　　上記間接材料費実際発生額および下記⑤，3，4以外の製造間接費実際発生額

（すべて現預金払い）　　¥184,000

④　当月完成品総合原価　　¥739,000

⑤　実地棚卸データ

材料　¥123,000

なお，2月以前において減耗は発生していなかった。

製品　¥287,000

減耗は正常な原因によるものであり，売上原価に算入する。

⑥　原価差異はいずれも少額であり，かつ，正常な原因によるものである。なお，期首から20X7年2月までの月次決算で生じた原価差異は，各月の売上原価に賦課済みである。

2．3月中の販売データは，次のとおりである。

①　売上高（すべて掛売り）¥1,093,000

②　売上原価　　¥771,000

3．有形固定資産の減価償却は，期首に年間発生額を見積もったうえで，月割額を月次決算で計上している。3月中のデータは，次のとおりである。

①　建物　¥43,500（販売・一般管理活動分¥18,000，製造分¥25,500）

②　機械装置　¥45,500

4．退職給付費用は，期首に年間発生額を見積もったうえで，月割額を月次決算で計上している。3月中のデータは，次のとおりである。

①　販売・一般管理活動従業員分　¥83,000

②　製造従業員分　¥53,000

期末に年間発生額を確定させたところ，製造従業員分の見積額が¥29,000過少であることが判明した。

5．販売・一般管理活動従業員分の3月中の給料支払額は，¥373,500である。なお，月初および月末の未払金額はない。

6．下記の引当金を，過去の実績にもとづき設定する。

①　売上債権残高の1％の貸倒引当金を差額補充法により設定する。

②　製品保証引当金（合意仕様に従う保証）を¥127,000設定する。なお，残高試算表上の製品保証引当金残高は品質保証期間満了分であるため，戻し入れる。ただし，製品保証引当金戻入については，製品保証引当金繰入と相殺し，それを超えた額を営業外収益の区分に計上する。

7．税引前当期純利益の30％を，法人税，住民税及び事業税として計上する。

損 益 計 算 書

川越製作所株式会社　自 20X6年 4 月 1 日　至 20X7年 3 月31日　（単位：円）

売上総利益	
営 業 利 益	
経 常 利 益	
当 期 純 利 益	

貸 借 対 照 表

川越製作所株式会社　　　　　20X7年 3 月31日　　　　　（単位：円）

資産の部			負債の部		
Ⅰ　流 動 資 産			Ⅰ　流 動 負 債		
1　現 金 及 び 預 金		(　　　　)	1　買 掛 金		(　　　　)
2　受 取 手 形	974,000		2　未 払 費 用		(　　　　)
貸 倒 引 当 金	(　　　)	(　　　　)	3　(　　　) 引当金		(　　　　)
3　売 掛 金	(　　　)		4　未 払 法 人 税 等		(　　　　)
貸 倒 引 当 金	(　　　)	(　　　　)	流 動 負 債 合 計		(　　　　)
4　材 料		(　　　　)	Ⅱ　固 定 負 債		
5　仕 掛 品		(　　　　)	1　(　　　) 引当金		(　　　　)
6　製 品		(　　　　)	固 定 負 債 合 計		(　　　　)
流 動 資 産 合 計		(　　　　)	負 債 合 計		(　　　　)
Ⅱ　固 定 資 産			純資産の部		
1　建 物	14,500,000		Ⅰ　株 主 資 本		
減価償却累計額	(　　　)	(　　　　)	1　資 本 金		5,600,000
2　機 械 装 置	2,730,000		2　資 本 剰 余 金		
減価償却累計額	(　　　)	(　　　　)	⑴資 本 準 備 金	5,600,000	5,600,000
3　土 地	8,669,000		3　利 益 剰 余 金		
固 定 資 産 合 計		(　　　　)	⑴利 益 準 備 金	3,415,000	
			⑵その他利益剰余金		
			繰 越 利 益 剰 余 金	(　　　)	(　　　　)
			株 主 資 本 合 計		(　　　　)
			純 資 産 合 計		(　　　　)
資 産 合 計		(　　　　)	負債及び純資産合計		(　　　　)

第16章
本支店会計

学習のポイント

1 本支店会計においては，本支店間の取引は内部的な債権・債務の発生ととらえ，本店では支店勘定，支店では本店勘定により記録を行います。

2 支店が複数ある場合，**支店分散計算制度**では，支店は他の支店勘定を設け，直接他の支店と取引を行ったように記帳します。**本店集中計算制度**では，支店は本店勘定のみを設け，本店を経由して取引を行ったように記帳します。

3 本支店会計における決算手続では，本支店それぞれの試算表を基にして**本支店合併損益計算書・本支店合併貸借対照表**を作成します。

問題 16-1 次の取引について，本店と支店それぞれの仕訳を行いなさい。ただし，商品売買の記帳は3分法によること。

(1) 本店は支店に¥180,000を送金し，支店はこれを入金した。

(2) 本店は支店に仕入価格¥240,000の商品を積送した。

(3) 支店は本店の売掛金¥220,000につき小切手を受け取り，ただちに当座預金口座に預け入れ，本店はその連絡を受けた。

(4) 支店は本店の広告宣伝費¥134,000につき現金で支払い，本店はその連絡を受けた。

［本店］

	借 方 科 目	金 額	貸 方 科 目	金 額
(1)				
(2)				
(3)				
(4)				

［支店］

	借 方 科 目	金 額	貸 方 科 目	金 額
(1)				
(2)				
(3)				
(4)				

問題 16-2 次の取引について，支店分散計算制度にもとづいて北陸物産株式会社の本店と支店それぞれの仕訳を行いなさい。ただし，商品売買の記帳は3分法によること。なお，仕訳が行われない場合には，借方科目欄に「仕訳なし」と記入しなさい。

(1) 金沢支店は富山支店に¥340,000を送金し，富山支店はこれを入金した。

(2) 富山支店は金沢支店に仕入価格¥230,000の商品を積送した。

(3) 金沢支店は富山支店で使用する備品¥173,000を購入し，代金は翌月払いとした。富山支店では，当該備品が納入された。

［本店］

	借 方 科 目	金 額	貸 方 科 目	金 額
(1)				
(2)				
(3)				

［金沢支店］

	借 方 科 目	金 額	貸 方 科 目	金 額
(1)				
(2)				
(3)				

［富山支店］

	借 方 科 目	金 額	貸 方 科 目	金 額
(1)				
(2)				
(3)				

問題 16-3 問題16-2について，本店集中計算制度にもとづいて北陸物産株式会社の本店と支店それぞれの仕訳を行いなさい。

［本店］

	借 方 科 目	金 額	貸 方 科 目	金 額
(1)				
(2)				
(3)				

［金沢支店］

	借 方 科 目	金 額	貸 方 科 目	金 額
(1)				
(2)				
(3)				

[富山支店]

	借 方 科 目	金 額	貸 方 科 目	金 額
(1)				
(2)				
(3)				

問題 16-4 　次の(A)本店の損益勘定と(B)支店の損益勘定にもとづいて，(1)支店における当期純利益の本店への引継仕訳，(2)本店における支店当期純利益の引継仕訳，(3)本店における資本振替仕訳を示しなさい。

(A)　本店の損益勘定

損　　　益

売 上 原 価	588,000	売　　　　上	735,000
販 売 管 理 費	127,000	有価証券評価益	18,000
支 払 利 息	39,000		

(B)　支店の損益勘定

損　　　益

| 売 上 原 価 | 396,000 | 売　　　　上 | 495,000 |
| 販 売 管 理 費 | 71,000 | 固定資産売却益 | 79,000 |

	借 方 科 目	金 額	貸 方 科 目	金 額
(1)				
(2)				
(3)				

山梨物産株式会社は，甲府市の本店の他に北杜市に支店を有している。次の［資料］にもとづき，第8期（20X7年4月1日～20X8年3月31日）の本店の損益勘定を完成させなさい。ただし，本問では「法人税，住民税及び事業税」と税効果会計を考慮しないこと。

[資 料]

(A) 残高試算表（本店・支店）

残 高 試 算 表
20X8年3月31日

借 方	本 店	支 店	貸 方	本 店	支 店
現 金 預 金	6,971,200	5,040,700	買 掛 金	2,895,500	1,669,850
受 取 手 形	1,350,000	819,000	貸 倒 引 当 金	42,000	13,000
売 掛 金	1,750,000	1,011,000	建物減価償却累計額	486,000	－
繰 越 商 品	1,920,700	852,100	備品減価償却累計額	350,000	105,000
建 物	1,500,000	－	本 店	－	5,062,700
備 品	800,000	240,000	資 本 金	6,600,000	－
ソフトウェア仮勘定	1,780,000		利 益 準 備 金	1,649,900	
支 店	5,654,600	－	別 途 積 立 金	3,022,000	
仕 入	5,864,700	3,507,300	繰 越 利 益 剰 余 金	2,044,000	－
給 料	2,108,000	1,062,000	売 上	12,724,000	6,351,000
広 告 宣 伝 費	1,108,000	283,000	受 取 手 数 料	656,000	182,250
支 払 家 賃	－	568,700	為 替 差 損 益	337,800	－
	30,807,200	13,383,800		30,807,200	13,383,800

(B) 未処理事項等

1．本店が支店の家賃¥47,000を支払っていたが，その際，支店は¥4,700と誤記帳していた。

2．本店の売掛金¥83,000が回収され，本店で開設されている当社名義の普通預金口座に入金されていたが，その連絡が銀行から本店になされていなかった。

3．本店は支店に¥132,600（仕入価額）を移送していたが，支店ではその処理がなされていなかった。

4．ソフトウェア仮勘定は，自社利用目的のソフトウェアを本店が外部に開発を委託し，20X7年2月1日に支払ったものである。その後，20X7年7月1日に完成し引き渡しを受けていたが，未処理であった。

5．支店は本店の掛け仕入代金¥417,000の決済を本店に代わって行っていたが，本店ではその処理がなされていなかった。

(C)　決算整理事項等

1．商品の期末棚卸高は次のとおりである（本支店とも，上記(B)3．処理後の金額である。）。売上原価は売上原価勘定で計算し，棚卸減耗損や商品評価損は売上原価の内訳科目として表示できるものは売上原価に含めて処理する。

(1)　本店

原　　　　価：@¥2,780　正味売却価額：@¥2,740

帳簿棚卸数量：645個　　実地棚卸数量：645個

(2)　支店

原　　　　価：@¥1,950　正味売却価額：@¥1,820

帳簿棚卸数量：320個　　実地棚卸数量：260個

2．受取手形と売掛金の期末残高に対して2％の貸倒引当金を差額補充法により計上する。

3．固定資産の減価償却を次のとおり行う。

建物：定額法（残存価額は取得原価の10％），耐用年数25年

備品：定率法，償却率25％

4．ソフトウェアの償却を行う。このソフトウェアの利用可能期間は3年と見込まれ，その利用による将来の費用削減は確実である。

5．本店が支払った広告宣伝費のうち¥119,000を，支店が負担することになった。

6．以下の費用を適切に処理する。

(1)　本店：決算月締切後給料の未計上¥57,700

(2)　支店：決算月締切後給料の未計上¥29,100，決算月に支払った翌月分家賃¥47,000

7．支店で算出された損益（各自算定）が本店に報告された。

損　　　　益

日付		摘　　要	金　額	日付		摘　　要	金　額
3	31	売　上　原　価	（　　　　）	3	31	売　　　　　上	（　　　　）
3	31	給　　　　料	（　　　　）	3	31	受　取　手　数　料	（　　　　）
3	31	減　価　償　却　費	（　　　　）	3	31	為　替　差　損　益	（　　　　）
3	31	（　　　　）償却	（　　　　）	3	31	（　　　　　　　）	（　　　　）
3	31	貸倒引当金繰入	（　　　　）				
3	31	広　告　宣　伝　費	（　　　　）				
3	31	（　　　　　　　）	（　　　　）				
			（　　　　）				（　　　　）

次の(A)期中における本支店間取引等, (B)残高試算表および(C)期末修正事項にもとづいて, 本支店合併損益計算書と本支店合併貸借対照表を作成しなさい。会計期間は20X4年4月1日から20X5年3月31日の1年間である。なお, 税効果会計は考慮しないこと。

(A) 期中における本支店間取引等

① 支店が本店へ¥123,000を送金している。

② 本店が支店へ移送した商品は¥1,850,000（原価）である。

③ 本店が回収した支店の売掛金¥839,000がある。

④ 支店で決済した本店の買掛金¥719,000がある。

⑤ 支店で支払った本店の広告宣伝費¥33,000がある。

⑥ 期首の本店における支店勘定は¥735,000の借方残高であった。

(B) 残高試算表

残 高 試 算 表

借 方	本 店	支 店	貸 方	本 店	支 店
現 金 預 金	794,000	122,200	支 払 手 形		268,000
売 掛 金	520,000	?	買 掛 金	?	185,000
支 店	?		借 入 金	2,600,000	
有 価 証 券	637,000		貸 倒 引 当 金	6,500	2,600
繰 越 商 品	247,000	183,400	建物減価償却累計額	260,000	130,000
建 物	1,300,000	650,000	備品減価償却累計額	52,000	52,000
備 品	130,000	104,000	本 店		?
土 地	1,104,000	879,200	資 本 金	1,000,000	
仕 入	2,561,000	2,651,400	利 益 準 備 金	130,000	
広 告 宣 伝 費	52,000	13,000	繰 越 利 益 剰 余 金	193,700	
販 売 管 理 費	416,000	584,400	売 上	4,082,000	4,079,000
支 払 利 息	54,600		有 価 証 券 運 用 益	78,000	
	?	?		?	?

(C) 期末修正事項

① 本店が支店に商品¥170,000を移送した際，支店では¥17,000と記入していたことが判明した。

② 支店が本店の折り込みチラシ代金¥13,000を支払った際，支店では支店の広告宣伝費勘定に借記していたことが判明した。

③ 商品の期末帳簿棚卸高は次のとおりである。

　　本店　¥177,000，支店　¥479,000（適正額）

④ 本支店の売掛金合計に対して1.5％の貸倒引当金を，差額補充法により設定する。

⑤ 本支店とも建物と備品に対して定額法により減価償却を行う。耐用年数は建物が30年，備品が5年であり，残存価額は建物が取得原価の10％，備品はゼロである。

⑥ 有価証券勘定の内訳は次のとおりである。

	帳簿価額	時　価	備　考
X社株式	¥158,000	¥139,000	売買目的で取得している。
Y社社債	¥180,000	¥182,000	額面で取得し，満期（20X6年9月30日）まで所有する予定である。
Z社株式	¥299,000	¥261,000	Z社は当社の関連会社である。

⑦ 販売管理費の前払分が本店に¥84,700，未払分が支店に¥37,100ある。

⑧ 法人税，住民税及び事業税を¥629,600計上する。

損　益　計　算　書

自 20X4年4月1日　至 20X5年3月31日　　　　（単位：円）

費　　用	金　額	収　益	金　額
売　上　原　価	(　　　　)	売　上　高	8,161,000
広　告　宣　伝　費	(　　　　)	有価証券運用益	(　　　　)
貸倒引当金繰入	(　　　　)		
減　価　償　却　費	(　　　　)		
販　売　管　理　費	(　　　　)		
支　払　利　息	54,600		
法人税，住民税及び事業税	629,600		
当　期　純　利　益	(　　　　)		
	(　　　　)		(　　　　)

107

貸 借 対 照 表

20X5年 3 月 31 日　　　　　　　　　　　　　　　　　　（単位：円）

資　　産	金　　額		負債および純資産	金　　額	
現 金 及 び 預 金		916,200	支 払 手 形		268,000
売 　 掛 　 金	（　　　）		買 　 掛 　 金		（　　　）
貸 倒 引 当 金	（　　　）	（　　　）	借 　 入 　 金		2,600,000
（　　　　　　）		（　　　）	未 払 法 人 税 等		（　　　）
商 　 　 　 品		（　　　）	（　　　　　　）		（　　　）
前 　 払 　 費 　 用		（　　　）	資 　 本 　 金		1,000,000
建 　 　 　 物	1,950,000		利 　 益 　 準 　 備 　 金		130,000
減 価 償 却 累 計 額	（　　　）	（　　　）	繰 越 利 益 剰 余 金		（　　　）
備 　 　 　 品	234,000				
減 価 償 却 累 計 額	（　　　）	（　　　）			
土 　 　 　 地		1,983,200			
投 資 有 価 証 券		（　　　）			
（　　　　　　）		（　　　）			
		（　　　）			（　　　）

第17章

連結会計

学習のポイント

1 連結財務諸表の意義と，作成するための一般原則と一般基準

(1) 法律的に独立した会社が個々に作成する財務諸表を個別財務諸表といい，支配会社（**親会社**）と従属会社（**子会社**）から構成される企業集団を１つのグループとし，グループ全体を１会計単位として作成された財務諸表が連結財務諸表です。

(2) 連結財務諸表に関する会計基準における一般原則には，真実性の原則，個別財務諸表基準性の原則，明瞭性の原則および継続性の原則の４つがあります。

(3) 連結財務諸表を作成する上で満たさなければならない必要条件が連結財務諸表作成のための一般基準です。これには，連結の範囲，連結決算日および親会社・子会社の会計処理の原則・手続を定めた一般基準があります。

　(a) 連結の範囲：議決権の過半数を所有する企業はもとより，所有割合はたとえ過半数に満たなくても，財務や経営の方針を実質的に支配していれば連結の範囲に含めるという**支配力基準**にもとづいて，連結の範囲に含める子会社を決定します。

　(b) 連結決算日：連結会計期間は１年で，親会社の決算日が**連結決算日**となります。

　(c) 親会社・子会社の会計処理の原則・手続：連結財務諸表を作成する場合，同一環境下で行われた同一の性質の取引等については，親会社と子会社が採用する会計方針を原則として統一しなければなりません。

2 支配獲得時の投資と資本の相殺消去

(1) 親会社の子会社に対する投資（親会社が保有する子会社の株式）と子会社の資本は，企業集団を１つの会計単位としてみれば内部取引にすぎません。そのため，連結財務諸表の作成にあたっては，親会社と子会社の貸借対照表をそのまま合算しただけでは，親会社の投資と子会社の資本の分だけ重複します。

(2) こうした重複を避けるために，連結貸借対照表の作成にあたっては，親会社の子会社に対する投資と子会社の資本を相殺消去します。これを投資と資本の相殺消去といいます。このとき次のような**連結修正仕訳**を行います。

　　　（借）資　本　金　　×××　（貸）子 会 社 株 式　　×××
　　　　　　資 本 剰 余 金　　×××
　　　　　　利 益 剰 余 金　　×××

(3) 支配獲得後に連結貸借対照表を作成する場合も，基本的には支配獲得時の手続を改めて行います。これを**開始仕訳**といいます。連結財務諸表作成の基礎となる個別財務諸表ではこれらの

作成手続が反映されていないためです。

3 非支配株主が存在する場合の投資と資本の相殺消去

(1) 親会社が子会社株式の100％を所有していない場合には，子会社には親会社以外の株主も存在することになります。このような株主を**非支配株主**といいます。

(2) 非支配株主が存在する場合は，投資と資本の相殺消去にあたって，子会社の資本は親会社と非支配株主の持株比率に応じて按分し，次のように連結修正仕訳を行います。

(借)	資 本 金	×××	(貸)	子 会 社 株 式 (親会社持分相当額)	×××
	資 本 剰 余 金	×××		非支配株主持分 (非支配株主持分相当額)	×××
	利 益 剰 余 金	×××			

4 投資と資本を相殺消去する際に消去差額が生じる場合の処理

(1) 投資と資本を相殺消去する際に消去差額が生じる場合には，消去差額を**のれん**（または**負ののれんの発生益**）として処理します。

(借)	資 本 金	×××	(貸)	子 会 社 株 式	×××
	資 本 剰 余 金	×××			
	利 益 剰 余 金	×××			
	の れ ん	×××			

または

(借)	資 本 金	×××	(貸)	子 会 社 株 式	×××
	資 本 剰 余 金	×××		負ののれん発生益	×××
	利 益 剰 余 金	×××			

(2) のれんが生じた場合は，20年以内の効果が及ぶ期間にわたって，定額法その他合理的な方法によって規則的に償却します。

(借)	の れ ん 償 却	×××	(貸)	の れ ん	×××

5 連結会社間取引の処理

連結会社間で行われる商品の売買やその他の取引は，企業集団内の内部取引にすぎないので，連結会計では相殺消去され，連結財務諸表には現れません。そこで，個別財務諸表で計上されている項目を相殺消去するための連結修正仕訳が必要になります。

(1) 連結会社間の商品売買

連結会社間で，親会社が子会社に商品・製品を販売する（これを一般に**ダウン・ストリーム**といいます）ことがあります。個別損益計算書上，販売した側においては売上高，購入した側においては売上原価（当期商品仕入高）が計上されています。そこで，連結にあたって，次の修正仕訳を行って相殺消去します。

(借)	売 上 高	×××	(貸)	売 上 原 価 (当期商品仕入高)	×××

また，連結会社間での商品売買の代金について，購入した側では支払手形や買掛金といった仕入債務が負債として，販売した側では受取手形や売掛金といった売上債権が資産として貸借対照表に計上されています。仕入債務と売上債権についても相殺消去するために修正仕訳を行わなけ

ればなりません。

　　　（借）支 払 手 形　　×××　（貸）受 取 手 形　　×××
　　　（借）買 掛 金　　　×××　（貸）売 掛 金　　　×××

さらに，売上債権の減少に伴い，貸倒引当金も修正する必要があります。

　　　（借）貸 倒 引 当 金　　×××　（貸）貸倒引当金繰入　　×××

⑵　資金の貸借および利息の授受

　連結会社間で資金の貸し借りを行っている場合も，債権者側の（長期）貸付金と債務者側の（長期）借入金とは相殺消去されます。また，債権者側では受取利息，債務者側では支払利息が計上されていますので，これらも併せて相殺消去する必要があります。

　　　（借）（長期）借 入 金　　×××　（貸）（長期）貸 付 金　　×××
　　　（借）受 取 利 息　　　×××　（貸）支 払 利 息　　　×××

⑶　固定資産（土地）の売買

　連結会社間では，商品のほかに固定資産の売買が行われることもあります。土地の売買が連結会社間で行われ，代金の決済が行われていない場合，売り手側に計上されている未収入金と買い手側に計上されている未払金は相殺消去されます。同様に，土地の売買に際し，買い手側が約束手形を振り出し，まだ決済されていない場合には，営業外受取手形と営業外支払手形も相殺消去されます。

　　　（借）未 払 金　　　　×××　（貸）未 収 入 金　　　×××
　　　（借）営 業 外 支 払 手 形　　×××　（貸）営 業 外 受 取 手 形　　×××

⑷　子会社が実施した配当金

　子会社が利益剰余金を財源に配当金を支払い，親会社が配当を受け取った場合も，内部取引として相殺消去の対象になります。また，親会社が100％出資している完全子会社の配当金は，親会社の受取配当金と相殺消去されますが，非支配株主にも配当が行われている場合，配当額だけ現金などが流出しているので，非支配株主持分を減少させます。

　　　（借）受 取 配 当 金　　×××　（貸）利 益 剰 余 金　　×××
　　　　　　　　　　　　　　　　　　　　　（配　　当　　金）
　　　　　　非支配株主持分　　×××
　　　　　　（非支配株主持分当期変動額）

6　未実現損益の消去

⑴　商品に付加された未実現利益の消去

　①　ダウン・ストリームの場合

　連結会社間の取引では，利益が付加されて行われることが多いです。親会社が子会社に利益を付加して商品を販売していた場合（**ダウン・ストリーム**），子会社がその商品を企業集団の外部に販売しているケースでは，親会社が計上した利益は実現しています。しかし，期末時点で子会社がその商品をまだ企業集団の外部に販売せず，子会社に在庫として留まっていた場合には，企業集団内で商品の保管場所が変わったにすぎず，親会社が付加した利益はまだ実現していません。このような未実現利益は企業集団の利益として認められません。したがって，この未実現利益を全額消去するとともに，子会社の商品は親会社が付加した利益だけ過大になっていますので，同

額だけ減らす連結修正仕訳が必要になります。

　(ｱ)　期末商品に含まれている未実現利益消去のための連結修正仕訳

| (借) | 売 上 原 価
(商品期末棚卸高) | ××× | (貸) | 商　　　　品 | ××× |

　また，前期末に売れ残った商品は，当期の期首の商品になります。子会社の期首商品に含まれている未実現利益を消去するとともに，当期中に販売されて実現していますので，売上原価を修正します。

　(ｲ)　期首商品に含まれている未実現利益消去のための連結修正仕訳

| (借) | 利 益 剰 余 金
(利益剰余金当期首残高) | ××× | (貸) | 売 上 原 価 | ××× |

　②　アップ・ストリームの場合

　子会社が親会社に利益を付加して商品を販売していた場合（**アップ・ストリーム**），親会社がその商品を企業集団の外部に販売しているケースでは，子会社が計上した利益は実現しています。しかし，期末時点で親会社がその商品をまだ企業集団の外部に販売せず，親会社の在庫として留まっていた場合には，企業集団内で商品の保管場所が変わったにすぎず，子会社が付加した利益はまだ実現していません。このような未実現利益は企業集団の利益として認められません。したがって，この未実現利益を全額消去するとともに，親会社の商品は子会社が付加した利益だけ過大になっていますので，同額だけ減らす必要があります。加えて，非支配株主が存在する場合には，持分比率に応じて非支配株主にも負担させる連結修正仕訳が必要になります。

　(ｱ)　期末商品に含まれている未実現利益消去のための連結修正仕訳

| (借) | 売 上 原 価
(商品期末棚卸高) | ××× | (貸) | 商　　　　品 | ××× |
| (借) | 非支配株主持分
(非支配株主持分当期変動額) | ××× | (貸) | 非支配株主に帰属
する当期純利益 | ××× |

　前期末に売れ残った商品が期首商品となり，これに含まれる未実現利益を消去するための連結修正仕訳が必要である点は，アップ・ストリームの場合もダウン・ストリームの場合も変わりがありません。ただし，アップ・ストリームの場合は未実現利益が子会社の側に生じているため，非支配株主に帰属する当期純利益を修正する必要があります。

　(ｲ)　期首商品に含まれている未実現利益消去のための連結修正仕訳

(借)	利 益 剰 余 金 (利益剰余金当期首残高)	×××	(貸)	売 上 原 価	×××
(借)	非支配株主持分 (非支配株主持分当期首残高)	×××	(貸)	利 益 剰 余 金 (利益剰余金当期首残高)	×××
(借)	非支配株主に帰属 する当期純利益	×××	(貸)	非支配株主持分 (非支配株主持分当期変動額)	×××

(2)　土地に含まれる未実現損益の消去

　連結会社間で固定資産を売買することもありますが，２級では減価償却を行わない土地のみを取り上げます。

　①　ダウン・ストリームの場合

　親会社が保有する土地を子会社に売却した場合（ダウン・ストリーム），土地の帳簿価額と売

却価額との差額が固定資産売却損益（土地売却損益）として親会社の損益計算書に計上されています。しかし，その土地を子会社が企業集団の外部に売却せず，そのまま保有しているのであれば，親会社が計上した固定資産売却損益は未実現損益のため企業集団の利益として認められず，子会社の貸借対照表の土地の帳簿価額は未実現損益の分だけ過大（または過少）になっています。そこで，売り手の未実現損益を消去し，買い手の土地の帳簿価額を修正するための連結修正仕訳が必要となります。

   ㋐　固定資産売却益を計上していた場合

    （借）　固定資産売却益　　　×××　（貸）　土　　　　　地　　　×××

   ㋑　固定資産売却損を計上していた場合

    （借）　土　　　　　地　　　×××　（貸）　固定資産売却損　　　×××

  ②　アップ・ストリームの場合

    子会社が保有する土地を親会社に売却した場合（アップ・ストリーム）も，ダウン・ストリームの場合と同じく，未実現の売却損益を消去しなければなりませんが，それに伴い，子会社の当期純利益が変動するため，非支配株主が存在しているケースでは，持分比率に応じて，非支配株主に帰属する当期純利益が変動します。

    まず，固定資産売却益を計上していた場合は，これを消去したことに伴い，子会社の当期純利益が減少するため，非支配株主に帰属する当期純利益および非支配株主持分が減少します。

    これに対し，固定資産売却損を計上していた場合は，これを消去したことに伴い，子会社の当期純利益が増加するため，非支配株主に帰属する当期純利益および非支配株主持分が増加します。

   ㋐　固定資産売却益を計上していた場合

    （借）　固定資産売却益　　　×××　（貸）　土　　　　　地　　　×××

    （借）　非支配株主持分
（非支配株主持分当期変動額）　×××　（貸）　非支配株主に帰属
する当期純利益　×××

   ㋑　固定資産売却損を計上していた場合

    （借）　土　　　　　地　　　×××　（貸）　固定資産売却損　　　×××

    （借）　非支配株主に帰属
する当期純利益　×××　（貸）　非支配株主持分
（非支配株主持分当期変動額）　×××

7　連結精算表

連結精算表は，連結財務諸表を作成するために連結の手続を一覧できるようにまとめたものです。連結上必要となる仕訳はあくまで個別財務諸表を修正する形で行われるため，通常の取引が記入されている仕訳帳や総勘定元帳では全く記入されません。そこで，連結精算表を便宜的に作成し，内部で使用することになります。したがって，連結精算表では親会社と子会社のそれぞれの個別財務諸表の金額をもとに修正および消去を行い，最終的に連結財務諸表の金額を導き出します。基本的に，連結損益計算書→連結株主資本等変動計算書→連結貸借対照表の順に完成していきます。

8　連結財務諸表の作成

 (1)　連結貸借対照表

    連結貸借対照表は，企業集団の一定時点における財政状態を示す書類です。個別貸借対照表と同様に，勘定式と報告式があります。

まず，連結貸借対照表では，個別貸借対照表と同様に，投資と資本の相殺消去で生じたのれんは無形固定資産に計上されます。連結貸借対照表の表示科目についても，基本的に個別貸借対照表での科目と同じですが，受取手形及び売掛金など科目を集約して表示することができます。また，個別貸借対照表の退職給付引当金は，連結貸借対照表では**退職給付に係る負債**という表示科目が用いられています。

　次に，純資産の部では，株主資本については個別貸借対照表と基本的に同じですが，資本剰余金と利益剰余金の合計額のみを一括して記載し，資本準備金やその他資本剰余金，利益準備金およびその他利益剰余金といった内訳は示されません。また，個別貸借対照表の評価・換算差額等は，連結貸借対照表ではその他の包括利益累計額という表示科目が用いられています。また，連結特有の項目として純資産の部に**非支配株主持分**が表示されます。

(2)　連結損益計算書

　連結損益計算書は，企業集団の一定期間の経営成績を示す書類です。個別損益計算書と同様に，勘定式と報告式があります。連結損益計算書は，売上高から特別利益・特別損失までは，個別損益計算書の表示方法と違いがありません。しかし，連結損益計算書では，経常利益（損失）に特別利益と特別損失を加減算して，税金等調整前当期純利益（損失）を算出します。これから法人税，住民税及び事業税を差し引き，当期純利益（損失）を算出します。さらに非支配株主に帰属する当期純利益を控除して親会社株主に帰属する当期純利益を算出します。

(3)　連結株主資本等変動計算書

　連結株主資本等変動計算書は，連結貸借対照表の純資産の部における株主資本およびその他の項目の期中変動額を表示する書類です。基本的に個別の株主資本等変動計算書と同じように期首残高に当期変動額を加算・減算し，期末残高を求める様式になります。

問題 **17-1**　次の(1)～(5)の連結財務諸表の一般原則と一般基準に関する記述のうち，正しいものには○印を，誤っているものには×印をつけなさい。

(1)　継続性の原則は，連結財務諸表作成のために採用した基準および手続が，毎期継続して適用され，みだりにこれを変更してはならないことを要求する原則で，連結の範囲などの決定の手続について継続性は要求されていない。

(2)　明瞭性の原則は，企業集団の状況に関する判断を誤らせないよう，利害関係者に対して必要な財務情報を明瞭に表示することを要求する原則で，さらにこの原則には，重要性の原則の適用が認められている。

(3)　連結財務諸表を作成する場合，同一環境下で行われた同一の性質の取引等については，親会社と子会社が採用する会計方針は，原則として統一しなければならない。

(4)　真実性の原則は，企業集団の財政状態，経営成績およびキャッシュ・フローの状況について真実な報告を提供することを要求する原則で，さらにこの原則には連結財務諸表の作成にあたって，重要性の原則の適用が認められている。

(5)　子会社の決算日が連結決算日と異なる場合には，子会社はいかなる場合も連結決算日に正規の決算に準ずる合理的な手続によって決算を行い，個別財務諸表を作成しなければならない。

(1)	(2)	(3)	(4)	(5)

問題 17-2 次の(1)～(5)の連結の範囲に関する記述のうち，支配力基準の適用と連結子会社の決定という観点から，正しいものには○印を，誤っているものには×印をつけなさい。なお，重要性の原則は考慮外とする。

(1) P社はS社の議決権付株式の40％を所有しており，さらに重要な財務の方針決定を支配しているため，S社はP社の子会社となる。

(2) P社はS社の議決権付株式の45％を所有しており，さらにS社の取締役全7人中4人が元P社の取締役であるため，S社はP社の子会社となり，連結対象に含まれる。

(3) S社はすでに破産会社で，管財人の管理下にあるが，P社はS社の議決権付株式の90％を所有しているため，S社は連結の範囲に含まれる。

(4) P社はS社の議決権付株式の30％しか保有していないが，S社の負債に計上された資金調達総額の45％を融資しているため，S社はP社の子会社となる。

(5) P社はB社の議決権付株式の60％を所有しており，B社はS社の議決権付株式の60％を所有している。P社とB社の支配はともに一時的ではなく，B社とS社は連結することによって利害関係者の判断を著しく誤らせる恐れのある会社でもない。しかし，P社自体はS社の発行済株式の15％しか所有していないため，S社はP社の連結の範囲に含まれない。

(1)	(2)	(3)	(4)	(5)

問題 17-3 P社は20X1年3月31日にS社株式の100％を取得して連結子会社とした。支配獲得時のS社の貸借対照表は次のとおりである。これらの資料にもとづいて，P社がS社株式を，(1) ¥13,000で取得した場合，(2)¥18,000で取得した場合，および(3)¥10,000で取得した場合の連結修正仕訳をそれぞれ示しなさい。

貸 借 対 照 表

S社　　　　　　　　　20X1年3月31日

諸　資　産	20,000	諸　負　債	7,000
		資　本　金	10,000
		資 本 剰 余 金	1,800
		利 益 剰 余 金	1,200
	20,000		20,000

	借　方　科　目	金　　額	貸　方　科　目	金　　額
(1)				
(2)				
(3)				

問題 17-4　P社は20X1年3月31日にS社株式の75％を取得して連結子会社とした。支配獲得時のS社の貸借対照表は次のとおりである。これらの資料にもとづいて，P社がS社株式を，(1)¥30,750で取得した場合，(2)¥36,350で取得した場合，および(3)¥25,850で取得した場合の連結修正仕訳をそれぞれ示しなさい。

貸　借　対　照　表

S社　　　　　　　　　　　　　20X1年3月31日

諸　資　産	50,000	諸　負　債	9,000
		資　本　金	30,000
		資本剰余金	7,800
		利益剰余金	3,200
	50,000		50,000

	借　方　科　目	金　　額	貸　方　科　目	金　　額
(1)				
(2)				
(3)				

問題 17-5 P社は20X1年3月31日にS社株式の80%を¥320,000で取得して連結子会社とした。支配獲得時のP社とS社の貸借対照表は次のとおりである。これらの資料にもとづいて、20X1年3月31日における連結貸借対照表を作成しなさい。

貸 借 対 照 表
20X1年3月31日

資　　産	P　社	S　社	負債・純資産	P　社	S　社
諸　資　産	1,040,000	430,000	諸　　負　　債	220,000	80,000
S　社　株　式	320,000		資　　本　　金	900,000	200,000
			資　本　剰　余　金	130,000	90,000
			利　益　剰　余　金	110,000	60,000
	1,360,000	430,000		1,360,000	430,000

連結貸借対照表
20X1年3月31日

諸　資　産	（　　　）	諸　　負　　債	（　　　）
（　　　　　）	（　　　）	資　　本　　金	（　　　）
		資　本　剰　余　金	（　　　）
		利　益　剰　余　金	（　　　）
		（　　　　）	（　　　）
	（　　　）		（　　　）

問題 17-6 P社は20X1年3月31日にS社株式の100%を¥710,000で取得して連結子会社とした。支配獲得時のS社の諸資産は¥680,000で、諸負債¥200,000、資本金¥300,000、資本剰余金¥130,000、利益剰余金¥50,000であった。20X1年度（自20X1年4月1日　至20X2年3月31日）のP社とS社の貸借対照表は次のとおりである。

貸 借 対 照 表
20X2年3月31日

資　　産	P　社	S　社	負債・純資産	P　社	S　社
諸　資　産	1,700,000	770,000	諸　　負　　債	450,000	200,000
S　社　株　式	710,000		資　　本　　金	1,400,000	300,000
			資　本　剰　余　金	360,000	130,000
			利　益　剰　余　金	200,000	140,000
	2,410,000	770,000		2,410,000	770,000

20X1年度のS社の当期純利益は¥120,000で、期中の配当は¥30,000であった。以上の資料にもとづいて、次の問に答えなさい。ただし、のれんについては支配獲得時の翌年度から10年間にわたって毎期均等額を償却する。なお、P社にはS社以外に子会社はない。

また、本問は連結貸借対照表と連結損益計算書を作成することとし、連結株主資本等変動計算書の作成を前提としないこととする。

問1 P社が20X1年3月31日にS社の支配を獲得したときの連結修正仕訳を示しなさい。

借 方 科 目	金 額	貸 方 科 目	金 額

問2 P社の20X1年度中の連結修正仕訳を示しなさい。

借 方 科 目	金 額	貸 方 科 目	金 額

問3 20X2年3月31日における連結貸借対照表を作成しなさい。

連 結 貸 借 対 照 表
20X2年3月31日

諸　資　産	(　　　)	諸　　負　　債	(　　　)
(　　　　　)	(　　　)	資　　本　　金	(　　　)
		資 本 剰 余 金	(　　　)
		利 益 剰 余 金	(　　　)
(　　　)	(　　　)		(　　　)

P社は20X1年3月31日にS社株式の70％を￥724,000で取得して連結子会社とした。支配獲得時のS社の諸資産は￥860,000で，諸負債￥140,000，資本金￥500,000，資本剰余金￥120,000，利益剰余金￥100,000であった。20X1年度（自20X1年4月1日　至20X2年3月31日）のP社とS社の貸借対照表は次のとおりである。

貸 借 対 照 表
20X2年3月31日

資　　産	P 社	S 社	負債・純資産	P 社	S 社
諸　　資　　産	1,830,000	920,000	諸　　負　　債	350,000	140,000
S　社　株　式	724,000		資　　本　　金	1,800,000	500,000
			資 本 剰 余 金	230,000	120,000
			利 益 剰 余 金	174,000	160,000
	2,554,000	920,000		2,554,000	920,000

20X1年度のS社の当期純利益は￥70,000で，期中の配当は￥10,000であった。以上の資料にもとづいて，次の問に答えなさい。ただし，のれんについては支配獲得時の翌年度から10年間にわたって毎期均等額を償却する。なお，P社にはS社以外に子会社はない。

また，本問は連結貸借対照表と連結損益計算書を作成することとし，連結株主資本等変動計算書の作成を前提としないこととする。

問1　P社が20X1年3月31日にS社の支配を獲得したときの連結修正仕訳を示しなさい。

借　方　科　目	金　　　額	貸　方　科　目	金　　　額

問2　P社の20X1年度中の連結修正仕訳を示しなさい。

借　方　科　目	金　　　額	貸　方　科　目	金　　　額

問3　20X2年3月31日における連結貸借対照表を作成しなさい。

連結貸借対照表
20X2年3月31日

諸　資　産	（　　　　）	諸　負　債	（　　　　）
（　　　　　　）	（　　　　）	資　本　金	（　　　　）
		資　本　剰　余　金	（　　　　）
		利　益　剰　余　金	（　　　　）
		（　　　　　）	（　　　　）
（　　　　）		（　　　　）	

問題　17-8　P社は，S社の発行済株式総数の70％の株式を2年前から継続して保有している。次の［資料］にもとづき，連結財務諸表作成のために必要な連結修正仕訳を示しなさい。ただし，連結株主資本等変動計算書の作成を前提としないこととする。なお，P社，S社とも決算日は12月31日，会計期間は1年である。

［資　料］

(1)　P社は，S社に商品を掛けで販売しており，当期の販売額は¥3,000,000である。S社はP社から仕入れた商品のすべてを外部に販売済みであるが，そのうち¥200,000はまだ決済されていない。

(2)　P社は，決算にあたり，期末時点の売上債権の2％に相当する額について，貸倒引当金を計上しており，S社に対する債権も同様である。

(3)　P社は，S社に¥4,000,000を前期より年利率6％の条件にて貸し付けており，返済期限は4年後である。前回の利払日は10月末日であった。利息の計算は月割りによる。

(4)　S社は，株主総会にて利益剰余金を原資とする配当¥750,000を実施していた。

	借方科目	金　　額	貸方科目	金　　額
(1)				
(2)				
(3)				
(4)				

問題 17-9　P社は，S社の発行済株式総数の51％の株式を2年前から継続して保有している。次の［資料］にもとづき，連結財務諸表作成のために必要な連結修正仕訳を示しなさい。ただし，連結株主資本等変動計算書の作成を前提としないこととする。なお，P社，S社とも決算日は3月31日，会計期間は1年である。

［資　料］

(1)　当期首よりP社は，S社に商品を掛けで販売しており，当期の販売額は¥2,400,000である。

(2)　P社は，S社に原価に20％の利益を付加した価額で商品を販売しており，S社の期末商品のうちP社から仕入れた分が¥360,000であった。

(3)　S社は，P社に対する掛代金を支払うために約束手形を振り出していたが，そのうち¥150,000は決算日現在，満期日を迎えていない。

(4)　S社がP社から仕入れた商品の掛代金のうち¥200,000が，決算日現在，決済されていない。

(5)　P社は，決算にあたり，期末時点の売上債権の2％に相当する額について貸倒引当金を計上しており，S社に対する債権も同様である。

	借方科目	金　　額	貸方科目	金　　額
(1)				
(2)				
(3)				
(4)				
(5)				

問題 17-10　株式会社P社は，株式会社S社の発行済株式の60％を2年前から継続して保有している。次の［資料］にもとづき，連結財務諸表作成のために必要な連結修正仕訳を示しなさい。ただし，連結株主資本等変動計算書は作成不要である。なお，P社，S社とも決算日は3月31日，会計期間は1年である。

[資　料]

(1)　当期首よりＳ社は，Ｐ社に商品を掛けにて販売しており，当期の販売額は¥1,800,000である。

(2)　Ｓ社は，Ｐ社に原価に20%の利益を付加した価額で商品を販売しており，Ｐ社の期末商品のうちＳ社から仕入れた分が¥192,000であった。

(3)　Ｐ社は，Ｓ社に対する掛代金を支払うために約束手形を振り出しているが，そのうち¥240,000は決算日現在，満期日を迎えていない。

(4)　Ｐ社がＳ社から仕入れた商品の掛代金のうち，¥120,000が決算日現在，決済されていない。なお，Ｓ社はＰ社に対する売掛金に貸倒引当金を設定していない。

	借　方　科　目	金　　額	貸　方　科　目	金　　額
(1)				
(2)				
(3)				
(4)				

問題 17-11　連結財務諸表を作成するために必要な連結修正仕訳を示しなさい。

(1)　株式会社Ｐ社は，株式会社S_1社の発行済株式総数の90%の株式を3年前より継続して保有している。Ｐ社は，当期中に帳簿価額70,000千円の土地を95,000千円にて子会社に売却し，代金は現金で受け取っていた。決算日現在，S_1社はその土地を保有している。

(2)　株式会社Ｐ社は，株式会社S_2社の発行済株式総数の60%の株式を3年前より継続して保有している。Ｐ社は，当期首に帳簿価額60,000千円の土地を48,000千円にて子会社に売却し，代金は翌月末に現金で受け取っていた。決算日現在，S_2社はその土地を保有している。

（単位：千円）

	借　方　科　目	金　　額	貸　方　科　目	金　　額
(1)				
(2)				

問題 17-12 P社は20X1年3月31日にS社の発行済株式総数12,000株のうち，7,200株を600,000千円で取得して支配を獲得し，それ以降S社を連結子会社として連結財務諸表を作成している。なお，P社の会計年度は，4月1日より翌年3月31日までの1年間である。S社は配当を行っていない。また，のれんの償却は支配獲得の翌年度から10年間で均等償却を行う。20X1年3月31日のS社の個別貸借対照表は，次のとおりであった。

貸 借 対 照 表

S社	20X1年3月31日		（単位：千円）
諸　資　産	1,100,000	諸　負　債	350,000
		資　本　金	420,000
		資 本 剰 余 金	180,000
		利 益 剰 余 金	150,000
	1,100,000		1,100,000

20X2年3月31日現在，S社の商品にはP社から仕入れたものが28,000千円含まれている。P社がS社に販売する商品の売上総利益率は30％であった。

20X2年3月31日現在，P社の売掛金にはS社に対する売掛金65,000千円が含まれている。P社は，売掛金に対して1％の貸倒引当金を設定している。

20X1年度（20X1年4月1日〜20X2年3月31日）における連結精算表（連結貸借対照表のみ）を作成しなさい。[　]には，適切な語を記入しなさい。

科　　　目	個別貸借対照表		修正・消去		連　　結
	P 社	S 社	借　方	貸　方	貸借対照表
諸　　資　　産	1,269,000	720,000			
売　　掛　　金	400,000	100,000			
貸 倒 引 当 金	△4,000	△1,000			
商　　　　　品	350,000	181,000			
子 会 社 株 式	600,000				
[　　　　　　]					
	2,615,000	1,000,000			
諸　　負　　債	415,000	143,000			
買　　掛　　金	280,000	67,000			
資　　本　　金	900,000	420,000			
資 本 剰 余 金	450,000	180,000			
利 益 剰 余 金	570,000	190,000			
[　　　　]株主持分					
	2,615,000	1,000,000			

問題 17-13 次の［資料］にもとづき，連結第2年度（20X1年4月1日から20X2年3月31日）の連結精算表を作成しなさい（P社，S社とも決算日は3月31日）。

［資　料］

1．P社は，20X0年3月31日にS社の発行済株式総数の75％の株式を1,000,000千円で取得して支配を獲得し，それ以降S社を連結子会社として連結財務諸表を作成している。のれんは，支配獲得時の翌年度から10年間にわたり定額法により償却を行っている。

2．20X0年3月31日（支配獲得時）におけるS社の純資産項目は，資本金500,000千円，資本剰余金280,000千円，および利益剰余金320,000千円であった。

3．連結第1年度（20X0年4月1日から20X1年3月31日）において，S社は当期純利益240,000千円を計上した。ただし，配当は行われていない。

4．連結第2年度において，S社は利益剰余金を原資として150,000千円の配当を行った。また，同年度においてS社は当期純利益300,000千円を計上した。

5．連結第1年度よりP社はS社に対して商品を販売しており，連結第2年度におけるP社のS社に対する商品売上高は990,000千円である。

6．連結第2年度末におけるP社の売掛金残高のうち，176,000千円はS社に対するものである。

7．連結第2年度において，S社が保有する期首商品のうち，P社から仕入れた金額は44,000千円であり，期末商品のうち，P社から仕入れた金額は55,000千円である。P社がS社に対して販売する商品の利益付加率は連結第1年度および第2年度とも10％であった。

連結第2年度 連 結 精 算 表 （単位：千円）

科　　　目	個別財務諸表		修正・消去		連結財務諸表
	P　社	S　社	借　方	貸　方	
貸 借 対 照 表					連結貸借対照表
諸　　資　　産	2,549,000	1,240,000			
売　　掛　　金	860,000	420,000			
商　　　　　品	720,000	380,000			
S　社　株　式	1,000,000				
[　　　　　　　]					
資 産 合 計	5,129,000	2,040,000			
諸　　負　　債	775,000	320,000			
買　　掛　　金	460,000	230,000			
資　　本　　金	2,000,000	500,000			
資 本 剰 余 金	500,000	280,000			
利 益 剰 余 金	1,394,000	710,000			
非 支 配 株 主 持 分					
負債・純資産合計	5,129,000	2,040,000			
損 益 計 算 書					連結損益計算書
売　　上　　高	3,460,000	1,839,000			
売　上　原　価	2,580,000	1,243,000			
販売費及び一般管理費	590,000	367,000			
営 業 外 収 益	340,000	110,000			
営 業 外 費 用	70,000	39,000			
[　　　　　]償却					
当 期 純 利 益	560,000	300,000			
非支配株主に帰属する当期純利益					
親会社株主に帰属する当期純利益	560,000	300,000			
株主資本等変動計算書					連結株主資本等変動計算書
利益剰余金当期首残高	1,168,000	560,000			
配　　当　　金	334,000	150,000			
親会社株主に帰属する当期純利益	560,000	300,000			
利益剰余金当期末残高	1,394,000	710,000			
非支配株主持分当期首残高					
非支配株主持分当期変動額					
非支配株主持分当期末残高					

※[　]内には，適切な語を記入しなさい。株主資本等変動計算書は，利益剰余金と非支配株主持分の変動のみを記入しなさい。

問題 17-14　次の［資料］にもとづき，連結第２年度（20X1年４月１日から20X2年３月31日）の連結損益計算書および連結貸借対照表を作成しなさい（P社，S社とも決算日は３月31日）。

［資　料］

1．P社は20X0年３月31日にS社の発行済株式総数の55％の株式を580,000千円で取得して支配を獲得し，それ以降S社を連結子会社として連結財務諸表を作成している。なお，P社のS社に対する持分の変動はない。のれんは，支配獲得の翌年度から10年間で均等償却を行っている。

20X0年３月31日（支配獲得時）のS社の個別貸借対照表は，次のとおりである。

貸 借 対 照 表

S社		20X0年３月31日		（単位：千円）
諸 資 産	1,350,000	諸 負 債	600,000	
		資 本 金	350,000	
		資 本 剰 余 金	150,000	
		利 益 剰 余 金	250,000	
	1,350,000		1,350,000	

S社の連結第１年度（20X0年４月１日から20X1年３月31日）の当期純利益は170,000千円であり，配当は行われていない。

2．P社およびS社の連結第２年度末の貸借対照表および連結第２年度の損益計算書は，次のとおりである。

貸 借 対 照 表

20X2年３月31日　　　　　　　　　　（単位：千円）

資　　産	P　社	S　社	負債・純資産	P　社	S　社
現 金 預 金	1,022,000	1,116,000	支 払 手 形	600,000	380,000
売 掛 金	800,000	400,000	買 掛 金	360,000	290,000
貸 倒 引 当 金	△12,000	△6,000	長 期 借 入 金	850,000	500,000
商 品	730,000	370,000	資 本 金	1,700,000	350,000
固 定 資 産	2,380,000	420,000	資 本 剰 余 金	500,000	150,000
S 社 株 式	580,000	－	利 益 剰 余 金	1,490,000	630,000
	5,500,000	2,300,000		5,500,000	2,300,000

損 益 計 算 書
20X1年4月1日～20X2年3月31日　（単位：千円）

	P 社	S 社
売　　上　　高	4,383,000	2,610,000
売　上　原　価	2,890,000	1,890,000
売 上 総 利 益	1,493,000	720,000
販売費及び一般管理費	843,000	490,000
営　業　利　益	650,000	230,000
営 業 外 収 益	180,000	90,000
営 業 外 費 用	360,000	70,000
特　別　利　益	100,000	0
当 期 純 利 益	570,000	250,000

3．連結第2年度（20X1年4月1日から20X2年3月31日）において，S社は利益剰余金を財源として40,000千円の配当を行っている。その他，連結会社間で次の事項が判明している。

i）連結会社間の売上債権・仕入債務の相殺消去

　　S社は売掛金期末残高に対して1.5％の貸倒引当金を設定しており，売掛金期末残高のうち60,000千円がP社に対するものである。

ii）連結会社間の内部取引高の相殺消去

　　S社は前期よりP社に対して商品を販売しており，当期におけるS社のP社に対する商品の売上高は575,000千円である。

iii）未実現利益の消去

　　S社はP社に対して前期，当期とも仕入金額に25％の利益を付加して商品を販売しており，P社はS社から仕入れた商品を外部に販売している。連結第2年度においてP社が保有する期首商品のうち，S社から仕入れた金額は150,000千円であり，期末商品のうち，S社から仕入れた金額は200,000千円である。

iv）土地の売却

　　P社はS社に期中に簿価200,000千円の土地を300,000千円で売却しており，代金は現金で受け取っている。S社は期末現在，この土地を保有し続けている。

v）資金の貸付

　　P社はS社に長期資金500,000千円の貸付けを当期首に行っており，利率は年4％である。期末に利息の受払いが現金で行われている。ただし，P社は，この貸付けに対して貸倒引当金を設定していない。

連結損益計算書

20X1年4月1日～20X2年3月31日 （単位：千円）

売　　　上　　　高	（　　　　　　）
売　　上　　原　　価	（　　　　　　）
売　上　総　利　益	（　　　　　　）
販売費及び一般管理費	（　　　　　　）
営　業　利　益	（　　　　　　）
営　業　外　収　益	（　　　　　　）
営　業　外　費　用	（　　　　　　）
当　期　純　利　益	（　　　　　　）
非支配株主に帰属する当期純利益	（　　　　　　）
親会社株主に帰属する当期純利益	（　　　　　　）

連結貸借対照表

20X2年3月31日 （単位：千円）

【資産の部】

現　金　預　金	（　　　　　）
売　　掛　　金	（　　　　　）
貸　倒　引　当　金	(△　　　　　)
商　　　　品	（　　　　　）
固　定　資　産	（　　　　　）
の　　れ　　ん	（　　　　　）
資　産　の　部　合　計	（　　　　　）

【負債の部】

支　払　手　形	（　　　　　）
買　　掛　　金	（　　　　　）
長　期　借　入　金	（　　　　　）
負　債　の　部　合　計	（　　　　　）

【純資産の部】

資　　本　　金	（　　　　　）
資　本　剰　余　金	（　　　　　）
利　益　剰　余　金	（　　　　　）
非　支　配　株　主　持　分	（　　　　　）
純　資　産　の　部　合　計	（　　　　　）
負　債・純　資　産　合　計	（　　　　　）

問題 18-1 (20点)

次の各取引について仕訳しなさい。ただし，勘定科目は，設問ごとに最も適正と思われるものを選び，解答用紙の（　）の中に記号で解答すること。

1．かねて本店が大阪商店から掛けで仕入れた商品の代金¥800,000について，本日，神戸支店に大阪商店の店員が集金に訪れたので，神戸支店は本店に代わってこれを全額小切手を振り出して支払った。当社は本店のほかに複数の支店を全国に展開しており，支店独立会計制度を導入している。なお，本店の仕訳は答えなくてよい。

ア　現金　　イ　当座預金　　ウ　売掛金　　エ　買掛金　　オ　本店　　カ　支店
キ　仕入　　ク　売上

2．新潟工業株式会社は，その設立にあたって発行可能株式総数4,000株のうち1,000株を1株当たり¥70,000で発行することとし，全株について引受け・払込みを受け，払込金については当座預金に入金した。ただし，資本金は会社法で認められた最低限度額を計上することとした。なお，会社設立のためにかかった株式発行に係る費用¥150,000は現金で支払った。

ア　現金　　イ　当座預金　　ウ　資本金　　エ　資本準備金　　オ　利益準備金
カ　創立費　　キ　開業費　　ク　株式交付費

3．千葉商店は，さる20X7年12月1日に商品配達に用いるためトラック（現金購入価額¥1,440,000）を購入し，代金は毎月末日に支払期限を迎える額面¥400,000の約束手形4枚を振り出していたが，本日（12月31日），1枚目の約束手形の支払期日を迎え，当座預金口座より引き落とされた。なお，利息は手形振出時に全額資産として計上されており，定額法により処理する。

ア　当座預金　　イ　受取手形　　ウ　営業外受取手形　　エ　前払利息　　オ　支払手形
カ　未払利息　　キ　営業外支払手形　　ク　支払利息

4．かねて取得していた機械装置¥10,000,000に関し，国庫補助金として¥2,000,000が助成されることが決定し，当社の当座預金口座に同額が振り込まれた。また，振り込まれると同時に，補助金相当額の圧縮記帳（直接控除方式）を行った。

ア　現金　　イ　当座預金　　ウ　未収入金　　エ　機械装置　　オ　備品
カ　固定資産売却益　　キ　国庫補助金受贈益　　ク　固定資産圧縮損

5．期首に長野リース株式会社とコピー機のリース契約を次の条件で結んでいたが，本日決算日（3月末日）につき，リース料の支払いを含め，必要な処理を行う。なお，リース取引については利子抜き法（定額法）によることとし，リース資産はリース期間を耐用年数とする定額法（残存価額ゼロ），記帳方法は間接法にもとづくこと。

リース期間：6年間

リース料：年額¥300,000（支払日：3月末日（決算日）に現金一括払い）

リース資産の見積現金購入価額：¥1,620,000

ア　現金　　イ　リース資産　　ウ　リース債務　　エ　未払金　　オ　減価償却費

カ　支払利息　　キ　支払リース料　　ク　リース資産減価償却累計額

	借　方　科　目	金　　　額	貸　方　科　目	金　　　額
1	（　　　　）		（　　　　）	
2	（　　　　）		（　　　　）	
	（　　　　）		（　　　　）	
	（　　　　）		（　　　　）	
3	（　　　　）		（　　　　）	
4	（　　　　）		（　　　　）	
	（　　　　）		（　　　　）	
5	（　　　　）		（　　　　）	
	（　　　　）		（　　　　）	
	（　　　　）		（　　　　）	

問題 18－2　（20点）

　　次の［資料］にもとづいて，下記の各問に答えなさい。

［資　料］

　　決算（20X2年3月31日）手続に際し，取引銀行から残高証明書を取り寄せたところ，証明書残高は¥325,800であり，当座預金勘定の残高と一致していなかった。その後，不一致の原因を調査したところ，次の事実が判明した。

　①　売買目的で保有している額面総額¥5,000,000の国債（20X1年4月1日発行，利払日は毎年9月および3月の各月末日，利率は年0.84％）の利息について，3月末の所定の金額が当座預金口座に振り込まれていたが，当社において未記入であった。なお，この国債は20X1年6月12日に額面¥100当たり¥98.8で取得し，端数利息とともに代金は後日の支払いで決済している。

　②　備品の売却代金の一部として受け取っていた他店振出小切手¥38,000について，当座預金の増加として処理していたが，決算日現在金庫に入ったままであった。

　③　仕入先に振り出していた小切手¥16,500について，決算日現在，取引銀行に呈示されていなかった。

　④　決算日に売上代金¥24,700を銀行の夜間金庫に預け入れたが，銀行の営業時間終了後の時間外入金として処理されていた。

問1　答案用紙の銀行勘定調整表を作成しなさい。なお，［　］には［資料］における番号①～④を記入し，（　）には金額を記入しなさい。

問2　[資料] における①〜④のそれぞれについて，決算において企業側で必要となる修正仕訳を示しなさい。修正仕訳が不要な場合には，解答用紙の借方科目欄に「仕訳なし」と記入しなさい。

問3　有価証券利息勘定の記入（残高式）を示しなさい（仕丁欄は記入しない）。資料①以外に有価証券に関わる取引は存在しない。なお，英米式決算法にもとづいて締め切ること。

問1

銀行勘定調整表

20X2年3月31日

銀行の残高証明書の残高		（　　　　　）	
加算：[　　　　　]	（　　　　　）		
[　　　　　]	（　　　　　）	（　　　　　）	
減算：[　　　　　]	（　　　　　）		
[　　　　　]	（　　　　　）	（　　　　　）	
当社の当座預金勘定の残高		（　　　　　）	

問2

	修　正　仕　訳			
	借　方　科　目	金　　額	貸　方　科　目	金　　額
①				
②				
③				
④				

問3

有　価　証　券　利　息

日　　付			摘　　要	仕丁	借　　方	貸　　方	借または貸	残　　高
年	月	日						
20X1	6	12						

次の【決算整理前残高試算表】および【決算整理事項等】にもとづいて，解答用紙に示す報告式の貸借対照表を完成させなさい。会計期間は20X4年4月1日から20X5年3月31日までの1年である。

本問では，減価償却費およびその他有価証券に関してのみ税効果会計を適用する。法定実効税率は前期・当期とも25％であり，将来においても税率は変わらないと見込まれている。なお，繰延税金資産は全額回収可能性があるものとする。

【決算整理前残高試算表】

残　高　試　算　表
20X5年3月31日

借方科目	金　額	貸方科目	金　額
現　　　　　　金	837,300	買　　掛　　金	706,000
普　通　預　金	811,800	契　約　負　債	193,000
電　子　記　録　債　権	205,000	借　　入　　金	450,000
売　　掛　　金	438,000	貸　倒　引　当　金	1,020
繰　越　商　品	308,000	資　　本　　金	1,250,000
建　　　　　物	840,000	資　本　準　備　金	427,060
満　期　保　有　目　的　債　券	400,000	利　益　準　備　金	312,500
そ　の　他　有　価　証　券	281,300	繰　越　利　益　剰　余　金	184,500
繰　延　税　金　資　産	14,000	売　　　　　上	4,280,000
仮　払　法　人　税　等	39,070	受　取　利　息　配　当　金	17,800
その他有価証券評価差額金	42,000		
仕　　　　　入	2,519,560		
給　料　手　当	814,650		
その他の販売管理費	198,170		
支　払　利　息	6,030		
固　定　資　産　除　却　損	67,000		
	7,821,880		7,821,880

【決算整理事項等】

1．保有する社債につき利払期日が到来済みのもの¥960（法人税等20％の源泉徴収控除後）があり，普通預金口座に入金されていたが未記帳であった。

2．当期に発生したドル建ての売掛金¥162,000（＄1＝¥108），契約負債¥182,000（＄1＝¥104）がある。契約負債は，商品を顧客に移転する企業の義務に対して，企業が顧客から対価を受け取ったものである。決算日の為替相場は＄1＝¥106である。

3．その他有価証券の内訳は次のとおりであった。当期中における売買の事実はない。その他有価

証券については全部純資産直入法を適用しており，前期に計上した評価差額金にかかる洗替処理は未済である。残高試算表に計上されている繰延税金資産はその他有価証券評価差額金にかかるものであり，これ以外に期首における税効果会計の対象はない。

	帳簿価額	時　価
A社株式	￥281,300	￥349,700

4．商品については3分法により処理している。期末の棚卸状況は以下のとおりである。

　　　　商品期末帳簿棚卸高　　数量　190個　単価　@￥1,500

　　　　商品期末実地棚卸高　　数量　187個　単価　@￥1,480

5．残高試算表上の建物は当期首に取得したものであり，減価償却を，定額法，耐用年数20年，残存価額ゼロにて実施する。ただし，税法上の法定耐用年数が25年であることから，減価償却費損金算入限度超過額が生じており，税効果会計を適用する。

6．借入金は，X4年10月1日に取引銀行から融資を受けたものである。返済条件は，借入実行月末より3年間，毎月末分割返済となっている。なお，借入金の利息を含め，期中の処理は適切になされている。

7．電子記録債権と売掛金に対し，設定率1.2%で差額補充法により貸倒引当金を設定する。電子記録債権取引については，当期より利用を開始している。

8．その他の販売管理費で処理されている広告宣伝費の未払額が￥290生じている。

9．当期の法人税，住民税及び事業税は￥119,000である。

貸 借 対 照 表

20X5年 3 月31日　　　　　　　　（単位：円）

資産の部

Ⅰ　流　動　資　産
1　現 金 及 び 預 金　　　　　　　　　　　　　（　　　　　　）
2　電 子 記 録 債 権　　　　　　205,000
　　　貸 倒 引 当 金　　　　（　　　　　）　（　　　　　　）
3　売　　　掛　　　金　　　（　　　　　）
　　　貸 倒 引 当 金　　　　（　　　　　）　（　　　　　　）
4　商　　　　　　　品　　　　　　　　　　　　（　　　　　　）
　　　流 動 資 産 合 計　　　　　　　　　　　（　　　　　　）
Ⅱ　固　定　資　産
1　建　　　　　　　物　　　　　　840,000
　　　減価償却累計額　　　　（　　　　　）　（　　　　　　）
2　（　　　　　　　　）　　　　　　　　　　　（　　　　　　）
　　　固 定 資 産 合 計　　　　　　　　　　　（　　　　　　）
　　　資　産　合　計　　　　　　　　　　　　（　　　　　　）

負債の部

Ⅰ　流　動　負　債
1　買　　　掛　　　金　　　　　　　　　　　　706,000
2　契　約　負　債　　　　　　　　　　　　　（　　　　　　）
3　短 期 借 入 金　　　　　　　　　　　　　（　　　　　　）
4　（　　　　　　　　）　　　　　　　　　　　（　　　　　　）
5　未 払 法 人 税 等　　　　　　　　　　　　（　　　　　　）
　　　流 動 負 債 合 計　　　　　　　　　　　（　　　　　　）
Ⅱ　固　定　負　債
1　長 期 借 入 金　　　　　　　　　　　　　（　　　　　　）
2　（　　　　　　　　）　　　　　　　　　　　（　　　　　　）
　　　固 定 負 債 合 計　　　　　　　　　　　（　　　　　　）
　　　負　債　合　計　　　　　　　　　　　　（　　　　　　）

純資産の部

Ⅰ　株　主　資　本
1　資　　　本　　　金　　　　　　　　　　　　1,250,000
2　資 本 剰 余 金
　⑴　資 本 準 備 金　　　　　　427,060　　　　427,060
3　利 益 剰 余 金
　⑴　利 益 準 備 金　　　　　　312,500
　⑵　その他利益剰余金
　　　（　　　　　　　）　　　（　　　　　）　（　　　　　　）
　　　株 主 資 本 合 計　　　　　　　　　　　（　　　　　　）
Ⅱ　評価・換算差額等
　⑴　（　　　　　　　）　　　（　　　　　）　（　　　　　　）
　　　評価・換算差額等合計　　　　　　　　　（　　　　　　）
　　　純　資　産　合　計　　　　　　　　　　（　　　　　　）
　　　負債及び純資産合計　　　　　　　　　　（　　　　　　）

第 **19** 章

総合模擬問題(2)

問題 19-1 （20点）

次の各取引について仕訳しなさい。ただし，勘定科目は，設問ごとに最も適正と思われるものを選び，解答用紙の（　）の中に記号で解答すること。

1. 20X7年12月29日に，売買目的で伊勢商事株式会社の社債（額面総額¥10,000,000，利率年0.73％，利払日 3 月末日と 9 月末日の年 2 回）を額面¥100当たり¥98で購入し，購入代金に売買手数料¥20,000および端数利息を含めて小切手を振り出して支払った。

　　ア　当座預金　　イ　満期保有目的債券　　ウ　売買目的有価証券　　エ　その他有価証券

　　オ　有価証券評価益　　カ　有価証券利息　　キ　支払利息　　ク　支払手数料

2. 先日生じた外貨建ての買掛金¥432,000（4,000ドル，取引時の為替相場 1 ドル¥108）について，為替相場の変動に備えて 1 ドル¥110で為替予約を行った。なお，振当処理を適用するが，為替予約による円換算額との差額はすべて当期の損益として処理する。

　　ア　建物　　イ　買掛金　　ウ　為替差損益　　エ　売掛金　　オ　損益　　カ　受取利息

　　キ　仕入　　ク　支払利息

3. 姫路商事に商品1,000個を 1 個当たり¥600で掛けにて販売した。当社は姫路商事との間で年間20,000個以上販売した場合には，販売額の10％をリベートとして支払う旨の契約を締結している。姫路商事はこの条件を達成する可能性は高いと見込んでいる。

　　ア　売掛金　　イ　契約資産　　ウ　買掛金　　エ　契約負債　　オ　仮受金

　　カ　返金負債　　キ　未払金　　ク　売上

4. 広告用の看板の掲示に関する契約を締結し，今後 3 年分の広告費¥720,000を普通預金から振り込んで支払った。その際，代金の総額をいったん固定資産に計上し，さらに計上した固定資産のうち当月分（1 カ月）の費用の計上を行った。ただし，資産について相殺しないこと。

　　ア　当座預金　　イ　普通預金　　ウ　構築物　　エ　前払費用　　オ　長期前払費用

　　カ　未払金　　キ　未払費用　　ク　広告宣伝費

5. 20X7年 6 月27日，株主総会を開催し，繰越利益剰余金の処分を次のとおり決定した。なお，当社の資本金は¥40,000,000，資本準備金は¥5,000,000，利益準備金は¥4,500,000である。

　　　利益準備金：会社法が定める額　　配当金：¥7,000,000　　別途積立金：¥3,000,000

　　ア　未払配当金　　イ　資本金　　ウ　資本準備金　　エ　利益準備金　　オ　別途積立金

　　カ　繰越利益剰余金　　キ　損益　　ク　受取配当金

	借方科目	金額	貸方科目	金額
1	（　　）		（　　）	
	（　　）		（　　）	
2	（　　）		（　　）	
3	（　　）		（　　）	
	（　　）		（　　）	
4	（　　）		（　　）	
	（　　）		（　　）	
5	（　　）		（　　）	
	（　　）		（　　）	
	（　　）		（　　）	

問題 19-2 （20点）

　以下の［資料］にもとづき，連結第4年度（20X3年4月1日から20X4年3月31日）の連結精算表を作成しなさい（P社・S社ともに決算日は3月31日）。

［資　料］

1. P社は20X0年3月31日にS社の発行済株式総数の60％を872,000千円で取得して支配を獲得し，それ以降S社を連結子会社として連結財務諸表を作成している。のれんは，支配獲得時の翌年度から20年間にわたり定額法により償却を行っている。

2. 20X0年3月31日（支配獲得時）におけるS社の純資産項目は，資本金400,000千円，資本剰余金240,000千円，および利益剰余金280,000千円であった。

3. 連結第1年度から連結第3年度にかけて配当はなされていない。

4. 連結第4年度において，S社は60,000千円の配当を行った。

5. 連結第3年度よりP社はS社より商品を仕入れており，連結第4年度の仕入高は760,000千円である。

6. 連結第4年度末におけるP社の買掛金残高のうち，120,000千円はS社に対するものである。

7. 連結第4年度において，S社は売掛金に対し，1.5％の貸倒引当金を設定しているが，P社に対する売掛金に対しては貸倒引当金を設定していない。

8. 連結第4年度において，P社が保有する期首商品のうち，S社から仕入れた金額は36,000千円であり，期末商品のうち，S社から仕入れた金額は42,000千円である。S社がP社に対して販売する商品の利益率は，連結第3年度および連結第4年度とも25％であった。

9. 連結第4年度において，P社はS社に土地（帳簿価額129,700千円）を98,700千円で売却しており，代金は現金で受け取っている。S社は期末現在，この土地を保有している。

科　　　目	個別財務諸表		修正・消去		連結財務諸表
	P 社	S 社	借　方	貸　方	
貸 借 対 照 表					連結貸借対照表
諸　　資　　産	2,176,500	893,400			
売　　掛　　金	720,000	340,000			
貸 倒 引 当 金	△10,800	△5,100			
商　　　　品	643,000	338,000			
S 社 株 式	872,000				
土　　　　地	74,300	98,700			
[　　　　　　]					
資 産 合 計	4,475,000	1,665,000			
諸　　負　　債	497,400	267,000			
買　　掛　　金	387,000	199,000			
資　　本　　金	1,750,000	400,000			
資 本 剰 余 金	620,000	240,000			
利 益 剰 余 金	1,220,600	559,000			
非 支 配 株 主 持 分					
負債・純資産合計	4,475,000	1,665,000			
損 益 計 算 書					連結損益計算書
売　　上　　高	2,779,000	1,574,000			
売　上　原　価	2,084,000	1,180,000			
販売費及び一般管理費	346,000	299,000			
営 業 外 収 益	197,000	156,000			
営 業 外 費 用	221,000	97,000			
特 別 損 失	31,000				
[　　　　　　] 償却					
当 期 純 利 益	294,000	154,000			
非支配株主に帰属する当期純利益					
親会社株主に帰属する当期純利益					

※［　］内には，適切な語を記入しなさい。

次の【決算整理前残高試算表】および【決算整理事項等】に基づいて，損益計算書および貸借対照表を完成させなさい。会計期間は20X7年4月1日から20X8年3月31日までの1年である。なお，税効果会計は純資産直入項目の処理についてのみ適用する。

【決算整理前残高試算表】

残 高 試 算 表
20X8年3月31日

借　　方	勘　定　科　目	貸　　方
2,446,490	現　金　預　金	
260,000	受　取　手　形	
988,000	売　　掛　　金	
351,000	繰　越　商　品	
5,200,000	建　　　　　物	
1,560,000	備　　　　　品	
253,500	その他有価証券	
28,000	仮　　払　　金	
	買　　掛　　金	566,000
	返　金　負　債	253,500
	借　　入　　金	468,000
	修　繕　引　当　金	1,435,000
	貸　倒　引　当　金	7,800
	建物減価償却累計額	1,404,000
	備品減価償却累計額	795,600
	資　　本　　金	3,250,000
	資　本　準　備　金	780,000
	利　益　準　備　金	715,000
	新　築　積　立　金	377,000
	繰　越　利　益　剰　余　金	119,600
	売　　　　　上	5,070,000
	固　定　資　産　売　却　益	77,500
2,808,000	仕　　　　　入	
969,010	給　　　　　料	
122,200	支　払　地　代	
312,000	保　　険　　料	
20,800	支　払　利　息	
15,319,000		15,319,000

【決算整理事項等】

1. 決算に際して当座預金の残高を確認したところ，帳簿残高と銀行の残高証明書の金額は一致していなかった。不一致の原因として，次の事実が判明した。

   (1) かねて銀行に依頼していた¥130,000の手形取立てが行われ，当座預金口座に入金されていたが，決算日までに通知が届いていなかった。

   (2) 売掛金¥39,000の回収として当座振込みがあったが，銀行からの通知がなかったため当社は未記入であった。

   (3) 買掛金¥351,000の支払いのため小切手を振り出して仕入先に渡してあったが，銀行への小切手の呈示が未だなされていなかった。

2. 受取手形および売掛金の期末残高に対して3％の貸倒れを見積もる。貸倒引当金の設定は，差額補充法による。

3. 当期中に取得したその他有価証券の決算日現在の時価は¥234,000である。全部純資産直入法により評価替えを行う。法定実効税率は30％である。

4. 商品の期末棚卸高は次のとおりである。評価損等は損益計算書上，売上原価の内訳科目として表示する。

   帳簿棚卸高数量　1,200個　　実地棚卸高数量　1,100個
   取得原価　　　　@¥260　　正味売却価額　　@¥234

5. 有形固定資産の減価償却を次のとおり行う。

   建物：耐用年数は30年，残存価額は取得原価の10％として，定額法により計算する。
   備品：償却率は年30％として，定率法により計算する。

6. 修繕引当金は¥1,651,000となるように設定する。

7. 保険料は20X7年5月1日に保険に加入した際，向こう1年分を前払いしたものである。

8. 当期にかかる確定申告において納付すべき法人税，住民税及び事業税は¥38,600である。なお，法人税，住民税及び事業税の期中納付額は仮払金として処理してある。

損 益 計 算 書

自20X7年4月1日　至20X8年3月31日　（単位：円）

I　売　　上　　高　　　　　　　　　　　　　　5,070,000
II　売　上　原　価
　1　商品期首棚卸高　　　　（　　　　　　）
　2　当期商品仕入高　　　　（　　　　　　）
　　　　　合　　計　　　　　（　　　　　　）
　3　商品期末棚卸高　　　　（　　　　　　）
　　　　　差　　引　　　　　（　　　　　　）
　4　棚　卸　減　耗　損　　（　　　　　　）
　5　商　品　評　価　損　　（　　　　　　）　（　　　　　　）
　　　　売　上　総　利　益　　　　　　　　　（　　　　　　）
III　販売費及び一般管理費
　1　給　　　　　　　料　　　969,010
　2　支　払　地　代　　　　　122,200
　3　保　　険　　料　　　　（　　　　　　）
　4　（　　　　　　　　）　（　　　　　　）
　5　貸倒引当金繰入　　　　（　　　　　　）
　6　（　　　　　　）繰入　（　　　　　　）　（　　　　　　）
　　　　営　業　利　益　　　　　　　　　　　（　　　　　　）
IV　営　業　外　費　用
　1　（　　　　　　　　）　（　　　　　　）　（　　　　　　）
　　　　経　常　利　益　　　　　　　　　　　（　　　　　　）
V　特　別　利　益
　1　（　　　　　　　　）　（　　　　　　）　（　　　　　　）
　　　　税引前当期純利益　　　　　　　　　　（　　　　　　）
　　　　法人税, 住民税及び事業税　　　　　　（　　　　　　）
　　　　当　期　純　利　益　　　　　　　　　（　　　　　　）

貸借対照表

20X8年3月31日　　　　　　　　　　　　　　（単位：円）

資　産　の　部			負　債　の　部		
I　流 動 資 産			I　流 動 負 債		
1　現金及び預金		（　　　）	1　買　　掛　　金		566,000
2　受 取 手 形	（　　　）		2　（　　　　）		（　　　）
貸 倒 引 当 金	（　　　）	（　　　）	3　（　　　）引当金		（　　　）
3　売　　掛　　金	（　　　）		4　未 払 法 人 税 等		（　　　）
貸 倒 引 当 金	（　　　）	（　　　）	流 動 負 債 合 計		（　　　）
4　商　　　　　品		（　　　）	II　固 定 負 債		
5　前 払 費 用		（　　　）	1　長 期 借 入 金		468,000
流 動 資 産 合 計		（　　　）	固 定 負 債 合 計		（　　　）
II　固 定 資 産			負 債 合 計		（　　　）
1　建　　　　　物	5,200,000		純　資　産　の　部		
減価償却累計額	（　　　）	（　　　）	I　株 主 資 本		
2　備　　　　　品	1,560,000		1　資　　本　　金		3,250,000
減価償却累計額	（　　　）	（　　　）	2　資 本 剰 余 金		
3　投 資 有 価 証 券		（　　　）	(1)　資 本 準 備 金	780,000	780,000
4　（　　　　　）		（　　　）	3　利 益 剰 余 金		
固 定 資 産 合 計		（　　　）	(1)　利 益 準 備 金	715,000	
			(2)　その他利益剰余金		
			新 築 積 立 金	377,000	
			（　　　）	（　　　）	（　　　）
			株 主 資 本 合 計		（　　　）
			II　評価・換算差額等		
			その他有価証券評価差額金	（　　　）	
			評価・換算差額等合計	（　　　）	（　　　）
			純 資 産 合 計		（　　　）
資 産 合 計		（　　　）	負債及び純資産合計		（　　　）

問題 **20-1**　（20点）

　次の各取引について仕訳しなさい。ただし，勘定科目は，設問ごとに最も適正と思われるものを選び，解答用紙の（　　）の中に記号で解答すること。なお，商品売買の記帳は３分法による。

1．20X7年６月30日に，富山商会株式会社へ不用となった事務用備品を¥240,000で売却し，代金は先方振出しの約束手形で受け取った。なお，当該備品は20X1年４月１日に¥1,200,000で取得したものであり，これまで耐用年数８年，残存価額ゼロ，定額法，間接記帳法により，適正に減価償却の処理を行ってきた。決算日は３月31日であり，当期の減価償却費は月割で計算した上で，費用計上する。

　　ア　受取手形　　イ　営業外受取手形　　ウ　備品　　エ　備品減価償却累計額

　　オ　固定資産売却益　　カ　減価償却費　　キ　固定資産売却損　　ク　固定資産除却損

2．以前，奈良商事株式会社から商品¥693,000（税抜価額）を掛けにて仕入れ，適正に記帳していたが，本日，その債務の支払いにつき，取引銀行を通じて電子債権記録機関にびわこ産業株式会社に対する電子記録債権の譲渡記録を行った。なお，商品売買取引は税抜方式で記帳しており，消費税率は10％である。

　　ア　売掛金　　イ　電子記録債権　　ウ　仮払消費税　　エ　買掛金　　オ　電子記録債務

　　カ　仮受消費税　　キ　未払金　　ク　仕入

3．６月２日に，浜松商事株式会社に商品Ａ¥498,000と商品Ｂ¥285,000を販売する契約を締結したが，代金は商品Ａと商品Ｂの両方を同社へ移転した後に請求する契約となっていた。契約締結後，商品Ａはただちに引き渡したが，商品Ｂは在庫がないので，後日引き渡すこととなった。なお，商品Ａの引渡しと商品Ｂの引渡しは，それぞれ独立した履行義務として識別し，商品Ａの引渡しについては適正に記帳している。本日（６月16日）に，同社へ商品Ｂを引き渡した。商品Ａと商品Ｂの代金に対する請求書は即日に送付している。

　　ア　繰越商品　　イ　売掛金　　ウ　契約資産　　エ　買掛金　　オ　契約負債

　　カ　返金負債　　キ　売上　　ク　仕入

4．20X9年５月31日に，商品保管用の倉庫（20X1年４月１日に取得，取得原価¥27,000,000，耐用年数25年，残存価額ゼロ，定額法，間接記帳法）と倉庫内に保管されていた商品（取得原価¥1,800,000）が火災で焼失し，総額¥20,000,000の火災保険に加入していたので，保険金を請求し適正に処理していた。本日，保険会社より，保険金¥20,000,000を支払う旨の連絡を受けた。なお，倉庫の減価償却は，これまで適正に記帳しており，火災発生時までの当期の減価償却費は月割計算する。決算日は３月31日である。

ア　未収入金　　イ　未決算　　ウ　未払金　　エ　仮受金　　オ　保険差益　　カ　仕入

キ　減価償却費　　ク　火災損失

5．以前，松本商事株式会社から依頼のあったアンケート調査に係る費用として，担当した従業員の給料￥460,000，出張旅費￥150,000および消耗品費￥35,000が発生し，仕掛品勘定に振り替えていたが，本日，調査報告書が完成したので，同社へ引き渡し，代金として￥1,300,000が普通預金口座へ振り込まれた。

ア　普通預金　　イ　仕掛品　　ウ　役務収益　　エ　役務原価　　オ　給料

カ　旅費交通費　　キ　消耗品費　　ク　開発費

	借　方　科　目	金　　額	貸　方　科　目	金　　額
1	（　　）		（　　）	
	（　　）		（　　）	
	（　　）		（　　）	
	（　　）		（　　）	
2	（　　）		（　　）	
3	（　　）		（　　）	
	（　　）		（　　）	
4	（　　）		（　　）	
	（　　）		（　　）	
5	（　　）		（　　）	
	（　　）		（　　）	

問題 20-2　（20点）

次の［資料］にもとづいて，解答用紙の株主資本等変動計算書に適切な金額を記入して完成させなさい。当会計期間は20X1年4月1日から20X2年3月31日までの1年間である。なお，純資産の部の各項目が減少している場合は，金額の前に△を付して示すこと。

［資　料］

1．20X1年4月1日時点における発行済株式総数は150,000株である。

2．20X1年6月28日に定時株主総会を開催し，剰余金の配当を次のように決定した。

①　株主への配当金について，繰越利益剰余金を財源として1株につき￥12の配当を行う。

②　上記の配当に伴う利益準備金の計上は，会社法の定めによる。

3．20X1年9月1日，新株30,000株を1株につき￥520で発行し，全額の払込みを受けた。なお，会社法が定める最低限度額を資本金に計上した。

4．20X1年12月1日，A社を吸収合併し，同社の諸資産（時価総額￥27,600,000）および諸負債（時価総額￥12,500,000）を引き継ぐとともに，合併の対価として新株28,000株（1株当たりの時価は￥550）を同社の株主へ交付した。なお，新株の交付に伴う純資産（株主資本）の増加額のうち￥9,000,000を資本金に計上し，残額はその他資本剰余金として計上した。

5．20X2年3月31日の決算整理において，その他有価証券（前期末時価¥1,477,000，当期末時価
¥1,505,000）の評価替えを行い，評価差額については税効果会計を適用した上で全部純資産直入
法により純資産に計上した。なお，法定実効税率は前期・当期とも25％である。また，その他有
価証券はすべて株式であり，当期中において売買は行われていない。

6．20X2年3月31日に決算を行い，当期純利益¥870,000を計上した。

株主資本等変動計算書
自 20X1年4月1日 至 20X2年3月31日 （単位：千円）

	株主資本			
	資本金	資本剰余金		
		資本準備金	その他資本剰余金	資本剰余金合計
当期首残高	37,500	7,500	1,750	
当期変動額				
剰余金の配当				
新株の発行				
吸収合併				
当期純利益				
株主資本以外の項目の当期変動額（純額）				
当期変動額合計				
当期末残高				

（上段から続く）

	株主資本					評価・換算差額等		純資産合計
	利益剰余金				株主資本合計	その他有価証券評価差額金	評価・換算差額等合計	
	利益準備金	その他利益剰余金		利益剰余金合計				
		別途積立金	繰越利益剰余金					
当期首残高	1,720	970	4,290			51	51	
当期変動額								
剰余金の配当								
新株の発行								
吸収合併								
当期純利益								
株主資本以外の項目の当期変動額（純額）								
当期変動額合計								
当期末残高								

問題 20-3 （20点）

　本店と支店からなる兵庫商事株式会社の次の［資料］にもとづいて，各問に答えなさい。なお，会計期間は20X1年4月1日から20X2年3月31日までの1年間である。ただし，本問では「法人税，住民税及び事業税」と税効果会計は考慮しないこととする。

［資　料］

(A)　残高試算表（本店・支店）

残　高　試　算　表

20X2年3月31日

借　　方	本　店	支　店	貸　　方	本　店	支　店
現　金　預　金	1,148,400,000	191,340,000	買　　掛　　金	177,180,000	59,200,000
売買目的有価証券	156,000,000	–	契　約　負　債	6,600,000	–
売　　掛　　金	263,100,000	99,000,000	借　　入　　金	324,000,000	–
繰　越　商　品	738,000,000	102,600,000	商品保証引当金	8,100,000	2,880,000
建　　　　物	1,080,000,000	378,000,000	貸　倒　引　当　金	1,980,000	620,000
備　　　　品	216,000,000	144,000,000	建物減価償却累計額	180,000,000	252,000,000
満期保有目的債券	97,600,000	–	備品減価償却累計額	54,000,000	32,400,000
支　　　　店	371,700,000	–	退職給付引当金	52,200,000	21,600,000
仕　　　　入	891,000,000	282,600,000	本　　　　店	–	424,680,000
支　払　地　代	168,480,000	41,400,000	資　　本　　金	1,800,000,000	–
給　　　　料	175,500,000	39,600,000	利　益　準　備　金	450,000,000	–
広　告　宣　伝　費	67,500,000	12,600,000	繰越利益剰余金	825,580,000	–
支　払　利　息	6,480,000	–	売　　　　上	1,485,000,000	492,000,000
			受　取　手　数　料	9,900,000	5,760,000
			受　取　配　当　金	4,320,000	–
			有　価　証　券　利　息	900,000	–
	5,379,760,000	1,291,140,000		5,379,760,000	1,291,140,000

(B)　未処理事項

1．本店は支店の広告宣伝費¥4,320,000を支店に代わって小切手を振り出して支払っていたが，支店ではこの取引が未記帳であった。

2．本店は支店の売掛金¥33,000,000を支店に代わって先方振り出しの小切手で回収していたが，支店ではこの取引が未記帳であった。

3．支店は本店の買掛金¥8,100,000を本店に代わって普通預金口座から支払っていたが，本店ではこの取引が未記帳であった。

4．本店は支店に仕入価格¥68,400,000の商品を発送したが，支店はこれを¥86,400,000と記帳していた。

５．本店は20X2年３月15日に，先に米国のＡ社に発送していた商品360,000ドルがＡ社に到着した旨の連絡を受けていたが，この取引が未記帳であった。なお，代金のうち60,000ドルは注文時（20X2年２月10日）に受け取った手付金（適切に記帳済み）と相殺し，残額は掛けとした。各時点の直物為替相場は次のとおりであった。20X2年２月10日：１ドル￥110，20X2年３月15日：１ドル￥112。

６．本店は20X2年３月１日に支店で使用する備品￥14,400,000を購入し，代金は月末払いとしていたが，本店ではこの取引が未記帳であった。なお，支店では当該備品が同日に納入され，すでに使用している。

(C) 決算整理事項等

１．本店の買掛金のうち￥73,450,000は650,000ドルの外貨建買掛金である。また，［資料］(B)５.の外貨建売掛金は未決済のままである。決算日の直物為替相場は１ドル￥115である。

２．本店・支店とも売掛金の期末残高に対して２％の貸倒れを見積もり，貸倒引当金は差額補充法により設定する。なお，上記１.の本店の外貨建売掛金についても同様に貸倒れを見積もる。

３．有価証券について，次の処理を行う。

(1) 売買目的有価証券は，当期に取得したものであり，当期末の時価は￥158,800,000である。

(2) 満期保有目的債券は，Ｂ社社債（額面金額￥100,000,000，発行日：20X0年４月１日，償還日：20X5年３月31日，利率：年１％，利払日：３月31日，９月30日）を@￥100当たり@￥97で発行日に購入したものである。償却原価法（定額法）で処理し，これまでも適切に処理している。

４．商品の期末棚卸高は次のとおりである（本店・支店とも，［資料］(B)４.の処理後の金額である）。売上原価は売上原価勘定で処理し，棚卸減耗損と商品評価損は売上原価の内訳科目として表示できるものは売上原価に含めて処理する。

(1) 本店

帳簿棚卸数量：360,000個，実地棚卸数量：355,000個

帳簿価額：@￥2,100，正味売却価額：@￥2,040

(2) 支店

帳簿棚卸数量：58,000個，実地棚卸数量：55,000個

帳簿価額：@￥1,900，正味売却価額：@￥1,860

５．本店・支店とも有形固定資産の減価償却を次のとおり行う。

建物：耐用年数30年，残存価額ゼロ，定額法

備品：耐用年数８年，残存価額ゼロ，200％定率法（改定償却率：0.334，保証率：0.07909）

なお，当期に購入した備品についても上記と同様の方法で処理し，月割で計算する。

６．本店・支店とも当期の売上高総額に対して１％の商品保証引当金を設定する。

７．従業員の退職以後の給付を見積もった結果，当期の負担額が本店￥18,000,000，支店￥3,600,000である。

８．給料の未払額が，本店に￥5,950,000，支店に￥1,600,000ある。

地代の前払額が，本店に￥56,160,000，支店に￥13,800,000ある。

９．支店における当期純利益（各自算定）が本店に報告された。

問1　[資料]⒝未処理事項を修正した後の支店の本店勘定の金額（本店の支店勘定と同額）を
　　　答えなさい。

　　　　支店の本店勘定の金額　　　　¥＿＿＿＿＿＿＿＿＿

問2　本店の損益勘定を完成させなさい。

損　　　　　　　　益

日	付	摘　　要	金　額	日	付	摘　　要	金　額
3	31	売 上 原 価		3	31	売　　　　上	
3	31	支 払 地 代		3	31	受 取 手 数 料	
3	31	給　　　料		3	31	受 取 配 当 金	
3	31	広 告 宣 伝 費		3	31	有 価 証 券 利 息	
3	31	支 払 利 息		3	31	（　　　　　　）	
3	31	為 替 差 損 益		3	31	支　　　店	
3	31	商品保証引当金繰入					
3	31	退 職 給 付 費 用					
3	31	貸 倒 引 当 金 繰 入					
3	31	減 価 償 却 費					
3	31	（　　　　　　）					

問3　本支店合併貸借対照表を作成した場合における次の項目の金額を答えなさい。

　⑴　売掛金の貸借対照表価額　　¥＿＿＿＿＿＿＿＿＿

　⑵　備品の貸借対照表価額　　　¥＿＿＿＿＿＿＿＿＿

　⑶　商品保証引当金の金額　　　¥＿＿＿＿＿＿＿＿＿

解 答 編

■以下の「解答編」は，取りはずしてご利用
いただくことが可能です。取りはずす場合
には，この色紙は残したまま，「解答編」
をゆっくり引き離してください。

検定簿記ワークブック
2級/商業簿記
〔解答編〕

中央経済社

問題 1-1

損 益 計 算 書

I	売 上 高		(	3,925,000)
II	売 上 原 価			
	商品期首棚卸高	(263,600)		
	当期商品仕入高	2,367,600		
	合　計	(2,631,200)		
	商品期末棚卸高	(285,400)	(	2,345,800)
	売上総利益		(	1,579,200)
III	販売費及び一般管理費			
	給　料	964,800		
	広 告 宣 伝 費	(168,200)		
	貸倒引当金繰入	(25,400)		
	減 価 償 却 費	(96,200)		
	保 険 料	(28,000)	(	1,282,600)
	営 業 利 益		(	296,600)
IV	営業外収益			
	受 取 利 息		(	47,500)
V	営業外費用			
	支 払 利 息			30,000
	経 常 利 益		(	314,100)
VI	特別利益			
	固定資産売却益		(	36,000)
	当期純利益		(	350,100)

貸借対照表

資産の部			負債の部	
I　流動資産			**I　流動負債**	
現　　　　金		258,600	支 払 手 形	246,100
当 座 預 金		943,200	買 　掛 　金	324,800
受 取 手 形	(350,000)		未 　払 　金	160,000
貸 倒 引 当 金	(7,000)	(343,000)	未 払 費 用	13,500
売 　掛 　金	(1,250,000)		流動負債合計	(744,400)
貸 倒 引 当 金	(25,000)	(1,225,000)	**II　固定負債**	
貸 　付 　金		(376,200)	長 期 借 入 金	1,000,000
商 　　　品		(285,400)	固定負債合計	(1,000,000)
前 払 費 用		16,200	負債合計	(1,744,400)
流動資産合計		(3,447,600)	**純資産の部**	
II　固定資産			**I　株主資本**	
有形固定資産			資 　本 　金	4,174,300
建 　　　物	2,000,000		繰越利益剰余金	(350,100)
減価償却累計額	(360,000)	(1,640,000)	純資産合計	(4,524,400)
備 　　　品	500,000			
減価償却累計額	(164,200)	(335,800)		
土 　　　地		845,400		
固定資産合計		(2,821,200)		
資産合計		(6,268,800)	負債及び純資産合計	(6,268,800)

解説

1　売上原価は，期首商品棚卸高に当期商品仕入高を加え，期末商品棚卸高を差し引いて求められますので，この関係を用いて期首商品棚卸高を推定します。

2　貸倒引当金と減価償却累計額は，科目ごとに控除形式で表示します。

第2章
現金預金と債権の譲渡

問題 2-1

銀行勘定調整表

当社の当座預金勘定残高		(490,000)	銀行の残高証明書残高		(491,000)
（加算） [②]		(28,000)	（加算） [⑤]		(40,000)
（減算） [①]	(3,000)		（減算） [④]		(31,000)
[③]	(15,000)	(18,000)			
		(500,000)			(500,000)

	借方科目	金額	貸方科目	金額
①	支払手数料	3,000	当座預金	3,000
②	当座預金	28,000	売掛金	28,000
③	水道光熱費	15,000	当座預金	15,000
④	仕訳なし			
⑤	仕訳なし			

解説

本問の形式の銀行勘定調整表を作成する際には，「当社の当座預金勘定残高」に加減算される項目が，修正仕訳の対象になります。①は誤記入であり，②③が当社における未記入項目です。

問題 2−2

	借方科目	金額	貸方科目	金額
(1)①	当座預金	30,000	現金	30,000
②	当座預金	79,000	受取手形	79,000
(2)	当座預金	6,000	買掛金	6,000

解説

(2) 振り出した小切手が銀行に未呈示であった場合には，当社においてはすでに勘定記入済みであるため，仕訳の必要はありません。

問題 2−3

問1　銀行勘定調整表

銀行勘定調整表

当社の当座預金勘定の残高			(	620,000)
(加算) [①]	(	35,000)		
[②]	(	56,000)		
[④]	(	20,000)	(	111,000)
(減算) [③]			(	40,000)
銀行の残高証明書の残高			(	691,000)

問2　決算時に必要な仕訳

	借方科目	金額	貸方科目	金額
①	仕訳なし			
②	当座預金	56,000	貸付金	56,000
③	仕訳なし			
④	当座預金	20,000	支払手数料	20,000

解説

問1の銀行勘定調整表を作成するには，当社の当座預金勘定の残高から出発して「銀行のみ受入れ記入および企業のみ引出し記入」を加算し，「銀行のみ引出し記入および企業のみ受入れ記入」を減算して，銀行の残高証明書の残高に至ります。

	借 方 科 目	金 額	貸 方 科 目	金 額
(1)	クレジット売掛金 支 払 手 数 料	147,000 3,000	売　　　　上	150,000
(2)	当 座 預 金 売 　掛 　金	50,000 150,000	売　　　　上	200,000
(3)	当 座 預 金	147,000	クレジット売掛金	147,000
(4)	現　　　　金 売 　掛 　金	200,000 500,000	売　　　　上	700,000
(5)	普 通 預 金 債 権 売 却 損	470,000 30,000	売 　掛 　金	500,000

解説

(1) 問題文の指示により，売上と同時に手数料を計上します。

　　支払手数料＝¥150,000×2％＝¥3,000

　　売上代金から信販会社への手数料を差し引いた金額がクレジット売掛金の金額となります。

(5) 譲渡する債権の金額と売却額（振り込まれた金額）との差額は，債権売却損勘定で処理します。

第3章
手 形

問題 3-1

	借 方 科 目	金 額	貸 方 科 目	金 額
(1)	仕　　　　入	920,000	受 取 手 形 支 払 手 形	600,000 320,000
(2)	車 両 運 搬 具	5,500,000	当 座 預 金 営業外支払手形 現　　　　金	1,200,000 4,000,000 300,000
(3)	営業外支払手形	4,000,000	当 座 預 金	4,000,000
(4)	備品減価償却累計額 現　　　　金 営業外受取手形 固定資産売却損	1,920,000 200,000 700,000 180,000	備　　　　品	3,000,000
(5)	不 渡 手 形	700,000	営業外受取手形	700,000
(6)	当 座 預 金 手 形 売 却 損	597,000 3,000	受 取 手 形	600,000
(7)	買 　掛 　金	500,000	受 取 手 形	500,000
(8)	当 座 預 金 手 形 売 却 損	697,200 2,800	受 取 手 形	700,000

(2)　約束手形を商品仕入・買掛金支払い以外の取引のために振り出した場合には，営業外支払手形勘定を用います。

(4)　商品の売上・売掛金回収以外の取引によって相手方振出しの約束手形を受け取った場合には，営業外受取手形勘定を用います。

(6)　手形売却損は次のように計算します。

$$手形売却損 = ¥600,000 × 3.65\% × \frac{50日}{365日} = ¥3,000$$

(8)　手形売却損は次のように計算します。

$$手形売却損 = ¥700,000 × 7.3\% × \frac{20日}{365日} = ¥2,800$$

問題 3-2

	借　方　科　目	金　　額	貸　方　科　目	金　　額
(1)	支　払　手　形 支　払　利　息	400,000 9,000	支　払　手　形 現　　　　金	400,000 9,000
(2)	受　取　手　形	758,000	受　取　手　形 受　取　利　息	750,000 8,000

解説

手形の更改にあたって発生する遅延利息について

(1)　現金で授受しているので新手形の金額に含めません。

(2)　更改時に現金の授受がなく，問題文の指示により新手形の金額に含めます。

問題 3-3

	借　方　科　目	金　　額	貸　方　科　目	金　　額
(1)	不　渡　手　形	456,000	受　取　手　形 現　　　　金	450,000 6,000
(2)	当　座　預　金	458,000	不　渡　手　形 受　取　利　息	456,000 2,000

解説

(1)　償還請求にかかった諸費用も請求額に加えて不渡手形勘定の金額とします。

問題 3-4

	借　方　科　目	金　　額	貸　方　科　目	金　　額
(1)	不　渡　手　形	707,000	当　座　預　金	707,000
(2)	不　渡　手　形	454,000	当　座　預　金	454,000

解説

裏書・割引した約束手形が不渡りとなり遡求を受けて支払った金額を不渡手形勘定の借方に記入します。

	借 方 科 目	金 額	貸 方 科 目	金 額
(1)	仕　　　　入	605,000	受 取 手 形 支 払 手 形 現　　　　金	400,000 200,000 5,000
(2)	不 渡 手 形	413,000	当 座 預 金 現　　　　金	405,000 8,000
(3)	現　　　　金 貸 倒 損 失	200,000 213,000	不 渡 手 形	413,000

解説

(2) 裏書した約束手形が不渡りとなり遡求を受けて支払った金額を不渡手形勘定の借方に記入します。さらに，別に償還手続にかかった諸費用についても不渡手形勘定に含めます。

(3) 当該債権については貸倒引当金が設定されていないので，回収不能と判断した金額については貸倒損失勘定を用いて処理します。

	借 方 科 目	金 額	貸 方 科 目	金 額
(1)	買 掛 金	160,000	電 子 記 録 債 務	160,000
(2)	電 子 記 録 債 務	250,000	当 座 預 金	250,000
(3)	電 子 記 録 債 権	210,000	売 掛 金	210,000
(4)	当 座 預 金	150,000	電 子 記 録 債 権	150,000
(5)	買 掛 金	90,000	電 子 記 録 債 権	90,000
(6)	当 座 預 金 電子記録債権売却損	336,600 3,400	電 子 記 録 債 権	340,000
(7)	未 払 金	480,000	営業外電子記録債務	480,000
(8)	営業外電子記録債権	1,500,000	未 収 入 金	1,500,000

解説

受取手形・支払手形の債権・債務と同様に考えます。(1)は債務の発生記録を行うことにより電子記録債務勘定への貸方記入，(3)は債権の発生記録の通知を受けて電子記録債権勘定への借方記入，(2)(4)は債権・債務の決済になります。(5)は電子記録債権の譲渡，(6)は電子記録債権の割引であり，電子記録債権勘定の貸方に記入します。(7)(8)は商品売買以外の取引で生じた債権・債務を電子化するので，営業外電子記録債権勘定・営業外電子記録債務勘定を用います。

第4章 有価証券

問題 4-1

	借 方 科 目	金 額	貸 方 科 目	金 額
(1)	未 収 入 金	2,760,000	売買目的有価証券	2,490,000
			有価証券売却益	270,000
(2)	普 通 預 金	450,000	売買目的有価証券	410,000
			有価証券売却益	40,000

解説

(1) 売却した株式の1株当たりの帳簿単価は総平均法によって計算されます。

$$帳簿単価 = \frac{7,000株 \times @¥400 + 3,000株 \times @¥450}{7,000株 + 3,000株} = @¥415$$

(2) 1回目に購入した売買目的有価証券は前期末に時価評価されますが，洗替処理を行っているので期首に前期末の決算修正仕訳の振り戻し処理を行っています。したがって，1回目に購入した売買目的有価証券の単価は取得原価の¥200です。総平均法による帳簿単価は次のとおりです。

$$帳簿単価 = \frac{3,000株 \times @¥200 + 1,000株 \times @¥220}{3,000株 + 1,000株} = @¥205$$

問題 4-2

	借 方 科 目	金 額	貸 方 科 目	金 額
(1)	売買目的有価証券	5,712,000	当 座 預 金	5,808,000
	有価証券利息	96,000		
(2)	当 座 預 金	219,000	有価証券利息	219,000
(3)	売買目的有価証券	3,888,000	当 座 預 金	3,960,000
	有価証券利息	72,000		
(4)	当 座 預 金	2,008,000	売買目的有価証券	1,944,000
			有価証券売却益	36,000
			有価証券利息	28,000

解説

(1) 端数利息は次のように計算します。

$$端数利息 = ¥6,000,000 \times 7.3\% \times \frac{80日（10月1日〜12月19日）}{365日} = ¥96,000$$

直前の利払日の翌日（10月1日）から売買日（12月19日）までの80日分の利息を端数利息として支払います。

(2) 有価証券利息の金額 $= ¥6,000,000 \times 7.3\% \times \frac{6カ月}{12カ月} = ¥219,000$

1年間の利息額を6カ月ごとに分けて受け取ります。

(3) 端数利息 $= ¥4,000,000 \times 7.3\% \times \frac{90日（4月1日〜6月29日）}{365日} = ¥72,000$

(4) 端数利息 $= ¥2,000,000 \times 7.3\% \times \frac{70日（10月1日〜12月9日）}{365日} = ¥28,000$

直前の利払日の翌日（10月1日）から売買日（12月9日）までの70日分の利息を端数利息として受け取ります。

$$有価証券売却益＝有価証券の売却価額\left(＝¥2,000,000×\frac{¥99}{¥100}\right)$$

$$－有価証券の帳簿価額\left(＝¥3,888,000×\frac{¥2,000,000}{¥4,000,000}\right)$$

$$＝売却価額¥1,980,000－帳簿価額¥1,944,000＝¥36,000$$

問題 4－3

	借 方 科 目	金 額	貸 方 科 目	金 額
(1)	売買目的有価証券	30,000	有価証券評価損益	30,000
(2)①	売買目的有価証券	60,000	有価証券評価損益	60,000
②	有価証券評価損益	60,000	売買目的有価証券	60,000

解説

洗替処理を採用する場合には，翌期首において売買目的有価証券を取得原価に戻します。

問題 4－4

	借 方 科 目	金 額	貸 方 科 目	金 額
(1)	満期保有目的債券	1,940,000	当 座 預 金	1,940,000
(2)	現 金	50,000	有 価 証 券 利 息	50,000
(3)	現 金	50,000	有 価 証 券 利 息	50,000
	満期保有目的債券	20,000	有 価 証 券 利 息	20,000

解説

(3) 償却原価法による償却額は次のように計算します。

$$償却額＝¥2,000,000×\frac{¥100－¥97}{¥100}×\frac{12カ月（当該年度の月数）}{36カ月（取得から満期日までの月数）}＝¥20,000$$

問題 4－5

	借 方 科 目	金 額	貸 方 科 目	金 額
(1)	満期保有目的債券	2,916,000	当 座 預 金	2,928,000
	有 価 証 券 利 息	12,000		
(2)	現 金	30,000	有 価 証 券 利 息	30,000
(3)	満期保有目的債券	14,700	有 価 証 券 利 息	14,700
	未収有価証券利息	15,000	有 価 証 券 利 息	15,000

解説

(1) 満期保有目的債券の取得価額 $＝¥3,000,000×\dfrac{¥97.2}{¥100}＝¥2,916,000$

端数利息 $＝¥3,000,000×2％×\dfrac{73日（7月1日～9月11日）}{365日}＝¥12,000$

(2) 期限の到来した社債利札は現金として処理します。

有価証券利息：$¥3,000,000 × 2\% × \dfrac{6 \text{カ月}}{12 \text{カ月}} = ¥30,000$

(3) 当該社債を取得した月から償還日までの月数は40カ月（20X1年9月から20X4年12月）です。取得した月から20X2年3月31日決算までの月数は7カ月です。

満期保有目的債券の増加額 $= ¥3,000,000 × \dfrac{¥100 - ¥97.2}{¥100} × \dfrac{7 \text{カ月}}{40 \text{カ月}} = ¥14,700$

また，有価証券利息の未収分（20X2年1月1日から20X2年3月31日の3カ月分）を処理します。

未収有価証券利息の金額 $= ¥3,000,000 × 2\% × \dfrac{3 \text{カ月}}{12 \text{カ月}} = ¥15,000$

問題 4-6

	借 方 科 目	金 額	貸 方 科 目	金 額
(1)	その他有価証券	4,200,000	当 座 預 金	4,200,000
(2)	その他有価証券評価差額金	300,000	その他有価証券	300,000
(3)	その他有価証券	300,000	その他有価証券評価差額金	300,000
(4)	その他有価証券	150,000	その他有価証券評価差額金	150,000
(5)	その他有価証券評価差額金	150,000	その他有価証券	150,000

解説
(2) 時価が帳簿価額を下回っているので，その他有価証券評価差額金の借方に記入します。
(3) 洗替処理により，帳簿価額を取得原価に戻します。
(4) 時価が帳簿価額（取得原価の¥4,200,000）を上回っているので，その他有価証券評価差額金の貸方に記入します。

問題 4-7

問1

借 方 科 目	金 額	貸 方 科 目	金 額
売買目的有価証券	1,500	有価証券評価損益	1,500
その他有価証券評価差額金	2,000	その他有価証券	2,000

問2

借 方 科 目	金 額	貸 方 科 目	金 額
その他有価証券	2,000	その他有価証券評価差額金	2,000

問3

いずれか一方に○をつけること	金 額
（売却損）　　売却益	1,000円

問4

借 方 科 目	金 額	貸 方 科 目	金 額
有価証券評価損益	3,500	売買目的有価証券	3,500
その他有価証券	1,000	その他有価証券評 価 差 額 金	1,000

解説

問1 C社株式は子会社株式なので，取得原価で評価します。

問2 売買目的有価証券については切放処理によるため，期首については処理がありません。

問3 売買目的有価証券の売却時の帳簿価額は，前期末の時価になります（切放処理）。したがって，売却価額￥28,000と帳簿価額￥29,000の差額が売却損となります。

問4 売買目的有価証券（B社株式）については，切放処理を行っているため，前期末の時価と当期末の時価の差額で，有価証券評価損益を把握します。

その他有価証券（D社株式・E社株式）については，洗替処理されるため，前期末の簿価と当期末の時価の差額で，その他有価証券評価差額金を把握します。

第5章
その他の債権・債務

問題 5−1

	借 方 科 目	金 額	貸 方 科 目	金 額
(1)	保 証 債 務 見 返	800,000	保 証 債 務	800,000
(2)	未 収 入 金	806,400	当 座 預 金	806,400
	保 証 債 務	800,000	保 証 債 務 見 返	800,000
(3)	保 証 債 務	500,000	保 証 債 務 見 返	500,000

解説

(2) 偶発債務が確定して債務者に代わって支払いを行った場合には，債務者に対して債権として請求することができます。この債権を未収入金で処理します。支払った延滞利息も請求できるので，未収入金勘定に含めます。

問題 5−2

	借 方 科 目	金 額	貸 方 科 目	金 額
(1)	建物減価償却累計額	6,300,000	建 物	9,000,000
	未 決 算	3,500,000	仕 入	800,000
(2)	未 収 入 金	3,000,000	未 決 算	3,500,000
	火 災 損 失	500,000		
(3)	車両運搬具減価償却累計額	2,000,000	車 両 運 搬 具	4,000,000
	減 価 償 却 費	250,000		
	未 決 算	1,750,000		
(4)	未 収 入 金	1,800,000	未 決 算	1,750,000
			保 険 差 益	50,000

解説

(1) 資産が焼失した時点では，建物勘定，建物減価償却累計額勘定および仕入勘定（繰越商品勘定とするこ

ともあります）から焼失部分に係る金額を消去し，未決算勘定を計上します。

(2) 確定した保険金額は未収入金とし，「保険金額＜未決算勘定の額」なので，差額を火災損失勘定で処理します。

(3) まず，20X5年4月1日期首時点の減価償却累計額を求めます。

$$20X5年4月1日期首の減価償却累計額 ＝（¥4,000,000－¥0）× \frac{4年}{8年} ＝ ¥2,000,000$$

次に，20X5年4月1日〜20X5年9月30日までの6カ月間の減価償却費を求めます。

$$6カ月間の減価償却費 ＝（¥4,000,000－¥0）× \frac{1年}{8年} × \frac{6カ月}{12カ月} ＝ ¥250,000$$

焼失した際に，車両運搬具の取得原価を貸方記入し，期首の減価償却累計額と当該期間の減価償却費を借方記入し，差額を未決算勘定とします。

別解として20X5年4月1日から9月30日までの6カ月間の減価償却費の借方計上と減価償却累計額の貸方計上をいったん行い，これを含めた減価償却累計額を借方に計上する方法もあります。

（借） 減 価 償 却 費	250,000	（貸） 車両運搬具減価償却累計額	250,000	
（借） 車両運搬具減価償却累計額	2,250,000	（貸） 車 両 運 搬 具	4,000,000	
未 決 算	1,750,000			

(4) 「保険金額＞未決算の額」なので，差額を保険差益勘定で処理します。

第6章 商品売買

問題 6-1

	借 方 科 目	金　　額	貸 方 科 目	金　　額
(1)	仕　　　入	1,000	買 　掛　 金	1,000
(2)	買 　掛　 金	500	仕　　　入	500
(3)	現　　　金 売 　掛　 金	500 7,000	売　　　上	7,500
(4)	売　　　上	300	売 　掛　 金	300

問題 6-2

問(1)

借 方 科 目	金　　額	貸 方 科 目	金　　額
仕　　　入	90,000	繰 越 商 品	90,000
繰 越 商 品	86,000	仕　　　入	86,000

仕　　入

諸　　口	850,000	3/31 繰越商品	86,000
3/31 繰越商品	90,000	〃 損　益	854,000
	940,000		940,000

繰 越 商 品

4/ 1 前期繰越	90,000	3/31 仕　入	90,000
3/31 仕　入	86,000	〃 次期繰越	86,000
	176,000		176,000

問(2)

借　方　科　目	金　　額	貸　方　科　目	金　　額
売　上　原　価	90,000	繰　越　商　品	90,000
売　上　原　価	850,000	仕　　　　入	850,000
繰　越　商　品	86,000	売　上　原　価	86,000

仕　　入		売　上　原　価	
諸　　口 850,000	3/31 売上原価 850,000	3/31 繰越商品　90,000	3/31 繰越商品　86,000
		〃 仕　入 850,000	〃 損　益 854,000
		940,000	940,000

繰 越 商 品	
4/ 1 前期繰越　90,000	3/31 売上原価　90,000
3/31 売上原価　86,000	〃 **次期繰越　86,000**
176,000	176,000

問題 6−3

	借　方　科　目	金　　額	貸　方　科　目	金　　額
(1)	商　　　　　品	3,000	買　　掛　　金	3,000
(2)	売　　掛　　金	2,400	売　　　　上	2,400
	売　上　原　価	1,600	商　　　　品	1,600
(3)	仕　訳　な　し			

解説

(1) 販売のつど売上原価勘定に振り替える方法では，商品を仕入れた際は，商品という資産が増加したと考えて仕訳します。

(2) この方法のもとでは，商品を売り上げた際は，売上という収益を計上するとともに，売上原価部分を商品勘定から売上原価勘定に振り替えて，収益と同時に費用も計上します。

(3) この方法のもとでは，すでに売上原価は計上済みのため，決算時に決算整理仕訳を行う必要はありません。

問題 6−4

①	83,000	②	30,000	③	90,000	④	買掛金
⑤	50,000	⑥	売上原価	⑦	商品	⑧	41,000

解説

① (2)4月9日の商品勘定借方より推定

② (2)1月1日の商品勘定借方より推定

③ (1)3月3日の仕入勘定借方より推定

④ (1)2月4日の仕入勘定貸方より推定

⑤ (2)4月4日の売上原価勘定借方より推定

⑥～⑧ (2)5月7日の商品勘定貸方および売上原価勘定借方より推定

問題 6-5

問(1) 先入先出法

① 商品有高帳

商 品 有 高 帳

20X1年		摘　要	受　入			払　出			残　高		
			数量	単価	金　額	数量	単価	金　額	数量	単価	金　額
3	1	前 月 繰 越	500	60	30,000				500	60	30,000
	6	仕　　入	500	50	25,000				500	50	25,000
	9	売　　上				500	60	30,000			
						100	50	5,000	400	50	20,000
	15	仕　　入	1,600	50	80,000				2,000	50	100,000
	20	売　　上				1,500	50	75,000	500	50	25,000
	25	仕　　入	500	56	28,000				500	56	28,000
	28	売　　上				500	50	25,000			
						200	56	11,200	300	56	16,800
	31	**次 月 繰 越**				**300**	**56**	**16,800**			
			3,100		163,000	3,100		163,000			
4	1	前 月 繰 越	300	56	16,800				300	56	16,800

② 売上原価　　　　　　　　¥　　　146,200
③ ３月末の商品棚卸高　　　¥　　　16,800
④ 売上総利益　　　　　　　¥　　　162,800

問(2) 移動平均法

① 商品有高帳

商 品 有 高 帳

20X1年		摘　要	受　入			払　出			残　高		
			数量	単価	金　額	数量	単価	金　額	数量	単価	金　額
3	1	前 月 繰 越	500	60	30,000				500	60	30,000
	6	仕　　入	500	50	25,000				1,000	55	55,000
	9	売　　上				600	55	33,000	400	55	22,000
	15	仕　　入	1,600	50	80,000				2,000	51	102,000
	20	売　　上				1,500	51	76,500	500	51	25,500
	25	仕　　入	500	56	28,000				1,000	53.5	53,500
	28	売　　上				700	53.5	37,450	300	53.5	16,050
	31	**次 月 繰 越**				**300**	**53.5**	**16,050**			
			3,100		163,000	3,100		163,000			
4	1	前 月 繰 越	300	53.5	16,050				300	53.5	16,050

② 売上原価　　　　　　　　¥　　　146,950
③ ３月末の商品棚卸高　　　¥　　　16,050
④ 売上総利益　　　　　　　¥　　　162,050

解説

問(1)　先入先出法による場合，先に仕入れた商品から順に払い出して払出単価を決定します。複数の単価が
　　　ある場合には，カッコでくくります。また，商品有高帳はすべて原価で記入するので，売価を用いては
　　　なりません。売上原価は払出欄の金額を合計して¥146,200と求められ，残りが月末の商品棚卸高とな

ります。売上高は¥309,000ですので，売上原価との差額で売上総利益が算定されます。

問(2)　移動平均法による場合の平均単価は次のとおりとなります。

①　1回目の仕入（3/6）時＝（¥30,000＋¥25,000）÷（500個＋500個）＝@¥55

②　2回目の仕入（3/15）時＝（¥22,000＋¥80,000）÷（400個＋1,600個）＝@¥51

③　3回目の仕入（3/25）時＝（¥25,500＋¥28,000）÷（500個＋500個）＝@¥53.5

　　　売上原価，月末の商品棚卸高，および売上総利益の算定方法は，先入先出法の場合と同じです。

　なお，商品有高帳の次月繰越およびその単価と金額は赤で記入することになっていますが，ここでは太字で示しています。

問題 6-6

①　商品有高帳

商　品　有　高　帳　　　　　　　　　　　　　　　　　　　　総平均法

20X1年		摘　　要	受　　入			払　　出			残　　高		
			数量	単価	金　額	数量	単価	金　額	数量	単価	金　額
5	1	前 月 繰 越	100	188	18,800				100	188	18,800
	5	仕　　入	140	200	28,000				240		
	10	売　　上				150			90		
	14	仕　　入	100	180	18,000				190		
	21	売　　上				120			70		
	24	売　　上				30			40		
	27	仕　　入	160	220	35,200				200		
	30	売　　上				180			20		
	31	**次 月 繰 越**				**20**	**200**	**4,000**			
			500			500					
6	1	前 月 繰 越	20	200	4,000				20	200	4,000

②　売上原価　　　　　　¥　　96,000

③　5月末の商品棚卸高　¥　　4,000

④　売上総利益　　　　　¥　　48,450

解説

　総平均法による場合，受入欄は数量，単価および金額を記入しますが，払出欄および残高欄は数量のみ記入し，月末に総平均単価を算定し，これを払出単価および月末商品の単価に用います。

　　　総平均単価＝（¥18,800＋¥28,000＋¥18,000＋¥35,200）÷（100個＋140個＋100個＋160個）＝@¥200

と求められますので，売上原価は，@¥200×480個＝¥96,000，月末の商品棚卸高は，@¥200×20個＝¥4,000となります。また，売上高は¥144,450ですので，売上総利益は売上高から売上原価を差し引いて¥48,450となります。

　なお，商品有高帳の次月繰越およびその単価と金額は赤で記入することになっていますが，ここでは太字で示しています。

	借 方 科 目	金 額	貸 方 科 目	金 額
(1)	仕　　　　入	500,000	買　　掛　　金	500,000
(2)	買　　掛　　金	500,000	仕　　　　入	15,000
			当　座　預　金	485,000

問題 **6-8**

	借 方 科 目	金 額	貸 方 科 目	金 額
(1)	契　約　資　産	300,000	売　　　　上	300,000
(2)	売　　掛　　金	750,000	売　　　　上	450,000
			契　約　資　産	300,000
(3)	現　　　　金	24,000	契　約　負　債	24,000
(4)	契　約　負　債	24,000	売　　　　上	240,000
	売　　掛　　金	216,000		

[解説]

(1) 商品Bについてはまだ引渡しがされていないので，履行義務を充足していません。したがって，まだ代金を請求することができないため，売掛金を計上しません。そこで，商品Aについて契約資産という資産を用いて処理するとともに，同額だけ売上を計上します。

(2) 商品Bを引き渡すことにより履行義務が充足されたので，商品Aおよび商品Bの代金を請求できます。商品Bに関する売上を計上するとともに，(1)で計上した契約資産を売掛金に振り替えます。

(3) 顧客から商品売買の代金の一部を手付金として受け取った場合には，契約負債として処理します。勘定科目として，前受金のみが指定されている場合は前受金とします。

(4) 商品を引き渡すという履行義務を充足したので，契約負債を減少させ売上を計上します。

問題 **6-9**

	借 方 科 目	金 額	貸 方 科 目	金 額
(1)	当　座　預　金	9,360,000	売　　　　上	9,000,000
			契　約　負　債	360,000
(2)	契　約　負　債	150,000	役　務　収　益	150,000

[解説]

(1) 履行義務のうち，大型コンピューターの引渡しについては行われているので売上を計上しますが，サポートサービスについては引渡しから向こう1年間にわたって行われるため収益として認識せず，サポートサービスの対価を契約負債とします。その後，契約負債については時の経過に応じて月割りで収益を計上します。なお，サービス業の具体的な会計処理は第9章で学習します。

(2) 月割計算の指示に基づいて，契約負債から収益（役務収益）に振り替えます。

　　¥360,000 × 5カ月 ÷ 12カ月 = ¥150,000

	借 方 科 目	金 額	貸 方 科 目	金 額
(1)	売 掛 金	480,000	売 上	360,000
			返 金 負 債	120,000
(2)	売 掛 金	720,000	売 上	540,000
			返 金 負 債	180,000
	返 金 負 債	300,000	未 払 金	300,000
(3)	未 払 金	300,000	普 通 預 金	300,000

解説

(1) 契約で定められたリベートの条件が達成される可能性は高いと見込まれているため，たとえ1個当たり¥800で販売していても25％にあたる¥200は収益として認識せず，返金負債として計上します。

(2) 上記(1)と同様に売上ならびに返金負債を計上しますが，この時点で条件が達成されリベートを支払うことが確定したため，返金負債を未払金に振り替えます。

(3) 振込にともない，未払金を減少させます。

借 方 科 目	金 額	貸 方 科 目	金 額
仕 入	200,000	繰 越 商 品	200,000
繰 越 商 品	270,000	仕 入	270,000
棚 卸 減 耗 損	27,000	繰 越 商 品	40,500
商 品 評 価 損	13,500		
仕 入	40,500	棚 卸 減 耗 損	27,000
		商 品 評 価 損	13,500

解説

棚卸減耗損と商品評価損は，次のように縦軸に金額，横軸に数量を取った図を用いて計算するとよいです。

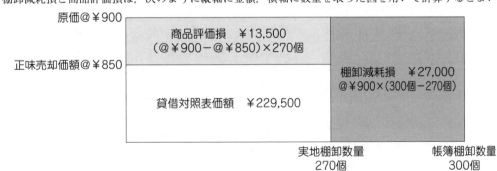

17

問題 6-12

損 益 計 算 書

Ⅰ 売 上 高		(1,890,000)
Ⅱ 売 上 原 価		
1．商品期首棚卸高	(300,000)	
2．当期商品仕入高	(1,200,000)	
合　計	(1,500,000)	
3．商品期末棚卸高	(300,000)	
差　引	(1,200,000)	
4．棚卸減耗損	(21,000)	
5．商品評価損	(23,250)	(1,244,250)
売上総利益		(645,750)

解説

- 売上高：売価@¥900×当期販売数量2,100個(商品期首数量600個＋当期商品仕入数量2,000個
  －商品期末帳簿棚卸数量500個)＝¥1,890,000
- 商品期末棚卸高：原価@¥600×商品期末帳簿棚卸数量500個＝¥300,000
- 棚卸減耗損：原価@¥600×(商品期末帳簿棚卸数量500個－商品期末実地棚卸数量465個)＝¥21,000
- 商品評価損：(原価@¥600－正味売却価額@¥550)×商品期末実地棚卸数量465個＝¥23,250

第 7 章
固定資産

問題 7-1

	借 方 科 目	金　額	貸 方 科 目	金　額
(1)	車 両 運 搬 具	4,500,000	当 座 預 金	2,700,000
			未　払　金	1,800,000
(2)①	建 設 仮 勘 定	12,000,000	当 座 預 金	12,000,000
②	建 設 仮 勘 定	12,000,000	当 座 預 金	12,000,000
③	建　　　物	18,000,000	建 設 仮 勘 定	36,000,000
	構　築　物	12,000,000		
	機 械 装 置	6,000,000		
(3)	備　　　品	600,000	当 座 預 金	800,000
	修　繕　費	200,000		
(4)①	車 両 運 搬 具	3,600,000	営業外支払手形	3,780,000
	支 払 利 息	180,000		
②	営業外支払手形	315,000	当 座 預 金	315,000
	前 払 利 息	120,000	支 払 利 息	120,000

解説

(2)①② 完成・引渡しを受けるまでに支払った工事代金は，建設仮勘定で処理します。

(2)③ 完成・引渡しを受けて，建設仮勘定から適切な勘定に振り替えます。本問の場合，共通工事費
¥6,000,000を建物¥15,000,000，構築物¥10,000,000，機械装置¥5,000,000の工事金額の比によって，建
物に¥3,000,000，構造物に¥2,000,000，および機械装置に¥1,000,000配賦します。

(3) 支出額¥800,000のうち，問題文の指示により25%（¥200,000）を修繕費とします。

(4)① 仕入取引以外の取引で約束手形を振り出した場合には，営業外支払手形勘定を用います。利息相当分（手形額面金額－現金購入価額）については，問題文の指示に従って支払利息勘定で処理します。

(4)② 決算にあたり，購入時に支払利息勘定で処理した利息について，未経過分（8カ月分）を前払利息勘定に振り替えます。

$$前払利息の金額 = 180,000 \times \frac{8カ月}{12カ月} = 120,000$$

問題 7-2

	借　方　科　目	金　　　額	貸　方　科　目	金　　　額
(1)	減 価 償 却 費	81,000	備　　　　　品	81,000
(2)	減 価 償 却 費	320,000	備品減価償却累計額	320,000
(3)	減 価 償 却 費	486,000	機械装置減価償却累計額	486,000
(4)	減 価 償 却 費	128,000	備品減価償却累計額	128,000
(5)	減 価 償 却 費	259,200	備品減価償却累計額	259,200

解説

(1) 減価償却費の計算

当該備品については2回の減価償却を行っています。取得原価をPとすると，

$$P - \frac{P(1-0.1)}{10年} \times 2年 = 738,000$$

$$P = 900,000$$

減価償却費 = （¥900,000 － ¥90,000）÷ 10年 = 81,000

(3) 減価償却費の計算

$$減価償却費 = （¥2,700,000 － ¥270,000）\times \frac{当期採掘量20,000トン}{推定総埋蔵量100,000トン} = ¥486,000$$

(4) 200％定率法の償却率 = 定額法の償却率（1 ÷ 10年 × 100％）× 2.0 = 20％

20X2年3月31日決算時の減価償却費 = ¥800,000 × 20％ = ¥160,000

20X3年3月31日決算時の減価償却費 = （¥800,000 － ¥160,000）× 20％ = ¥128,000

(5) 20X4年3月31日決算まで減価償却費は未償却残高×償却率40％で算定し，20X4年4月1日の未償却残高は¥518,400となります。

20X5年3月31日の減価償却額について¥518,400 × 40％ ＜ 償却保証額¥2,400,000 × 0.10800となるので減価償却費は改定取得原価¥518,400 × 改定償却率0.5 = ¥259,200となります。

	借 方 科 目	金 額	貸 方 科 目	金 額
(1)	減 価 償 却 費	225,000	備 品	5,000,000
	備品減価償却累計額	1,800,000	固定資産売却益	25,000
	未 収 入 金	3,000,000		
(2)	減 価 償 却 費	240,000	車 両 運 搬 具	720,000
	固定資産売却損	80,000	当 座 預 金	3,600,000
	車 両 運 搬 具	4,000,000		
(3)	減 価 償 却 費	80,000	機 械 装 置	240,000
	貯 蔵 品	100,000		
	固定資産除却損	60,000		
(4)	減 価 償 却 費	75,000	備 品	900,000
	備品減価償却累計額	780,000		
	固定資産除却損	45,000		

解説

(1) 期首（20X5年4月1日）の備品減価償却累計額の帳簿価額は¥1,800,000となります。20X5年4月1日
～20X5年9月30日の6カ月分の減価償却を行います。

$$減価償却費 = （¥5,000,000 - ¥500,000）÷ 10年 × \frac{6カ月}{12カ月} = ¥225,000$$

(2) まず，20X1年度から20X4年度までの減価償却累計額を求めます。

（取得原価¥3,600,000 - 残存価額¥0）÷ 耐用年数5年 × 4年分 = ¥2,880,000

記帳方法は直接法であることから，20X5年度の車両運搬具の期首残高は¥720,000となります。

次に，20X5年度期首から買換え時までの減価償却費を求めます。

$$（取得原価¥3,600,000 - 残存価額¥0）÷ 耐用年数5年 × \frac{4カ月}{12カ月} = ¥240,000$$

買換え時までの減価償却費を計上したうえで，旧車両を下取り価額で売却したと考えます。

（借）減 価 償 却 費 240,000 （貸）車 両 運 搬 具 720,000
当 座 預 金 400,000
固定資産売却損 80,000

次に新車両¥4,000,000を取得の処理を行います。

（借）車 両 運 搬 具 4,000,000 （貸）当 座 預 金 4,000,000

(3) まず，機械装置勘定の20X9年1月1日期首残高を求めます。直接法が用いられているので，取得原価
から差し引く20X1年1月1日期首取得～20X8年12月31日期末までの減価償却費の累計額を求めます。

$$（¥1,200,000 - ¥0）× \frac{8年}{10年} = ¥960,000$$

したがって，機械装置勘定の20X9年1月1日の期首残高は¥240,000（¥1,200,000 - ¥960,000）となり
ます。

次に，20X9年1月1日～20X9年8月31日までの6カ月間の減価償却費を求めます。

$$8カ月間の減価償却費 = （¥1,200,000 - ¥0）× \frac{1年}{10年} × \frac{8カ月}{12カ月} = ¥80,000$$

除却により，機械装置勘定の期首残高を貸方記入し，期首から除却した日までの月数分の減価償却費を
計上します。除却した資産の処分価値を貯蔵品勘定に計上し，差額を固定資産除却損勘定で処理します。

(4) まず，前期末までの減価償却累計額を求めます。

$$（取得原価¥900,000－残存価額¥0）÷耐用年数5年×\frac{52カ月}{12カ月}=¥780,000$$

次に，20X6年度期首から除却時までの減価償却費を求めます。

$$（取得原価¥900,000－残存価額¥0）÷耐用年数5年×\frac{5カ月}{12カ月}=¥75,000$$

処分価値はないので，この備品の帳簿価額を固定資産除却損勘定で処理します。

問題 7－4

	借　方　科　目	金　　　額	貸　方　科　目	金　　　額
(1)	備　　　　　品	1,500,000	当　座　預　金	1,500,000
(2)	備　　　　　品	132,000	現　　　　　金	132,000
(3)	修　　繕　　費	30,000	現　　　　　金	30,000
(4)	備品減価償却累計額 未　収　入　金 固定資産売却損	1,056,000 500,000 76,000	備　　　　　品	1,632,000

解説

(4) 20X2年3月31日の減価償却費＝¥1,500,000×20％＝¥300,000

20X3年3月31日の減価償却費＝（¥1,500,000－¥300,000）×20％＝¥240,000

20X4年3月31日の減価償却費＝（¥1,500,000－¥540,000）×20％＝¥192,000

20X4年4月1日時点の減価償却累計額は¥732,000となります。資本的支出が¥132,000となり，未償却額は¥900,000（¥1,500,000－¥732,000＋¥132,000）となります。

20X5年3月31日の減価償却費＝¥900,000×20％＝¥180,000

20X6年3月31日の減価償却費＝（¥900,000－¥180,000）×20％＝¥144,000

問題 7－5

	借　方　科　目	金　　　額	貸　方　科　目	金　　　額
(1)	特　　許　　権	1,200,000	当　座　預　金	1,200,000
(2)	特　許　権　償　却	150,000	特　　許　　権	150,000

解説

(2) 期首に取得した特許権償却の金額¥1,200,000÷償却期間8年＝¥150,000

無形固定資産の償却額の計算では，残存価額をゼロとします。

問題 7－6

	借　方　科　目	金　　　額	貸　方　科　目	金　　　額
(1)	商　　　　　品 建　　　　　物 機　械　装　置 の　れ　ん	900,000 2,700,000 1,600,000 1,300,000	当　座　預　金	6,500,000
(2)	の　れ　ん　償　却	130,000	の　　れ　　ん	130,000

解説

(1) 譲り受けた事業の純資産額（資産合計額¥5,200,000－負債合計額¥0）と取得に要した金額¥6,500,000との差額を，のれん勘定で処理します。

(2) 償却期間の10年にわたり定額法によって規則的に償却します。

のれん償却の金額＝¥1,300,000÷10年＝¥130,000

問題 7－7

	借　方　科　目	金　　　額	貸　方　科　目	金　　　額
(1)	ソフトウェア	250,000	ソフトウェア仮勘定	250,000
(2)	ソフトウェア償却	50,000	ソフトウェア	50,000
(3)	保　　険　　料	450,000	当　座　預　金	450,000
(4)	前 払 保 険 料 長期前払保険料	150,000 250,000	保　　険　　料	400,000

解説

(1) その利用によって将来の収益獲得または費用削減が確実と認められる社内利用目的のソフトウェアを購入した場合には，ソフトウェア勘定（資産）で処理します。外部に開発を依頼して引渡し前に支払った代金は，ソフトウェア仮勘定で処理しているので，これをソフトウェア勘定に振り替えます。

(2) 問題文の指示により，利用可能期間で償却します。

(4) 支払った保険金額のうち20X2年4月1日から20X3年3月31日に対応する金額¥150,000は前払保険料勘定に振り替え，20X3年4月1日から20X4年11月30日に対応する金額¥250,000は長期前払保険料勘定に振り替えます。

問題 7－8

	借　方　科　目	金　　　額	貸　方　科　目	金　　　額
問1－①	建　　　　　物	30,000,000	建　設　仮　勘　定	30,000,000
問1－②	減 価 償 却 費	1,125,000	建物減価償却累計額	1,125,000
問2	備品減価償却累計額 減 価 償 却 費 貯　　蔵　　品 固定資産除却損	2,160,000 384,000 2,900,000 556,000	備　　　　　品	6,000,000
問3	減 価 償 却 費	1,000,000	機械装置減価償却累計額	1,000,000
問4	ソフトウェア償却	300,000	ソ　フ　ト　ウ　ェ　ア	300,000

問5

支払利息の金額	¥　120,000

問6

有形固定資産の合計金額	¥　32,625,000

解説

問1－① 工事完成前の工事代金の支払額（¥9,000,000＋¥6,000,000＋¥15,000,000＝¥30,000,000）は，建設仮勘定勘定で処理します。

問1－② 減価償却費：$¥30,000,000 \times \dfrac{1年}{20年} \times \dfrac{9カ月}{12カ月} = ¥1,125,000$

問2 当会計期間の期首の備品減価償却累計額

①20X6年4月1日から20X7年3月31日の減価償却費：¥6,000,000×20％＝¥1,200,000

②20X7年4月1日から20X8年3月31日の減価償却費：（¥6,000,000－¥1,200,000）×20％＝¥960,000

$$① + ② = ¥2,160,000$$

当会計期間の減価償却費：$(¥6,000,000 - ¥2,160,000) \times 20\% \times \dfrac{6 \, カ月}{12 \, カ月} = ¥384,000$

問3 減価償却費：$¥5,000,000 \times \dfrac{50,000 \, トン - 10,000 \, トン}{200,000 \, トン} = ¥1,000,000$

問4 購入時のソフトウェアの取得原価を次のように推定します。

20X7年8月1日に購入していることから，20X8年3月31日決算において8カ月分の償却を行っており，当期首の利用可能な残存期間は28カ月（3年×12カ月−8カ月）です。期首残高は¥700,000のため，取得原価を次のように求めます。

$$取得原価 \, x - x \times \dfrac{8 \, カ月}{3 \, 年 \times 12 \, カ月} = ¥700,000$$

$$x = ¥900,000$$

したがって，当期の償却額は次のように計算します。

$$当期の償却額 = ¥900,000 \times \dfrac{12 \, カ月}{3 \, 年 \times 12 \, カ月} = ¥300,000$$

問5 機械装置の購入時の仕訳は次のとおりです。

（借）機 械 装 置　5,000,000　（貸）営業外支払手形　5,200,000
　　　前 払 利 息※　　200,000

※　支払利息勘定で処理することもあります。

取得時に前払利息勘定で処理していた¥200,000のうち¥120,000が当期の支払利息に配分されます。

$$¥200,000 \times \dfrac{6 \, カ月（4月〜9月）}{10 \, カ月} = ¥120,000$$

問6

建　　　物	30,000,000	
減価償却累計額	1,125,000	28,875,000
機械装置	5,000,000	
減価償却累計額	1,250,000	3,750,000
有形固定資産合計		32,625,000

$$機械装置の減価償却累計額の金額 = 機械装置 ¥5,000,000 \times \dfrac{当期末時点までの採掘量50,000 \, トン}{推定総埋蔵量200,000 \, トン}$$

$$= ¥1,250,000$$

ソフトウェアは無形固定資産のため，有形固定資産には含まれません。

第8章
引当金

問題 8-1

	借 方 科 目	金 額	貸 方 科 目	金 額
(1)	貸 倒 引 当 金	192,000	受 取 手 形	192,000
	貸 倒 損 失	434,000	売 掛 金	434,000
(2)	貸 倒 引 当 金	80,000	貸 付 金	1,200,000
	貸 倒 損 失	1,120,000		
(3)	貸 倒 損 失	134,000	貸 倒 引 当 金	134,000
(4)	当 座 預 金	227,000	償却債権取立益	227,000
(5)	貸 倒 引 当 金	6,000	貸倒引当金戻入	6,000
(6)	貸倒引当金繰入	157,300	貸 倒 引 当 金	157,300

解説

(1) 保有する約束手形（受取手形）¥192,000は前期発生債権のため貸倒引当金で充当し，掛販売の代金（売掛金）は当期発生債権のため貸倒損失とします。

(2) 前期の貸付分¥400,000は，貸倒引当金の残高¥80,000までは貸倒引当金で充当し，残額と当期貸付分¥800,000（＝¥1,200,000－¥400,000）は貸倒損失とします。

(3) 貸倒引当金の残高を超えて充当することはできないため，減少する売掛金の金額と貸倒引当金の残高との差額を貸倒引当金勘定から貸倒損失勘定に振り替えます。

(4) 過年度の貸倒れ処理済債権の回収額は，償却債権取立益とされます。

(5) 貸倒引当金の設定金額は¥28,000（＝（¥1,280,000＋¥960,000)×1.25％）であるが，貸倒引当金の残高がすでにそれを超える¥34,000であるため，差額について貸倒引当金を取り崩すとともに貸倒引当金戻入を計上します。

(6) 貸倒引当金の繰入金額は以下のとおりです。

受取手形・売掛金・契約資産分：（¥500,000＋¥417,000＋¥138,000）× 4 ％－¥14,900＝¥27,300
貸付金分：¥400,000－¥270,000＝¥130,000
合計：¥27,300＋¥130,000＝¥157,300

問題 8-2

	借 方 科 目	金 額	貸 方 科 目	金 額
(1)	商品保証引当金繰入	14,400	商品保証引当金	14,400
(2)	商品保証引当金	5,200	貯 蔵 品	7,700
	商 品 保 証 費	2,500		
(3)	商品保証引当金	9,200	商品保証引当金戻入	9,200

解説

(1) ¥960,000×1.5％＝¥14,400

(2) 前期販売当期保証分については商品保証引当金勘定を充当し，当期販売当期保証分については商品保証費勘定に計上します。

(3) 保証書における保証期間が経過した商品保証引当金は取り崩します。

問題 8-3

	借　方　科　目	金　　　額	貸　方　科　目	金　　　額
(1)	賞与引当金繰入	3,650,000	賞 与 引 当 金	3,650,000
(2)	賞 与 引 当 金 賞　　　　　与	3,650,000 1,825,000	当 座 預 金 所 得 税 預 り 金 社会保険料預り金	4,653,750 273,750 547,500

解説

(1)　$¥5,475,000 \times \dfrac{4\,カ月}{6\,カ月} = ¥3,650,000$

(2)　賞与支給時における源泉所得税額¥273,750と社会保険料¥547,500は，それぞれ所得税預り金，社会保険料預り金として処理されます。

問題 8-4

	借　方　科　目	金　　　額	貸　方　科　目	金　　　額
(1)	退 職 給 付 費 用	336,000	退職給付引当金	336,000
(2)	退職給付引当金	29,000	当 座 預 金	29,000
(3)	退職給付引当金	5,240,000	当 座 預 金	5,240,000

解説

(1)　退職給付引当金を設定します。

(2)　基金に掛金を支払ったときは，退職給付引当金を取り崩します。

(3)　従業員に退職一時金を支払ったときは，退職給付引当金を取り崩します。

問題 8-5

	借　方　科　目	金　　　額	貸　方　科　目	金　　　額
(1)	修繕引当金繰入	180,000	修 繕 引 当 金	180,000
(2)	修 繕 引 当 金 修 　 繕 　 費	56,000 28,000	未 　 払 　 金	84,000
(3)	備　　　　　品 修 　 繕 　 費	98,000 42,000	当 座 預 金	140,000

解説

(1)　修繕引当金を設定します。

(2)　修繕引当金の設定分はこれを取り崩し，残額は修繕費とします。

(3)　改修代金¥140,000のうち¥98,000（＝¥140,000×70％）は資本的支出に当たるため，備品の簿価に加算し，残額は修繕費とします。

問題 9−1

	借方科目	金額	貸方科目	金額
(1)①	仕　掛　品	360,000	給　　　　料	200,000
			消　耗　品　費	150,000
			水　道　光　熱　費	10,000
	当　座　預　金	200,000	契　約　負　債	200,000
②	契　約　負　債	200,000	役　務　収　益	700,000
	当　座　預　金	500,000		
	役　務　原　価	360,000	仕　掛　品	360,000
(2)①	当　座　預　金	1,600,000	契　約　負　債	1,600,000
②	仕　掛　品	1,700,000	給　　　　料	1,100,000
			通　信　費	80,000
			水　道　光　熱　費	290,000
			消　耗　品　費	230,000
③	契　約　負　債	800,000	役　務　収　益	800,000
	役　務　原　価	340,000	仕　掛　品	340,000

解説

(1)① 役務収益の計上よりも前に発生したサービス提供にともなう諸費用については，これをいったん仕掛品勘定に振り替えます。サービス提供前に受け取った対価については，サービス提供はまだ行われていないので，収益を認識せずに契約負債勘定で処理します。

② サービス提供がなされているので，契約額を役務収益として認識するとともに，仕掛品勘定から役務原価勘定に振り替えます。

(2)① 代金の一部を手付金として受け取ったときは，契約負債勘定で処理します。

② サービス提供にともなう諸費用については，これをいったん仕掛品勘定に振り替えます。

③ サービス提供が20％なされたので，契約額の20％分である¥800,000を役務収益として認識します。また，仕掛品勘定から¥340,000（¥1,700,000×20％）を役務原価に振り替えます。

問題 9−2

	借方科目	金額	貸方科目	金額
(1)	研　究　開　発　費	1,590,000	当　座　預　金	690,000
			未　払　金	900,000
(2)	研　究　開　発　費	840,000	給　　　　料	190,000
			消　耗　品　費	350,000
			減　価　償　却　費	300,000

解説

(1) 研究開発目的に要したと把握される支出額は，固定資産の取得も含めて研究開発費勘定に記入します。

(2) 費用処理している項目のうち研究開発目的と認められるものは，研究開発費勘定に振り替えます。

問題 9-3

	借方科目	金額	貸方科目	金額
(1)①	租税公課	250,000	未払固定資産税	250,000
②	未払固定資産税	70,000	当座預金	70,000
(2)	仕　　入	535,000	買　掛　金 現　　　金	500,000 35,000

解説

(1) 固定資産税は租税公課として納税通知書が送付されてきた時点で費用計上すると同時に，その税額を未払固定資産税勘定（負債）に貸方記入します。

(2) 仕入れた商品に関する関税は，商品の取得原価に算入します。

問題 9-4

	借方科目	金額	貸方科目	金額
(1)	支払利息	10,000	未払利息	10,000
(2)①	受取利息	9,000	前受利息	9,000
②	前受利息	9,000	受取利息	9,000
③	現　　金	600,000	貸付金	600,000
(3)	現　　金	1,000,000	受取配当金	1,000,000

解説

(1) 未払利息の金額＝借入金￥500,000×年利6％×$\dfrac{4カ月}{12カ月}$＝￥10,000

(2)① 貸付時に受け取った受取利息￥600,000×6％×$\dfrac{7カ月}{12カ月}$＝￥21,000

　　うち，3カ月分が未経過ですので，次の金額を前受処理します。

　　￥21,000×$\dfrac{3カ月}{7カ月}$＝￥9,000

② 期首に再振替仕訳を行います。

(3) 配当金を受け取った場合は，受取配当金勘定（収益）に貸方記入します。また，株式配当金領収証は簿記上の現金として取り扱います。

第10章
株式会社の純資産（資本）

問題 10-1

	借方科目	金額	貸方科目	金額
(1)	当座預金	300,000,000	資本金	300,000,000
(2)	当座預金	480,000,000	資本金	480,000,000

解説

　設立時に発行しなければならない株式数は，発行可能株式総数の4分の1なので，(1)では5,000株，(2)では6,000株となります。

問題 10-2

	借 方 科 目	金 額	貸 方 科 目	金 額
(1)	当 座 預 金	50,000,000	資 本 金	25,000,000
			資 本 準 備 金	25,000,000
(2)	当 座 預 金	75,000,000	資 本 金	37,500,000
			資 本 準 備 金	37,500,000

解説
(1) 資本金への組入額は，5,000株×1/4×@¥40,000×1/2＝¥25,000,000となります。
(2) 資本金への組入額は，6,000株×1/4×@¥50,000×1/2＝¥37,500,000となります。

問題 10-3

	借 方 科 目	金 額	貸 方 科 目	金 額
(1)	別 段 預 金	32,400,000	株式申込証拠金	32,400,000
(2)	株式申込証拠金	2,400,000	別 段 預 金	2,400,000
(3)	株式申込証拠金	30,000,000	資 本 金	15,000,000
			資 本 準 備 金	15,000,000
	当 座 預 金	30,000,000	別 段 預 金	30,000,000

解説
(1) 新株に対して払い込まれた申込証拠金は，申込期日まで株式申込証拠金勘定の貸方に記入しておきます。
(2) 新株を割り当てられなかった応募者に対しては，申込証拠金を払い戻すため，株式申込証拠金勘定の借方に記入します。
(3) 資本金への組入額は，500株×@¥60,000×1/2＝¥15,000,000となります。

問題 10-4

	借 方 科 目	金 額	貸 方 科 目	金 額
(1)	当 座 預 金	37,500,000	資 本 金	18,750,000
			資 本 準 備 金	18,750,000
	創 立 費	800,000	現 金	800,000
(2)	開 業 費	2,850,000	当 座 預 金	2,850,000

解説
(1) 資本金への組入額は，3,000株×1/4×@¥50,000×1/2＝¥18,750,000となります。また，会社設立時の株式発行費用と設立のための諸費用については，創立費勘定の借方に記入します。
(2) 開業準備のための諸費用については，開業費勘定の借方に記入します。

問題 10-5

	借 方 科 目	金 額	貸 方 科 目	金 額
(1)	別 段 預 金	12,000,000	株式申込証拠金	12,000,000
	株 式 交 付 費	165,000	当 座 預 金	165,000
(2)	株式申込証拠金	12,000,000	資 本 金	6,000,000
			資 本 準 備 金	6,000,000
	当 座 預 金	12,000,000	別 段 預 金	12,000,000

(1) 会社設立後，増資を行う際に新株を発行する場合，その株式発行のための諸費用については，株式交付費勘定の借方に記入します。

(2) 資本金への組入額は，400株×@¥30,000×1/2＝¥6,000,000となります。

問題 10-6

	借 方 科 目	金 額	貸 方 科 目	金 額
(1)	損 益	2,870,000	繰越利益剰余金	2,870,000
(2)	繰越利益剰余金	471,000	損 益	471,000

解説

当期純利益は繰越利益剰余金勘定の貸方に，当期純損失は繰越利益剰余金勘定の借方に，それぞれ振り替えます。

問題 10-7

	借 方 科 目	金 額	貸 方 科 目	金 額
(1)	損 益	9,436,000	繰越利益剰余金	9,436,000
(2)	繰越利益剰余金	9,300,000	未 払 配 当 金	8,000,000
			利 益 準 備 金	800,000
			別 途 積 立 金	500,000
(3)	未 払 配 当 金	8,000,000	当 座 預 金	8,000,000

解説

(2) 配当に伴う利益準備金要積立額＝¥8,000,000×1/10＝¥800,000

　資本金の4分の1の金額¥15,000,000－資本準備金¥9,600,000－利益準備金¥3,800,000＝¥1,600,000＞利益準備金要積立額¥800,000なので，利益準備金積立額は¥800,000となります。

問題 10-8

借 方 科 目	金 額	貸 方 科 目	金 額
その他資本剰余金	53,000,000	未 払 配 当 金	125,000,000
繰越利益剰余金	109,500,000	資 本 準 備 金	3,000,000
		利 益 準 備 金	4,500,000
		別 途 積 立 金	30,000,000

解説

① 配当および別途積立金の処理

(借) その他資本剰余金　50,000,000　(貸) 未 払 配 当 金　125,000,000

　　繰 越 利 益 剰 余 金　75,000,000

(借) 繰 越 利 益 剰 余 金　30,000,000　(貸) 別 途 積 立 金　30,000,000

② 配当にともなう資本準備金，利益準備金の要積立額

資本金の4分の1の金額¥125,000,000－資本準備金¥60,000,000－利益準備金¥57,500,000＝¥7,500,000

資本準備金＝その他資本剰余金を財源とする配当額¥50,000,000×1/10＝¥5,000,000

利益準備金＝繰越利益剰余金を財源とする配当額¥75,000,000×1/10＝¥7,500,000

③ 準備金の積立ての処理

準備金が資本金の4分の1に達する場合は，各剰余金の配当財源割合に応じて準備金を積み立てるので，

準備金の積立ての処理は次のようになります。

準備金積立不足額＝資本金￥500,000,000×$\frac{1}{4}$－資本準備金￥60,000,000－利益準備金￥57,500,000＝￥7,500,000

資本準備金積立額＝資本金積立不足額￥7,500,000×

$$\frac{その他資本剰余金￥50,000,000}{その他資本剰余金￥50,000,000＋繰越利益剰余金￥75,000,000}＝￥3,000,000$$

利益準備金積立額＝資本金積立不足額￥7,500,000×

$$\frac{繰越利益剰余金￥75,000,000}{その他資本剰余金￥50,000,000＋繰越利益剰余金￥75,000,000}＝￥4,500,000$$

（借）　その他資本剰余金　　3,000,000　（貸）　資　本　準　備　金　　3,000,000
　　　　繰越利益剰余金　　4,500,000　　　　　利　益　準　備　金　　4,500,000

問題 10-9

	借　方　科　目	金　　　額	貸　方　科　目	金　　　額
(1)	繰越利益剰余金	5,780,000	損　　　　益	5,780,000
(2)	別　途　積　立　金	4,800,000	繰越利益剰余金	4,800,000

解説

(1) 当期純損失は繰越利益剰余金勘定の借方に振り替え，￥1,980,000の借方残高となってマイナスの繰越利益剰余金として欠損を表します。

(2) 別途積立金が取り崩されることにより，繰越利益剰余金勘定は￥2,820,000の貸方残高となります。

問題 10-10

	借　方　科　目	金　　　額	貸　方　科　目	金　　　額
(1)	資　本　準　備　金 利　益　準　備　金	9,000,000 8,000,000	資　　本　　金	17,000,000
(2)	その他資本剰余金 繰越利益剰余金	12,000,000 11,000,000	資　　本　　金	23,000,000
(3)	その他資本剰余金 繰越利益剰余金	750,000 660,000	資　本　準　備　金 利　益　準　備　金	750,000 660,000
(4)	資　本　準　備　金 利　益　準　備　金	7,000,000 6,000,000	その他資本剰余金 繰越利益剰余金	7,000,000 6,000,000

解説

　払込資本内の振替えや留保利益内の振替えは比較的自由に行えます。利益準備金や繰越利益剰余金は，資本金に組み入れることはできますが，繰越利益剰余金を含むその他利益剰余金を資本準備金に組み入れたり，その他資本剰余金を利益準備金に組み入れることは，資本剰余金と利益剰余金を混同することになるため，会社法では認めていません。

	借方科目	金額	貸方科目	金額
(1)	諸　資　産	14,000,000	諸　負　債	7,500,000
	の　れ　ん	1,500,000	資　本　金	8,000,000
(2)	の れ ん 償 却	150,000	の　れ　ん	150,000
(3)	当 座 預 金	1,000,000	支 払 手 形	800,000
	売　掛　金	2,000,000	借　入　金	1,000,000
	繰 越 商 品	4,500,000	資　本　金	14,000,000
	土　　　地	12,300,000	資 本 準 備 金	4,000,000
	の　れ　ん	2,000,000	その他資本剰余金	2,000,000

解説

(1) 資本金＝20,000株×@￥400＝￥8,000,000＝合併の対価

のれん＝合併の対価￥8,000,000－引き継いだ純資産の時価（￥14,000,000－￥7,500,000）＝￥1,500,000

(2) 計上したのれんを償却するときは，のれん償却勘定の借方とのれん勘定の貸方に記入します。

(3) 合併の対価＝40,000株×@￥500＝￥20,000,000

資本金＝40,000株×@￥350＝￥14,000,000

のれん＝合併の対価￥20,000,000－引き継いだ純資産の時価（￥19,800,000－￥1,800,000）＝￥2,000,000

借方科目	金額	貸方科目	金額
現 金 預 金	480,000	買　掛　金	650,000
売　掛　金	870,000	資　本　金	15,000,000
繰 越 商 品	4,600,000	その他資本剰余金	1,000,000
建　　　物	9,700,000		
の　れ　ん	1,000,000		

合併貸借対照表

金沢運輸株式会社　　　　　　　20X1年 3 月31日　　　　　　　　（単位：円）

現　金　預　金	(1,430,000)	買　　掛　　金	(1,450,000)
売　　掛　　金	(2,520,000)	借　　入　　金	(1,000,000)
商　　　　品	(6,950,000)	資　　本　　金	(30,000,000)
建　　　　物	(18,300,000)	(その他資本剰余金)	(1,000,000)
土　　　　地	(9,450,000)	利 益 準 備 金	(3,500,000)
(の　れ　ん)	(1,000,000)	繰 越 利 益 剰 余 金	(2,700,000)
	(39,650,000)		(39,650,000)

解説

合併の対価＝20,000株×@￥800＝￥16,000,000

資本金＝20,000株×@￥750＝￥15,000,000

その他資本剰余金＝合併の対価￥16,000,000－資本金￥15,000,000＝￥1,000,000

のれん＝合併の対価￥16,000,000－引き継いだ純資産の時価（￥15,650,000－￥650,000）＝￥1,000,000

問題 10-13

	借方科目	金額	貸方科目	金額
第1期末	その他有価証券	50,000	その他有価証券評価差額金	50,000
第2期首	その他有価証券評価差額金	50,000	その他有価証券	50,000
第2期末	その他有価証券評価差額金	20,000	その他有価証券	20,000

解説

　その他有価証券は期末に時価評価し，その評価差額はその他有価証券評価差額金として貸借対照表の評価・換算差額等に直入されます。ただ，洗替法が適用されて，翌年度には元の価額に戻されるため，再度取得原価と時価との差額を求めます。

問題 11-1

	借方科目	金額	貸方科目	金額
(1)	仮払法人税等	2,560,000	現金	2,560,000
(2)	法人税, 住民税及び事業税	5,480,000	仮払法人税等	2,560,000
			未払法人税等	2,920,000
(3)	未払法人税等	2,920,000	現金	2,920,000

解説

(1) 中間決算によって計算した半年分の法人税等の金額＝法人税¥1,550,000＋住民税¥725,000＋事業税¥340,000＝¥2,615,000＞前年度の法人税等の納付額の2分の1＝¥2,560,000

(2) 未払法人税等＝法人税, 住民税及び事業税¥5,480,000－仮払法人税等¥2,560,000＝¥2,920,000

問題 11-2

	借方科目	金額	貸方科目	金額
(1)	仮払法人税等	7,324,000	現金	7,324,000
(2)	定期預金	5,044,800	定期預金	5,000,000
	仮払法人税等	11,200	受取利息	56,000
(3)	当座預金	1,040,000	受取配当金	1,300,000
	仮払法人税等	260,000		
(4)	法人税, 住民税及び事業税	14,058,000	仮払法人税等	7,595,200
			未払法人税等	6,462,800
(5)	未払法人税等	6,462,800	現金	6,462,800

解説

(1) 中間決算による税額の方で納付します。

(2) 利息の年額は¥56,000で，その20％の¥11,200は仮払法人税等勘定で処理し，残額を新規の定期預金の金額に含めます。

(3) 振り込まれた金額は源泉所得税控除後の配当額なので，次の計算で源泉所得税の金額を求めます。源泉所得税と振込額の合計が受取配当金の額となります。

$$¥1,040,000 \times \frac{20\%}{80\%} = ¥260,000$$

(4) 中間納付額¥7,324,000と源泉所得税（¥11,200＋¥260,000）が仮払法人税等の残高となるので，法人税，住民税及び事業税と仮払法人税等との差額が，未払法人税等勘定で処理する金額となります。

問題 11-3

	借 方 科 目	金 額	貸 方 科 目	金 額
(1)	追 徴 法 人 税 等	1,132,000	未 払 法 人 税 等	1,132,000
(2)	未 収 還 付 法 人 税 等	1,689,000	還 付 法 人 税 等	1,689,000

解説

法人税等の追徴を求められたときは，追徴法人税等勘定の借方に記入し，還付を受けたときは還付法人税等勘定の貸方に記入します。

問題 11-4

	借 方 科 目	金 額	貸 方 科 目	金 額
(1)	仕　　　　入 仮 払 消 費 税	3,375,000 337,500	買　　掛　　金	3,712,500
(2)	売　　掛　　金	4,642,000	売　　　　上 仮 受 消 費 税	4,220,000 422,000
(3)	仮 受 消 費 税	422,000	仮 払 消 費 税 未 払 消 費 税	337,500 84,500
(4)	未 払 消 費 税	84,500	現　　　　金	84,500

解説

(1) 仮払消費税＝仕入高¥3,375,000×10％＝¥337,500

(2) 仮受消費税＝売上高¥4,220,000×10％＝¥422,000

(3) 未払消費税＝仮受消費税¥422,000－仮払消費税¥337,500＝¥84,500

問題 11-5

	借 方 科 目	金 額	貸 方 科 目	金 額
(1)	仕　　　　入 仮 払 消 費 税	4,615,000 461,500	買　　掛　　金	5,076,500
(2)	売　　掛　　金	3,701,500	売　　　　上 仮 受 消 費 税	3,365,000 336,500
(3)	仮 受 消 費 税 未 収 還 付 消 費 税	336,500 125,000	仮 払 消 費 税	461,500
(4)	当 座 預 金	125,000	未 収 還 付 消 費 税	125,000

(1) 仮払消費税＝仕入高￥4,615,000×10％＝￥461,500

(2) 仮受消費税＝売上高￥3,365,000×10％＝￥336,500

(3) 未収還付消費税＝仮払消費税￥461,500－仮受消費税￥336,500＝￥125,000

問題 11-6

	借 方 科 目	金 額	貸 方 科 目	金 額
(1)	当 座 預 金	4,000,000	国庫補助金受贈益	4,000,000
(2)	機 械 装 置	22,000,000	当 座 預 金	22,000,000
(3)	固定資産圧縮損	4,000,000	機 械 装 置	4,000,000
	減 価 償 却 費	1,200,000	機械装置減価償却累計額	1,200,000

解説

(1) 国庫補助金を受領したときは，国庫補助金受贈益勘定の貸方に記入します。

(3) 直接控除方式で圧縮記帳を行う場合は，圧縮額を固定資産圧縮損勘定の借方に記入するとともに，同額を当該固定資産の貸方に記入して，帳簿価額を切り下げます。減価償却は，帳簿価額切り下げ後の残高を取得原価として減価償却費を計算していきます。

機械装置の減価償却費：$(￥22,000,000 － ￥4,000,000) ÷ 5 年 × \dfrac{4カ月}{12カ月} ＝ ￥1,200,000$

第12章 リース会計

問題 12-1

	借 方 科 目	金 額	貸 方 科 目	金 額
(1)①	仕 訳 な し			
②	支 払 リ ー ス 料	60,000	未 払 リ ー ス 料	60,000
③	支 払 リ ー ス 料	180,000	当 座 預 金	180,000
(2)①	支 払 リ ー ス 料	120,000	当 座 預 金	120,000
②	支 払 リ ー ス 料	120,000	当 座 預 金	120,000
③	前 払 リ ー ス 料	100,000	支 払 リ ー ス 料	100,000

解説

(1)① 契約を結んだだけでは会計処理は行われません。

② 当期の経過した4カ月分（20X1年12月1日から20X2年3月31日）のリース料について，

$￥60,000 \left(年間リース料￥180,000×\dfrac{4カ月}{12カ月}\right)$ の未払処理を行います。

③ 支払額について支払リース料勘定を用いて処理します。

なお，期首に前期末の未払リース料について，再振替仕訳を行います。

(2)① リース料を支払った際に，支払リース料勘定を用いて処理します。

② ①と同じ。

③ 未経過の5カ月分（20X2年4月1日～20X2年8月31日）￥100,000（20X2年3月1日支払いのリース

料　¥120,000 × $\frac{5 \text{カ月}}{6 \text{カ月}}$）の前払処理を行います。

　　なお，リース料を支払った際に，前払リース料勘定を用いて処理することもあります。その場合には，次のようになります。

②	（借）	前 払 リ ー ス 料	120,000	（貸）	当 座 預 金	120,000
③	（借）	支 払 リ ー ス 料	20,000	（貸）	前 払 リ ー ス 料	20,000

問題 12-2

問1　利子込み法

	借 方 科 目	金 額	貸 方 科 目	金 額
(1)	リ ー ス 資 産	3,000,000	リ ー ス 債 務	3,000,000
(2)	リ ー ス 債 務	300,000	当 座 預 金	300,000
(3)	減 価 償 却 費	400,000	リ ー ス 資 産 減価償却累計額	400,000

問2　利子抜き法（定額法）

	借 方 科 目	金 額	貸 方 科 目	金 額
(1)	リ ー ス 資 産	2,940,000	リ ー ス 債 務	2,940,000
(2)	リ ー ス 債 務 支 払 利 息	294,000 6,000	当 座 預 金	300,000
(3)	減 価 償 却 費 支 払 利 息	392,000 2,000	リ ー ス 資 産 減価償却累計額 未 払 利 息	392,000 2,000

解説

問1　利子込み法

(1) リース取引開始日に，リース料総額でリース資産とリース債務を計上します。

　　リース資産およびリース債務の金額 ＝ 年額¥600,000 × 5 年 ＝ ¥3,000,000

(2) リース料の支払いは，リース債務の減額として処理します。

(3) 減価償却費：取得原価¥3,000,000 ÷ 5 年 × $\frac{8 \text{カ月}}{12 \text{カ月}}$ ＝ ¥400,000

問2　利子抜き法（定額法）

(1) リース取引開始日に見積現金購入価額でリース資産とリース債務を計上します。

(2) 利息相当額を把握します。

　　利息相当額 ＝ リース料総額¥3,000,000 － 見積現金購入価額¥2,940,000 ＝ ¥60,000

　　第 1 回目のリース料支払額¥300,000 のうち，

　　リース債務の支払いは¥294,000 （¥2,940,000 ÷ 5 年 × $\frac{6 \text{カ月}}{12 \text{カ月}}$），

　　支払利息は¥6,000 （支払額¥300,000 － リース債務減少額¥294,000，

　　あるいは利息相当額¥60,000 ÷ 5 年 × $\frac{6 \text{カ月}}{12 \text{カ月}}$）と計算します。

(3) 減価償却費 ＝ 取得原価¥2,940,000 ÷ 5 年 × $\frac{8 \text{カ月}}{12 \text{カ月}}$ ＝ ¥392,000

　　20X2年 2 月 1 日から20X2年 3 月31日の 2 カ月分発生した支払利息を計上するとともに，未払利息勘定

の貸方に記入します。

$$支払利息の未払額 = 利息相当額 ¥60,000 ÷ 5年 × \frac{2カ月}{12カ月} = ¥2,000$$

問題 12-3

リース資産（取得原価）	¥1,440,000
リース債務	¥1,152,000
減価償却費	¥352,000
支払利息	¥32,000
前払利息	¥40,000
未払利息	¥8,000

解説

備品A

20X0年8月1日	（借）リース資産	1,440,000	（貸）リース債務	1,440,000
20X1年3月31日	（借）減価償却費	192,000	（貸）リース資産減価償却累計額	192,000
	（借）支払利息	8,000	（貸）未払利息	8,000

$$減価償却費 = 取得原価 ¥1,440,000 ÷ 5年 × \frac{8カ月}{12カ月} = ¥192,000$$

$$利息相当額 = リース料総額 ¥1,500,000 - 見積現金購入価額 ¥1,440,000 = ¥60,000$$

$$支払利息の未払額 = 利息相当額 ¥60,000 ÷ 5年 × \frac{8カ月}{12カ月} = ¥8,000$$

なお，20X1年4月1日（期首）に，未払利息について再振替仕訳を行っている。

20X1年4月1日	（借）未払利息	8,000	（貸）支払利息	8,000
20X1年7月31日	（借）リース債務	288,000	（貸）当座預金	300,000
	支払利息	12,000		

リース債務 = 元本返済分 ¥288,000（¥1,440,000 ÷ 5年）＋ 前年度の未払利息分 ¥8,000

20X2年3月31日	（借）減価償却費	288,000	（貸）リース資産減価償却累計額	288,000
	（借）支払利息	8,000	（貸）未払利息	8,000

$$減価償却費 = 取得原価 ¥1,440,000 ÷ 5年 = ¥288,000$$

$$支払利息の未払額 = 利息相当額 ¥60,000 ÷ 5年 × \frac{8カ月}{12カ月} = ¥8,000$$

備品B

20X1年12月1日	（借）備品	960,000	（貸）営業外支払手形	1,020,000
	前払利息	60,000		
毎月末	（借）営業外支払手形	85,000	（貸）当座預金	85,000
20X2年3月31日	（借）減価償却費	64,000	（貸）備品減価償却累計額	64,000
	（借）支払利息	20,000	（貸）前払利息	20,000

$$減価償却費 = 取得原価 ¥960,000 ÷ 5年 × \frac{4カ月}{12カ月} = ¥64,000$$

$$支払利息の期間経過額 = 利息額 ¥60,000 × \frac{4カ月（20X1年12月1日～20X2年3月30日）}{12カ月（20X1年12月1日～20X2年11月30日）} = ¥20,000$$

上記の処理から，20X1年度の各金額は次のように計算します。

リース債務＝前年度末リース債務￥1,440,000－￥288,000＝￥1,152,000

減価償却費＝備品A￥288,000＋備品B￥64,000＝￥352,000

支払利息＝備品A（￥△8,000＋￥12,000＋￥8,000）＋備品B￥20,000＝￥32,000

前払利息＝備品Bの前払利息残高￥40,000

未払利息＝備品Aの利息についての未払額￥8,000

第13章 外貨建取引

問題 13-1

ア	イ	ウ	エ	オ
5	2	8	3	6

解説

(1) 外貨建取引では，まず取引発生時の為替相場で換算された円貨額で記帳され，その後の為替相場の変動により，一般に2時点で異なる金額が付されることによって差額が生じます。1つは決算日の為替相場で換算されることによって生じる換算差額で，もう1つは決済にともなって生じる決済差額です。

(4) 為替予約によって固定されたキャッシュ・フローを外貨建取引に振り当てるため，振当処理とよばれています。

問題 13-2

	借　方　科　目	金　　額	貸　方　科　目	金　　額
(1)	前　払　金	404,000	当　座　預　金	404,000
(2)	仕　訳　な　し			
(3)	仕　　　入	2,052,000	前　払　金 買　掛　金	404,000 1,648,000
(4)	当　座　預　金	735,000	契　約　負　債	735,000
(5)	買　掛　金 為　替　差　損　益	1,648,000 48,000	当　座　預　金	1,696,000
(6)	契　約　負　債 売　掛　金	735,000 3,016,000	売　　　上	3,751,000
(7)	当　座　預　金 為　替　差　損　益	2,958,000 58,000	売　掛　金	3,016,000

解説

(1) 前払金は，取引発生時の為替相場で記帳します。

(2) 前払金については決算時に換算替えを行う必要はありません。

(3) 前払金は貸記し，買掛金については直物為替相場で換算します。その合計を仕入額とします。

(4) 手付金は取引発生時の為替相場で契約負債として記帳します。

(5) 取引時と決済時の為替相場の変動から生じる決済差額については，為替差損益として処理します。

(6) 契約負債は借記し，売掛金については直物為替相場で換算します。その合計を売上額とします。

(7) 取引時と決済時の為替相場から生じる決済差額については，為替差損益として処理します。

問題 13-3

	借 方 科 目	金 額	貸 方 科 目	金 額
(1)	仕　　　　入	3,060,000	買　　掛　　金	3,060,000
(2)	為 替 差 損 益	30,000	買　　掛　　金	30,000
(3)	仕　訳　な　し			
(4)	買　　掛　　金	3,090,000	当　座　預　金	3,090,000
(5)	売　　掛　　金	5,500,000	売　　　　上	5,500,000

解説

(2)為替予約をしたことで買掛金30,000ドルが¥3,090,000に固定されるため，その円貨額を振り当てます。取引日の為替相場と先物為替相場との差額については為替差損益として処理します。なお，為替予約によって買掛金の円貨額が固定されるので，決算時には特に換算替えは必要ありません。

(5)売掛金については，先に為替予約によって外貨建債権の円貨額が固定されているため，予約時の先物為替相場で換算した円貨額を振り当てます。

問題 13-4

決算整理後残高試算表（一部）　　　　（単位：円）

現　金　預　金	(　542,000)	買　　掛　　金	(　693,400)
売　　掛　　金	(　886,000)	契　約　負　債	(　74,700)
前　　払　　金	(　74,200)	貸 倒 引 当 金	(　17,720)
貸 倒 引 当 金 繰 入	(　8,000)		
為 替 差 損 益	(　400)		

解説

(1) 現金預金

現金預金：3,000ドル×¥110/ドル－¥324,000＝¥6,000

　　　　（借）現　金　預　金　　6,000　（貸）為　替　差　損　益　　6,000

(2) 売掛金

売掛金の発生時の為替相場：¥157,500÷1,500ドル＝¥105/ドル

売掛金：900（1,500－仮受金による回収600（(6)参照））ドル×（¥110/ドル－¥105/ドル）＝4,500

　　　　（借）売　　掛　　金　　4,500　（貸）為　替　差　損　益　　4,500

(3) 前払金

金銭債権に該当しないため，決算時に換算替えは行われません。

(4) 買掛金

買掛金の発生時の為替相場：¥93,600÷900ドル＝¥104/ドル

買掛金：900ドル×（¥110/ドル－¥104/ドル）＝¥5,400

　　　　（借）為　替　差　損　益　　5,400　（貸）買　　掛　　金　　5,400

(5) 契約負債

金銭債務に該当しないため，決算時に換算替えは行われません。

(6) 仮受金

契約負債：300ドル×¥109＝¥32,700

売掛金の回収額（円貨額）＝（仮受金¥96,900－手付金¥32,700）＝¥64,200

売掛金回収時の為替レート＝¥64,200÷600ドル＝¥107/ドル

為替差損益＝売掛金の回収額（円貨額）¥64,200－回収された売掛金の帳簿価額¥63,000（600ドル
　　　　　×¥105/ドル）＝1,200

38

	（借）仮　　受　　金	96,900	（貸）契　約　負　債	32,700
			売　　掛　　金	63,000
			為　替　差　損　益	1,200

(7) 貸倒引当金繰入

まず，決算整理前残高試算表の売掛金残高に(2)の増加分を加え，(6)の減少分を差し引いた金額に貸倒実績率を乗じて貸倒引当金の要設定額を求め，そこから貸倒引当金残高を差し引いて貸倒引当金繰入の金額を求めます。

貸倒引当金繰入：（¥944,500＋¥4,500－¥63,000）×2％－¥9,720＝¥8,000

	（借）貸 倒 引 当 金 繰 入	8,000	（貸）貸 倒 引 当 金	8,000

第14章
税効果会計

問題 14-1

	借　方　科　目	金　　額	貸　方　科　目	金　　額
(1)①	賞 与 引 当 金 繰 入	80,000,000	賞 与 引 当 金	80,000,000
	繰 延 税 金 資 産	32,000,000	法 人 税 等 調 整 額	32,000,000
②	賞 与 引 当 金	80,000,000	当 座 預 金	80,000,000
	法 人 税 等 調 整 額	32,000,000	繰 延 税 金 資 産	32,000,000
(2)①	貸 倒 引 当 金 繰 入	200,000	貸 倒 引 当 金	200,000
	繰 延 税 金 資 産	80,000	法 人 税 等 調 整 額	80,000
②	貸 倒 引 当 金	200,000	売　　掛　　金	200,000
	法 人 税 等 調 整 額	80,000	繰 延 税 金 資 産	80,000
	貸 倒 引 当 金 繰 入	300,000	貸 倒 引 当 金	300,000
	繰 延 税 金 資 産	120,000	法 人 税 等 調 整 額	120,000
(3)①	退 職 給 付 費 用	4,000,000	退 職 給 付 引 当 金	4,000,000
	繰 延 税 金 資 産	1,600,000	法 人 税 等 調 整 額	1,600,000
②	退 職 給 付 引 当 金	1,500,000	当 座 預 金	1,500,000
	法 人 税 等 調 整 額	600,000	繰 延 税 金 資 産	600,000

解説

(1)① 賞与引当金は税務上損金不算入とされるため，全額将来減算一時差異となります。

② 賞与引当金繰入は，賞与が支給されて賞与引当金が取り崩されたときに，税務上損金への算入が認められます。そのため，引当金を取り崩したときに，将来減算一時差異を解消させる処理を行います。

(2)① 貸倒引当金については税務上損金算入限度額が決められています。そのため，会計上の貸倒引当金繰入額がこの税務上の限度額を超過した場合，その超過額については損金不算入となり，将来減算一時差異となります。

② 損金に算入されなかった貸倒引当金繰入額は，債権が実際に貸し倒れたときなどに，税務上，損金への算入が認められます。そのときに将来減算一時差異を解消させる処理を行います。

(3)① 退職給付費用は税務上損金不算入とされるため，全額将来減算一時差異となります。

② 退職給付費用は，年金掛金を支払ったり，退職一時金を支給したりしたときに，税務上損金への算入が認められます。そのときに将来減算一時差異を解消させる処理を行います。

問題 14−2

	借　方　科　目	金　　額	貸　方　科　目	金　　額
(1)	減 価 償 却 費	500,000	備品減価償却累計額	500,000
	繰 延 税 金 資 産	60,000	法人税等調整額	60,000
(2)	減 価 償 却 費	500,000	備品減価償却累計額	500,000
	繰 延 税 金 資 産	60,000	法人税等調整額	60,000
(3)	備品減価償却累計額	1,500,000	備　　　　品	1,500,000
	貯　　蔵　　品	100,000	固定資産除却益	100,000
	法人税等調整額	180,000	繰 延 税 金 資 産	180,000

解説

(1) 税務上の減価償却費は法定耐用年数にもとづいて計算されます。企業がこの税務上の減価償却費を超過する減価償却費を計上した場合，その超過額については損金への算入が認められないため，将来減算一時差異となります。

$$会計上の減価償却費 = \frac{¥1,500,000}{3年} = ¥500,000$$

$$税務上の減価償却費 = \frac{¥1,500,000}{5年} = ¥300,000$$

$$繰延税金資産 = (¥500,000 - ¥300,000) \times 30\% = ¥60,000$$

(3) 固定資産を売却または除却したときに，損金算入が認められてこなかった減価償却費を損金へ算入することが認められるようになるため，将来減算一時差異を解消させる処理を行います。

問題 14−3

	借　方　科　目	金　　額	貸　方　科　目	金　　額
(1)	その他有価証券評価差額金	650,000	その他有価証券	1,000,000
	繰 延 税 金 資 産	350,000		
(2)	その他有価証券	1,000,000	その他有価証券評価差額金	650,000
			繰 延 税 金 資 産	350,000
(3)	その他有価証券	2,000,000	その他有価証券評価差額金	1,300,000
			繰 延 税 金 負 債	700,000

解説

(1) 企業会計ではその他有価証券について期末に時価評価を行わなければなりませんが，税務上ではこの時価評価による評価差額の益金または損金への算入を認めていません。そのため，時価による評価差額が生じた場合には，将来減算一時差異または将来加算一時差異が生じることになります。

　　甲株式会社株式は値下がりしているため，将来減算一時差異が生じます。したがって，評価差額に法定実効税率を乗じた税効果相当額を繰延税金資産として計上するとともに，残額をその他有価証券評価差額金として処理します。

(2) 洗替法を適用する場合，前期末に行った処理を取り消す処理を行います。

(3) 甲株式会社株式は，洗替法の適用により帳簿価額が当初の取得原価である¥25,000,000に振り戻されているため，これと時価との評価差額について，税効果会計を適用します。

問題 15-1

決算整理後残高試算表

借　方	勘 定 科 目	貸　方
5,713,100	現 金 及 び 預 金	
（　1,134,000）	売 　 掛 　 金	
	貸 倒 引 当 金	（　11,340）
（　2,370,200）	繰 越 商 品	
（　273,010）	有 価 証 券	
1,650,000	建 物	
	建物減価償却累計額	（　673,750）
640,000	備 品	
	備品減価償却累計額	（　370,000）
（　135,000）	前 払 保 険 料	
（　793,000）	未 収 入 金	
	買 掛 金	703,800
	退 職 給 付 引 当 金	（　742,200）
	未 払 法 人 税 等	（　237,750）
	資 本 金	4,000,000
	資 本 準 備 金	3,147,950
	利 益 準 備 金	637,400
	繰 越 利 益 剰 余 金	735,120
	売 上	（　11,114,000）
	受 取 配 当 金	（　20,700）
	（保 険 差 益）	（　139,000）
（　5,729,400）	仕 入	
2,793,400	給 料	
（　147,000）	保 険 料	
（　145,000）	減 価 償 却 費	
（　160,200）	退 職 給 付 費 用	
143,640	水 道 光 熱 費	
（　6,270）	貸 倒 引 当 金 繰 入	
（　29,200）	商 品 評 価 損	
（　32,800）	棚 卸 減 耗 損	
（　16,790）	有 価 証 券 評 価 損	
（　621,000）	法人税, 住民税及び事業税	
（　22,533,010）		（　22,533,010）

20X5年 3 月31日　　　　　　　（単位：円）

解説

［資料Ⅱ］　判明事項

1.　（借）売　　掛　　金　　105,000　（貸）売　　　　　上　　105,000

41

2． （借）未 収 入 金 793,000 （貸）未 決 算 654,000
                                    保 険 差 益 139,000
3． （借）退職給付引当金 72,700 （貸）仮 払 金 72,700

［資料Ⅲ］ 決算整理事項
1． （借）仕 入 1,287,600 （貸）繰 越 商 品 1,287,600
    （借）繰 越 商 品 2,432,200 （貸）仕 入 2,432,200
    （借）商 品 評 価 損 29,200 （貸）繰 越 商 品 62,000
        棚 卸 減 耗 損 32,800

商品期末棚卸高＝365個×@¥2,440＋(495個−25個)×@¥3,280＝¥2,432,200

商品評価損（商品X）＝365個×(@¥2,440−@¥2,360)＝¥29,200

棚卸減耗損（商品Y）＝{(495個−25個)−460個}×@¥3,280＝¥32,800

2． （借）貸倒引当金繰入 6,270 （貸）貸 倒 引 当 金 6,270

(¥1,029,000＋¥105,000)×1％−¥5,070＝¥6,270

3． （借）有価証券評価損 16,790 （貸）有 価 証 券 16,790

¥289,800−115株×@¥2,374＝¥16,790

4． （借）減 価 償 却 費 13,000 （貸）建物減価償却累計額 5,500
                                    備品減価償却累計額 7,500

建物：¥1,650,000×$\frac{1年}{30年}$−¥4,500×11カ月＝¥5,500

備品：{¥640,000−(¥362,500−¥7,500×11カ月)}×(1÷8年×200％)−(¥7,500×11カ月)＝¥7,500

5． （借）退 職 給 付 費 用 12,800 （貸）退職給付引当金 12,800

¥742,200−(¥802,100−¥72,700)＝¥12,800

6． （借）保 険 料 13,500 （貸）前 払 保 険 料 13,500

¥148,500×$\frac{1カ月（20X5年3月分）}{11カ月（20X5年3月分～20X6年1月分）}$＝¥13,500

7． （借）法人税，住民税及び事業税 621,000 （貸）受 取 配 当 金 4,140
                                    仮 払 法 人 税 等 379,110
                                    未 払 法 人 税 等 237,750

受取配当金源泉税額＝¥16,560÷80％×20％＝¥4,140

法人税，住民税及び事業税＝¥379,110＋¥4,140＋¥237,750＝¥621,000

問題 15−2

(1)① 損益振替仕訳

借 方 科 目	金 額	貸 方 科 目	金 額
売 上	9,963,000	損 益	10,620,000
受 取 手 数 料	657,000		
損 益	10,497,000	仕 入	7,349,000
		販 売 費	1,434,000
		一 般 管 理 費	1,385,000
		減 価 償 却 費	250,000
		貸 倒 引 当 金 繰 入	39,000
		支 払 利 息	40,000

② 資本振替仕訳

借 方 科 目	金 額	貸 方 科 目	金 額
損 益	123,000	繰越利益剰余金	123,000

(2)① 損益勘定

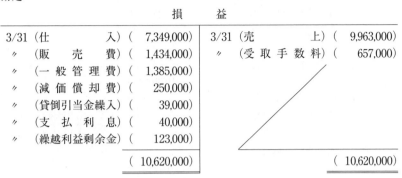

損　　益

3/31	(仕　　　入)	(7,349,000)	3/31 (売　　　上)	(9,963,000)
〃	(販　売　費)	(1,434,000)	〃 (受取手数料)	(657,000)
〃	(一般管理費)	(1,385,000)		
〃	(減価償却費)	(250,000)		
〃	(貸倒引当金繰入)	(39,000)		
〃	(支払利息)	(40,000)		
〃	(繰越利益剰余金)	(123,000)		
		(10,620,000)		(10,620,000)

② 繰越利益剰余金勘定

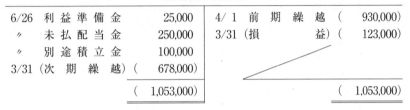

繰越利益剰余金

6/26	利益準備金	25,000	4/ 1 前期繰越	(930,000)
〃	未払配当金	250,000	3/31 (損　　益)	(123,000)
〃	別途積立金	100,000		
3/31	(次期繰越)	(678,000)		
		(1,053,000)		(1,053,000)

損 益 計 算 書　　　　　　（単位：円）

自 20X5年4月1日　至 20X6年3月31日

Ⅰ　売　　上　　高　　　　　　　　　　　　　　　（ 14,265,000）
Ⅱ　売　上　原　価
　　1　商品期首棚卸高　　　　　　（　　481,500）
　　2　当期商品仕入高　　　　　　（ 10,158,000）
　　　　　　合　計　　　　　　　　（ 10,639,500）
　　3　商品期末棚卸高　　　　　　（　　541,500）
　　　　　　差　引　　　　　　　　（ 10,098,000）
　　4　棚　卸　減　耗　損　　　　　（　　 28,500）
　　5　商　品　評　価　損　　　　　（　　　6,300）（ 10,132,800）
　　　（売　上　総）利益　　　　　　　　　　　　（　4,132,200）
Ⅲ　販売費及び一般管理費
　　1　給　　　　　料　　　　　　　1,076,350
　　2　保　　険　　料　　　　　　（　　201,600）
　　3　水　道　光　熱　費　　　　　264,100
　　4　（減　価　償　却　費）　　　（　　273,456）
　　5　貸倒引当金繰入　　　　　　（　　 26,000）
　　6　商品保証引当金繰入　　　　（　　142,650）
　　7　の　れ　ん　償　却　　　　（　　 63,000）（　2,047,156）
　　　（営　　　業）利益　　　　　　　　　　　　（　2,085,044）
Ⅳ　営　業　外　収　益
　　1　受　取　利　息　　　　　　（　　 33,000）
　　2　有　価　証　券　利　息　　　84,000
　　3　受　取　配　当　金　　　　　87,000
　　4　有価証券評価益　　　　　　（　　185,160）（　　389,160）
Ⅴ　営　業　外　費　用
　　1　（株　式　交　付　費）　　　（　　108,750）
　　2　（為　　　替）差損　　　　　（　　　4,400）
　　3　（貸倒引当金）繰入　　　　（　　 60,000）（　　173,150）
　　　（経　　　常）利益　　　　　　　　　　　　（　2,301,054）
Ⅵ　特　別　損　失
　　1　（固定資産除却損）　　　　　　　　　　　（　　 23,304）
　　　税引前当期純利益　　　　　　　　　　　　　（　2,277,750）
　　　法人税，住民税及び事業税　（　　683,985）
　　　法人税等調整額　　　　　　（　△ 2,100）（　　681,885）
　　　（当　期　純　利　益）　　　　　　　　　　（　1,595,865）

解説

Ⅰ　資料2

1.　（借）　備品減価償却累計額　　177,120　（貸）　備　　　品　　　300,000

　　　　　減　価　償　却　費　　　24,576

　　　　　貯　　蔵　　品　　　　　75,000

　　　　　固　定　資　産　除　却　損　　23,304

備品減価償却累計額：

　　20X1年4月1日〜20X2年3月31日分　￥300,000×0.2 ＝ ￥60,000

　　20X2年4月1日〜20X3年3月31日分　（￥300,000 − ￥60,000）×0.2 ＝ ￥48,000

　　20X3年4月1日〜20X4年3月31日分　（￥300,000 − ￥60,000 − ￥48,000）×0.2 ＝ ￥38,400

20X4年4月1日～20X5年3月31日分　（¥300,000－¥60,000－¥48,000－¥38,400）×0.2＝¥30,720

合計　¥60,000＋¥48,000＋¥38,400＋¥30,720＝¥177,120

減価償却費：（¥300,000－¥177,120）×0.2＝¥24,576

固定資産除却損：¥300,000－除却分減価償却累計額¥177,120－減価償却費¥24,576－貯蔵品¥75,000

$$＝¥23,304$$

2.　（借）契 約 負 債　240,000　（貸）売　　　　上　240,000

Ⅱ　資料3

1.　（借）売買目的有価証券　185,160　（貸）有 価 証 券 評 価 益　185,160

売買目的有価証券時価合計¥1,536,460－売買目的有価証券¥1,351,300＝¥185,160

2.　（借）貸 倒 引 当 金 繰 入　26,000　（貸）貸 倒 引 当 金　26,000

（受取手形¥319,500＋売掛金¥430,500）×5％－貸倒引当金¥11,500＝¥26,000

　　（借）貸 倒 引 当 金 繰 入　60,000　（貸）貸 倒 引 当 金　60,000

貸付金¥1,200,000×5％＝¥60,000

3.　（借）仕　　　　入　481,500　（貸）繰 越 商 品　481,500

　　（借）繰 越 商 品　541,500　（貸）仕　　　　入　541,500

　　（借）棚 卸 減 耗 損　28,500　（貸）繰 越 商 品　34,800

　　　　　商 品 評 価 損　6,300

　　（借）仕　　　　入　34,800　（貸）棚 卸 減 耗 損　28,500

　　　　　　　　　　　　　　　　　　　商 品 評 価 損　6,300

商品期末棚卸高：380個×@¥1,425＝¥541,500

棚卸減耗損：（380個－360個）×@¥1,425＝¥28,500

商品評価損：70個×（@¥1,425－@¥1,335）＝¥6,300

4.　（借）減 価 償 却 費　248,880　（貸）建物減価償却累計額　126,000

　　　　　　　　　　　　　　　　　　　備品減価償却累計額　122,880

建物：$\{¥4,200,000－（¥4,200,000×10\%）\}×\dfrac{1年}{30年}＝¥126,000$

備品（除却分以外）：$\{$（備品取得原価¥1,350,000－除却分取得原価¥300,000）－（備品減価償却累計額

¥612,720－除却分減価償却累計額¥177,120）$\}×20\%＝¥122,880$

5.　（借）の れ ん 償 却　63,000　（貸）の　れ　ん　63,000

のれん$¥504,000×\dfrac{12カ月}{10年×12カ月－24カ月}＝¥63,000$

6.　（借）未 収 利 息　33,000　（貸）受 取 利 息　33,000

貸付金$¥1,200,000×6.6\%×\dfrac{5カ月}{12カ月}＝¥33,000$

7.　（借）前 払 保 険 料　50,400　（貸）保　険　料　50,400

保険料$¥252,000×\dfrac{3カ月}{15カ月}＝¥50,400$

8.　（借）為 替 差 損 益　4,400　（貸）買　掛　金　4,400

円安¥4×1,100ドル＝¥4,400

9.　（借）株 式 交 付 費　108,750　（貸）仮　払　金　108,750

10.　（借）商品保証引当金繰入　142,650　（貸）商品保証引当金　142,650

売上高（¥14,025,000＋¥240,000）×1％＝¥142,650

11.　（借）法人税,住民税及び事業税　683,985　（貸）仮　払　金　322,900

　　　　　　　　　　　　　　　　　　　　未 払 法 人 税 等　361,085

12.　（借）繰 延 税 金 資 産　2,100　（貸）法人税等調整額　2,100

期末一時差異￥42,000×30％－期首一時差異￥35,000×30％＝￥2,100

問題 15-4

貸借対照表
20X5年12月31日　　　　　　　　　　　　　　　　　　　　　（単位：円）

資産の部			負債の部		
Ⅰ　流　動　資　産			Ⅰ　流　動　負　債		
1．現 金 及 び 預 金		（　1,526,900）	1　買　　掛　　金		（　659,150）
2　受 取 手 形	430,300		2　未 払 法 人 税 等		（　416,450）
貸 倒 引 当 金	（　17,212）	（　413,088）	流 動 負 債 合 計		（　1,075,600）
3　売　　掛　　金	544,700		Ⅱ　固　定　負　債		
貸 倒 引 当 金	（　21,788）	（　522,912）	1（長 期 借 入 金）		（　1,100,000）
4　商　　　　　品		（　296,400）	固 定 負 債 合 計		（　1,100,000）
5　貯　　蔵　　品		（　17,030）	負　債　合　計		（　2,175,600）
6（未　　収）収益		（　3,900）	純資産の部		
7（前　　払）費用		（　62,400）	Ⅰ　株　主　資　本		
流 動 資 産 合 計		（　2,842,630）	1　資　　本　　金		5,800,000
Ⅱ　固　定　資　産			2　資 本 剰 余 金		
1　建　　　　　物	2,600,000		（1）資 本 準 備 金	（　700,000）	
減価償却累計額	（　1,014,000）	（　1,586,000）	（2）その他資本剰余金	（　246,000）	（　946,000）
2　備　　　　　品	780,000		3　利 益 剰 余 金		
減価償却累計額	（　380,640）	（　399,360）	（1）利 益 準 備 金	（　325,000）	
3　土　　　　　地		（　4,457,800）	（2）その他利益剰余金		
4（建 設 仮）勘定		（　350,000）	新 築 積 立 金	（　234,000）	
5　特　　許　　権		（　127,200）	（繰越利益剰余金）	（　3,540,440）	（　4,099,440）
6　投 資 有 価 証 券		（　1,279,200）	株 主 資 本 合 計		（　10,845,440）
7　関 係 会 社 株 式		（　1,869,000）	Ⅱ　評価・換算差額等		
8　長期（前 払 費 用）		（　98,800）	1（その他有価証券評価差額金）		（　23,400）
9（繰 延 税 金 資 産）		（　34,450）	評価・換算差額等合計		（　23,400）
固 定 資 産 合 計		（　10,201,810）	純　資　産　合　計		（　10,868,840）
資　産　合　計		（　13,044,440）	負債及び純資産合計		（　13,044,440）

解説

［資料2］

1．	（借）現 金 及 び 預 金	70,200	（貸）買　　掛　　金	70,200
2．	（借）建 設 仮 勘 定	350,000	（貸）仮　　払　　金	350,000
3．	（借）現 金 及 び 預 金	780,000	（貸）未　決　算	832,000
	火 災 損 失	52,000		

［資料3］

1．	（借）仕　　　　　入	273,000	（貸）繰 越 商 品	273,000
	（借）繰 越 商 品	325,000	（貸）仕　　　　　入	325,000
	（借）棚 卸 減 耗 損	13,000	（貸）繰 越 商 品	28,600
	商 品 評 価 損	15,600		

商品期末棚卸高：500個×@￥650.0＝￥325,000

棚卸減耗損：（500個－480個）×@￥650.0＝￥13,000

商品評価損：480個×（@￥650.0－@￥617.5）＝￥15,600

2．	（借）減 価 償 却 費	177,840	（貸）建物減価償却累計額	78,000
			備品減価償却累計額	99,840

建物：$\left\{¥2,600,000 - (¥2,600,000 × 10\%)\right\} × \dfrac{1 年}{30 年} = ¥78,000$

備品：$(¥780,000 - ¥280,800) × 20\% = ¥99,840$

3．（借）貸 倒 引 当 金 繰 入　　23,400　（貸）貸 倒 引 当 金　　23,400

受取手形：$430,300 × 4\% = ¥17,212$

売 掛 金：$544,700 × 4\% = ¥21,788$

貸倒引当金繰入：$(¥17,212 + ¥21,788) - \underset{\text{貸倒引当金}}{¥15,600} = ¥23,400$

4．（借）その他有価証券　　31,200　（貸）その他有価証券評価差額金　　23,400
　　　　　　　　　　　　　　　　　　　　　　繰 延 税 金 負 債　　7,800

その他有価証券：$(¥642,200 + ¥362,700 + ¥274,300) - \underset{\text{その他有価証券時価合計}}{1,248,000} = ¥31,200$

その他有価証券評価差額金：$¥31,200 × (100\% - 25\%) = ¥23,400$

繰延税金負債：$¥31,200 × 25\% = ¥7,800$

5．（借）未 収 収 益　　3,900　（貸）受 取 手 数 料　　3,900

6．残高試算表上の借入金は，貸借対照表上，固定負債の区分に長期借入金として表示されます。

7．（借）前 払 費 用　　62,400　（貸）保 険 料　　161,200
　　　　　長 期 前 払 費 用　　98,800

前払費用：$¥187,200 × \dfrac{12 カ月}{3 年 × 12 カ月} = ¥62,400$

長期前払費用：$¥187,200 × \dfrac{19 カ月^*}{3 年 × 12 カ月} = ¥98,800$

＊$(12 カ月 × 3 年) - (5 カ月 + 12 カ月) = 19 カ月$

8．（借）特 許 権 償 却　　28,800　（貸）特 許 権　　28,800

$¥156,000 × \dfrac{12 カ月}{8 年 × 12 カ月 - 31 カ月} = ¥28,800$

9．（借）貯 蔵 品　　17,030　（貸）通 信 費　　17,030

10．（借）法人税,住民税及び事業税　　1,050,450　（貸）仮 払 法 人 税 等　　634,000
　　　　　　　　　　　　　　　　　　　　　　　　未 払 法 人 税 等　　416,450

未払法人税等：$¥1,050,450 - \underset{\text{仮払法人税等}}{¥634,000} = ¥416,450$

税引前当期純利益の算定

収益合計：$\underset{\text{売上}}{¥16,358,200} + \underset{\text{受取手数料}}{¥23,400} + \underset{\text{受取配当金}}{¥32,500} = ¥16,414,100$

費用合計：$\underset{\text{売上原価(評価損等を除く)}}{¥9,727,900} + \underset{\text{給料手当}}{¥1,512,190} + \underset{\text{修繕費}}{¥547,300} + \underset{\text{保険料}}{¥62,400} + \underset{\text{通信費}}{¥68,770} + \underset{\text{支払利息}}{¥27,500} + \underset{\text{貸倒引当金繰入}}{¥23,400} + \underset{\text{棚卸減耗損}}{¥13,000}$

$+ \underset{\text{商品評価損}}{¥15,600} + \underset{\text{減価償却費}}{¥177,840} + \underset{\text{特許権償却}}{¥28,800} + \underset{\text{火災損失}}{¥52,000} = ¥12,256,700$

税引前当期純利益：$\underset{\text{収益合計}}{¥16,414,100} - \underset{\text{費用合計}}{¥12,256,700} = ¥4,157,400$

繰越利益剰余金：$¥430,240 + \underset{\text{税引前当期純利益}}{¥4,157,400} - (\underset{\text{法人税,住民税及び事業税}}{¥1,050,450} - \underset{\text{法人税等調整額(11.参照)}}{¥3,250}) = ¥3,540,440$

11．（借）繰 延 税 金 資 産　　3,250　（貸）法 人 税 等 調 整 額　　3,250

減価償却にかかる繰延税金資産：$(\underset{\text{期末一時差異}}{¥169,000} - \underset{\text{期首一時差異}}{¥156,000}) × 25\% = ¥3,250$

貸借対照表（投資その他の資産）繰延税金資産：$\underset{\text{残高試算表繰延税金資産}}{¥39,000} + \underset{\text{当期繰延税金資産増加額}}{¥3,250} -$
$\underset{\text{その他有価証券にかかる繰延税金負債(4.参照)}}{¥7,800} = ¥34,450$

金額記載欄と金額

⑤644　⑦2,200　⑧△9,284　⑨△6,440　⑩△6,440　⑪△6,440　⑰△18,300　⑲18,300

㉚△4,989　㉛△4,989　㉜△4,989　㉝△4,989　㉞△4,635　㉟△4,635　㊱△4,635

A	B	C	D	E
損失	15,235	30,420	△765	152,237

解説

株主資本等変動計算書
自 20X8年4月1日 至 20X9年3月31日

（単位：千円）

		株主資本										評価・換算差額等		
			資本剰余金			利益剰余金							その他有価証券評価差額金	評価・換算差額等合計	純資産合計
							その他利益剰余金								
		資本金	資本準備金	その他資本剰余金	資本剰余金合計	利益準備金	新築積立金	別途積立金	繰越利益剰余金	利益剰余金合計	株主資本合計				
当期首残高		76,000	12,355	2,880	15,235	1,688	18,300	30,420	22,788	73,196	164,431	3,870	3,870	168,301
当期変動額														
剰余金の配当等						644		2,200	△9,284	△6,440	△6,440			△6,440
新築積立金の取崩							△18,300		18,300	－	－			－
当期純（損失）									△4,989	△4,989	△4,989			△4,989
株主資本以外の項目の当期変動額（純額）												△4,635	△4,635	△4,635
当期変動額合計		－	－	－	－	644	△18,300	2,200	4,027	△11,429	△11,429	△4,635	△4,635	△16,064
当期末残高		76,000	12,355	2,880	15,235	2,332	－	32,620	26,815	61,767	153,002	△765	△765	152,237

1. （借）繰越利益剰余金　9,284千円　（貸）未払配当金　6,440千円
　　　　　　　　　　　　　　　　　　　　　利益準備金　　644千円*
　　　　　　　　　　　　　　　　　　　　　別途積立金　2,200千円

　　*a　6,440千円（配当金）× 1/10 ＝ 644千円
　　 b　76,000千円（資本金）× 1/4 －（12,355千円（資本準備金）＋ 1,688千円（利益準備金））＝ 4,957千円
　　 a＜b　∴644千円

2. （借）新築積立金　18,300千円　（貸）繰越利益剰余金　18,300千円

3. （借）その他有価証券評価差額金　3,870千円　（貸）その他有価証券　5,160千円
　　　　　繰延税金負債　1,290千円
　　（借）その他有価証券評価差額金　　765千円*　（貸）その他有価証券　1,020千円
　　　　　繰延税金資産　255千円

　　*31,940千円（当期末時価）×（100％－25％）－{38,120千円（前期末時価）×（100％－25％）－3,870千円（前期評価差額）}＝△765千円

4. （借）繰越利益剰余金　4,989千円　（貸）損益　4,989千円

精 算 表

勘 定 科 目	残高試算表 借方	残高試算表 貸方	修正記入 借方	修正記入 貸方	損益計算書 借方	損益計算書 貸方	貸借対照表 借方	貸借対照表 貸方
現 金 預 金	282,000		750	1,500			281,250	
受 取 手 形	225,000		306,000				531,000	
売 掛 金	314,000			15,000			299,000	
売買目的有価証券	220,900		300				221,200	
商 品	97,500			1,500			95,400	
				600				
建 物	4,920,000			180,000			4,740,000	
備 品	614,400			184,320			430,080	
満期保有目的債券	74,000		200				74,200	
貸 付 金	432,000						432,000	
支 払 手 形		206,850						206,850
買 掛 金		270,000						270,000
借 入 金		600,000						600,000
貸 倒 引 当 金		16,800	15,000	14,800				270,600
				254,000				
資 本 金		4,500,000						4,500,000
利 益 準 備 金		172,500						172,500
繰 越 利 益 剰 余 金		333,800						333,800
売 上		5,998,500		306,000		6,304,500		
有 価 証 券 利 息		750		750		1,700		
				200				
売 上 原 価	4,039,500				4,039,500			
給 料	855,000				855,000			
支 払 地 代	9,900				9,900			
保 険 料	7,500			1,250	6,250			
支 払 利 息	7,500		1,500		9,000			
	12,099,200	12,099,200						
貸 倒 引 当 金 繰 入			14,800		268,800			
			254,000					
有 価 証 券（評価益）				300		300		
棚 卸 減 耗 損			1,500		1,500			
商 品 評 価 損			600		600			
減 価 償 却 費			364,320		364,320			
（賞与引当金）繰入			93,800		93,800			
（賞 与 引 当 金）				93,800				93,800
（前 払）保険料			1,250				1,250	
当 期 純（利 益）					657,830			657,830
			1,054,020	1,054,020	6,306,500	6,306,500	7,105,380	7,105,380

解説

1. 　　　　（借）受 取 手 形　　306,000　（貸）売　　　　上　　306,000

　　　修正金額：¥340,000 − ¥34,000 = ¥306,000
　　　　　　　　　　正しい金額　　　誤った金額

2. 　　　　（借）支 払 利 息　　1,500　（貸）現 金 預 金　　1,500

　　　出金通知未達は追加処理するが，締切後預入は追加処理しない。

3. 　　　　（借）現 金 預 金　　750　（貸）有 価 証 券 利 息　　750

4. 　　　　（借）貸 倒 引 当 金　　15,000　（貸）売　掛　金　　15,000

5. (1)　（借）貸 倒 引 当 金 繰 入　　14,800　（貸）貸 倒 引 当 金　　14,800

　　　｛（¥225,000 + ¥306,000）+（¥314,000 − ¥15,000）｝× 2％ −（¥16,800 − ¥15,000）= ¥14,800
　　　　　受取手形　　　　　　　　　　売掛金　　　　　　　　　　　　　　　　貸倒引当金

　　(2)　（借）貸 倒 引 当 金 繰 入　　254,000　（貸）貸 倒 引 当 金　　254,000

　　　¥432,000 − ¥178,000 = ¥254,000
　　　　貸付金　　　担保

6. 　　　　（借）売 買 目 的 有 価 証 券　　300　（貸）有 価 証 券 評 価 益　　300

　　　　（借）満 期 保 有 目 的 債 券　　200　（貸）有 価 証 券 利 息　　200

　　　有価証券評価益：（¥123,770 + ¥97,430）− ¥220,900 = ¥300
　　　　　　　　　　　　売買目的有価証券時価合計　　　　売買目的有価証券

　　　有価証券利息：（¥75,000 − ¥74,000）× $\dfrac{12カ月}{5年 × 12カ月}$ = ¥200
　　　　　　　　　　満期保有目的債券額面　満期保有目的債券簿価

7. 　　　　（借）棚 卸 減 耗 損　　1,500　（貸）商　　　品　　2,100
　　　　　　　　商 品 評 価 損　　600

　　　棚卸減耗損：（650個 − 640個）× @¥150 = ¥1,500

　　　商品評価損：40個 ×（@¥150 − @¥135）= ¥600

8. 　　　　（借）減 価 償 却 費　　364,320　（貸）建　　　物　　180,000
　　　　　　　　　　　　　　　　　　　　　　　　　　備　　　品　　184,320

　　　建物：¥6,000,000 −（¥6,000,000 × 10％）× 1/30 = ¥180,000

　　　備品：¥614,400 × 30％ = ¥184,320

9. 　　　　（借）賞 与 引 当 金 繰 入　　93,800　（貸）賞 与 引 当 金　　93,800

　　　¥140,700 × $\dfrac{4カ月}{6カ月}$ = ¥93,800

10. 　　　　（借）前 払 保 険 料　　1,250　（貸）保　　険　　料　　1,250

　　　¥7,500 × $\dfrac{2カ月}{12カ月}$ = ¥1,250

精　算　表

勘定科目	残高試算表 借方	残高試算表 貸方	修正記入 借方	修正記入 貸方	損益計算書 借方	損益計算書 貸方	貸借対照表 借方	貸借対照表 貸方
現　　　金	738,000						738,000	
現 金 過 不 足	17,000			17,000				
当 座 預 金	1,430,000						1,430,000	
電 子 記 録 債 権	4,725,000						4,725,000	
売 　掛 　金	4,127,000			27,000			4,100,000	
売買目的有価証券	2,055,000			520,500			1,534,500	
繰 越 商 品	971,000		1,320,000	971,000			1,169,600	
				104,800				
				45,600				
仕 　掛 　品	13,317,000			12,837,000			480,000	
建 　　　物	6,500,000		2,800,000				9,300,000	
備 　　　品	2,600,000			650,000			1,950,000	
建 設 仮 勘 定	2,100,000			2,100,000				
ソ フ ト ウ ェ ア	473,000			172,000			301,000	
支 払 手 形		4,689,000						4,689,000
買 　掛 　金		2,617,550						2,617,550
仮 　受 　金		234,000	234,000					
貸 倒 引 当 金		183,000		170,000				353,000
建物減価償却累計額		1,560,000		209,000				1,769,000
備品減価償却累計額		1,170,000	130,000	195,000				1,235,000
資 　本 　金		7,300,000						7,300,000
利 益 準 備 金		1,798,950						1,798,950
繰 越 利 益 剰 余 金		1,384,000						1,384,000
売 　　　上		26,240,000				26,240,000		
役 務 収 益		16,394,000				16,394,000		
受 取 手 数 料		1,656,000		15,600		1,671,600		
受 取 配 当 金		84,500				84,500		
仕 　　　入	22,127,000		971,000	1,320,000	21,889,600			
			66,000					
			45,600					
給 　　　料	2,397,000				2,397,000			
販 　売 　費	1,359,000		39,000		1,398,000			
保 　険 　料	185,500			27,000	158,500			
電子記録債権売却損	189,500				189,500			
	65,311,000	65,311,000						
雑 　（ 損 ）			5,000		5,000			
減 価 償 却 費			32,500		436,500			
			404,000					
固定資産売却（損）			253,500		253,500			
未 　払 　金				700,000				700,000
有価証券（評価損）			520,500		520,500			
棚 卸 減 耗 損			104,800	66,000	38,800			
商 品 評 価 損			45,600	45,600				
役 務 原 価			12,837,000		12,837,000			
貸 倒 引 当 金 繰 入			170,000		170,000			
ソ フ ト ウ ェ ア 償 却			172,000		172,000			
（未　収）手数料			15,600				15,600	
（前　払）保険料			27,000				27,000	
当 期 純 （ 利 益 ）					3,924,200			3,924,200
			20,193,100	20,193,100	44,390,100	44,390,100	25,770,700	25,770,700

51

［資料１］

1. (1) （借）建 物 2,800,000 （貸）建 設 仮 勘 定 2,100,000
　　　　　　　　　　　　　　　　　　　　未 払 金 700,000

　　(2) （借）備品減価償却累計額 130,000 （貸）備 品 650,000
　　　　　　仮 受 金 234,000
　　　　　　減 価 償 却 費 32,500
　　　　　　固 定 資 産 売 却 損 253,500

減価償却費：$¥650,000 × \dfrac{1年}{10年} × \dfrac{6カ月}{12カ月} = ¥32,500$

固定資産売却損：$¥650,000 - (\underset{備品減価償却累計額}{¥130,000} + \underset{仮受金}{¥234,000} + \underset{減価償却費}{¥32,500}) = ¥253,500$

2. （借）販 売 費 39,000 （貸）売 掛 金 27,000
　　　　雑 損 5,000 　　　現 金 過 不 足 17,000

［資料２］

1. （借）有 価 証 券 評 価 損 520,500 （貸）売 買 目 的 有 価 証 券 520,500
$\underset{売買目的有価証券}{¥2,055,000} - (\underset{売買目的有価証券時価合計}{@¥2,430 × 350株 + @¥2,850 × 240株}) = ¥520,500$

2. （借）仕 入 971,000 （貸）繰 越 商 品 971,000
　　（借）繰 越 商 品 1,320,000 （貸）仕 入 1,320,000
　　（借）棚 卸 減 耗 損 104,800 （貸）繰 越 商 品 150,400
　　　　　商 品 評 価 損 45,600
　　（借）仕 入 111,600 （貸）棚 卸 減 耗 損 66,000
　　　　　　　　　　　　　　　　　　　商 品 評 価 損 45,600

商品期末棚卸高：$(\underset{1号商品}{796個 × @¥750}) + (\underset{2号商品}{750個 × @¥460}) + (\underset{3号商品}{840個 × @¥450}) = ¥1,320,000$

棚卸減耗損：$\{(796個 - 760個) × @¥750\} + \{(750個 - 620個) × @¥460\} + \{(840個 - 800個) × @¥450\}$
$\qquad = ¥104,800$

商品評価損：$760個 × (@¥750 - @¥690) = ¥45,600$

棚卸減耗損の原価算入分：$¥1,320,000 × 5\% = ¥66,000$

3. （借）役 務 原 価 12,837,000 （貸）仕 掛 品 12,837,000

4. （借）貸 倒 引 当 金 繰 入 170,000 （貸）貸 倒 引 当 金 170,000
$\{\underset{電子記録債権}{¥4,725,000} + (\underset{売掛金}{¥4,127,000 - ¥27,000})\} × 4\% - \underset{貸倒引当金}{¥183,000} = ¥170,000$

5. （借）減 価 償 却 費 404,000 （貸）建物減価償却累計額 209,000
　　　　　　　　　　　　　　　　　　　備品減価償却累計額 195,000

建物（期中取得分）：$¥2,800,000 - (¥2,800,000 × 10\%) × \dfrac{1年}{30年} × \dfrac{2カ月}{12カ月} = ¥14,000$

建物（通年使用分）：$¥6,500,000 - (¥6,500,000 × 10\%) × \dfrac{1年}{30年} = ¥195,000$

備品（通年使用分）：$(¥2,600,000 - ¥650,000) × \dfrac{1年}{10年} = ¥195,000$

6. （借）ソ フ ト ウ ェ ア 償 却 172,000 （貸）ソ フ ト ウ ェ ア 172,000
$\underset{ソフトウェア}{¥473,000} × \dfrac{12カ月}{5年 × 12カ月 - 27カ月} = ¥172,000$

7. （借）未 収 手 数 料 15,600 （貸）受 取 手 数 料 15,600

8. （借）前 払 保 険 料 27,000 （貸）保 険 料 27,000

損 益 計 算 書

川越製作所株式会社　自 20X6年 4 月 1 日　至 20X7年 3 月31日　（単位：円）

売上総利益	3,972,000
営 業 利 益	697,000
経 常 利 益	725,000
当期純利益	772,800

貸 借 対 照 表

川越製作所株式会社　　　　　　　　　20X7年 3 月31日　　　　　　　　　（単位：円）

資産の部			負債の部		
Ⅰ　流　動　資　産			Ⅰ　流　動　負　債		
1　現 金 及 び 預 金		（　466,500）	1　買　　掛　　金		（　1,036,000）
2　受 取 手 形	974,000		2　未 払 費 用		（　51,000）
貸 倒 引 当 金	（　9,740）	（　964,260）	3　(製品保証)引当金		（　127,000）
3　売　　掛　　金	（　1,909,000）		4　未 払 法 人 税 等		（　162,200）
貸 倒 引 当 金	（　19,090）	（　1,889,910）	流 動 負 債 合 計		（　1,376,200）
4　材　　　　料		（　123,000）	Ⅱ　固　定　負　債		
5　仕　　掛　　品		（　281,000）	1　(退職給付)引当金		（　2,105,670）
6　製　　　　品		（　287,000）	固 定 負 債 合 計		（　2,105,670）
流 動 資 産 合 計		（　4,011,670）	負 債 合 計		（　3,481,870）
Ⅱ　固　定　資　産			純資産の部		
1　建　　　　物	14,500,000		Ⅰ　株　主　資　本		
減価償却累計額	（　8,352,000）	（　6,148,000）	1　資　　本　　金		5,600,000
2　機 械 装 置	2,730,000		2　資 本 剰 余 金		
減価償却累計額	（　1,231,000）	（　1,499,000）	(1)資 本 準 備 金	5,600,000	5,600,000
3　土　　　　地		8,669,000	3　利 益 剰 余 金		
固 定 資 産 合 計		（　16,316,000）	(1)利 益 準 備 金	3,415,000	
			(2)その他利益剰余金		
			繰 越 利 益 剰 余 金	（　2,230,800）	（　5,645,800）
			株 主 資 本 合 計		（　16,845,800）
			純 資 産 合 計		（　16,845,800）
資　産　合　計		（　20,327,670）	負債及び純資産合計		（　20,327,670）

解説

(B)　3月の取引および決算整理事項等

1.	①	（借）	材		料	257,000	（貸）	買	掛	金	257,000
		（借）	仕	掛	品	193,000	（貸）	材		料	193,000
	②	（借）	賃		金	226,000	（貸）	現 金 預 金			226,000
		（借）	未 払 費 用			48,000	（貸）	賃		金	48,000
		（借）	賃		金	51,000	（貸）	未 払 費 用			51,000
		（借）	仕	掛	品	229,000	（貸）	賃		金	229,000
	③	（借）	仕	掛	品	374,000	（貸）	製 造 間 接 費			374,000
		（借）	製 造 間 接 費			67,000	（貸）	材		料	67,000
		（借）	製 造 間 接 費			184,000	（貸）	現 金 預 金			184,000
	④	（借）	製		品	739,000	（貸）	仕	掛	品	739,000
	⑤	（借）	棚 卸 減 耗 費			3,000	（貸）	材		料	3,000*

* ¥129,000 + ¥257,000 − (¥193,000 + ¥67,000) − ¥123,000 = ¥3,000
　　　　　_{材料月初有高}　_{材料当月仕入高}　　_{直接材料費}　　_{間接材料費}　　_{月末材料実地有高}

（借）製 造 間 接 費　　3,000　（貸）棚 卸 減 耗 費　　3,000

⑥　2．②参照。

2．①　（借）売　掛　金　1,093,000　（貸）売　　　　上　1,093,000

②　（借）売 上 原 価　771,000　（貸）製　　　品　771,000

（借）売 上 原 価　　5,000　（貸）製　　　品　　5,000*

* ¥324,000 + ¥739,000 − ¥771,000 − ¥287,000 = ¥5,000
　_{製品月初有高}　_{当月完成高}　_{当月製品売上原価}　_{月末製品実地有高}

3．（借）減 価 償 却 費　89,000　（貸）建物減価償却累計額　43,500
　　　　　　　　　　　　　　　　　　　　　　　機械装置減価償却累計額　45,500

（借）製 造 間 接 費　71,000*　（貸）減 価 償 却 費　89,000
　　　販 売 管 理 費　18,000

* ¥25,500 + ¥45,500 = ¥71,000
　_{建物製造分}　_{機械装置}

4．（借）退 職 給 付 費 用　136,000　（貸）退職給付引当金　136,000
　_{販売・一般管理活動従業員分}　　_{製造従業員分}
　¥83,000　+　¥53,000 = ¥136,000

（借）製 造 間 接 費　53,000　（貸）退 職 給 付 費 用　136,000
　　　販 売 管 理 費　83,000

（借）原 価 差 異　29,000　（貸）退職給付引当金　29,000

（借）原 価 差 異　4,000　（貸）製 造 間 接 費　4,000*
　_{間接材料費}　_{現金預金}　_{棚卸減耗費}　_{減価償却費}　_{退職給付費用}　_{仕掛品}
* ¥67,000 + ¥184,000 + ¥3,000 + ¥71,000 + ¥53,000 − ¥374,000 = ¥4,000

（借）売 上 原 価　33,000　（貸）原 価 差 異　33,000

原価差異の売上原価賦課金額
　_{製造間接費}　_{退職給付引当金}
　¥4,000 + ¥29,000 = ¥33,000

5．（借）販 売 管 理 費　373,500　（貸）現 金 預 金　373,500

6．①　（借）販 売 管 理 費　17,830　（貸）貸 倒 引 当 金　17,830
　_{受取手形}　_{売掛金}　　_{売掛金（3月分）}
　（¥974,000 + ¥816,000 + ¥1,093,000）× 1 ％ − ¥11,000 = ¥17,830

②　（借）製 品 保 証 引 当 金　47,000　（貸）製 品 保 証 引 当 金 戻 入　47,000

製品保証引当金は，戻入額（¥174,000）が繰入額（¥127,000）を超過しており，問題文の指示に従って，相殺後の差額¥47,000を損益計算書の営業外収益に製品保証引当金戻入として計上します。
　_{戻入額}　　_{繰入額}
　¥174,000 − ¥127,000 = ¥47,000

7．（借）法人税,住民税及び事業税　331,200　（貸）仮 払 法 人 税 等　169,000
　　　　　　　　　　　　　　　　　　　　　　　未 払 法 人 税 等　162,200

　　　　　　　　　　　　　　_{税引前当期純利益}
法人税，住民税及び事業税：¥1,104,000×30％ = ¥331,200
　　　　　　　　_{法人税,住民税及び事業税}　_{仮払法人税等}
未払法人税等：¥331,200 − ¥169,000 = ¥162,200

※　最後に，当期純利益を繰越利益剰余金勘定に振り替えます。

（借）損　　　益　772,800　（貸）繰 越 利 益 剰 余 金　772,800
　　_{税引前当期純利益}　_{法人税,住民税及び事業税}
当期純利益：¥1,104,000 − ¥331,200 = ¥772,800

54

[製造にかかる勘定連絡図]

材　料

月 初 有 高	129,000	当月消費高	260,000
当月仕入高	257,000	棚卸減耗費	3,000
		月 末 有 高	123,000
	386,000		386,000

仕掛品

月 初 有 高	224,000	当期完成高	739,000
直接材料費	193,000	月 末 有 高	281,000
直接労務費	229,000		
製造間接費	374,000		
	1,020,000		1,020,000

賃　金

当月支払高	226,000	月初未払高	48,000
月末未払高	51,000	当月消費高	229,000
	277,000		277,000

製　品

月 初 有 高	324,000	売 上 原 価	771,000
当期完成高	739,000	売上原価(減耗)	5,000
		月 末 有 高	287,000
	1,063,000		1,063,000

製造間接費

間接材料費	67,000	仕 掛 品	374,000
現 金 預 金	184,000	原 価 差 異	4,000
棚卸減耗費	3,000		
減価償却費	71,000		
退職給付費用	53,000		
	378,000		378,000

売上原価

T/B	9,485,000	損　　益	10,294,000
製　　品	771,000		
製品(減耗)	5,000		
原 価 差 異	33,000		
	10,294,000		10,294,000

原価差異

製造間接費	4,000	売 上 原 価	33,000
退職給付引当金	29,000		
	33,000		33,000

損　益

売 上 原 価	10,294,000	売　　上	14,266,000
販 売 管 理 費	3,275,000	製品保証引当金戻入	47,000
手 形 売 却 損	19,000	固定資産売却益	379,000
法人税, 住民税及び事業税	331,200		
繰越利益剰余金	772,800		
	14,692,000		14,692,000

[損益計算書における各利益]

売上純利益 ＝ ￥14,266,000 − ￥10,294,000 ＝ ￥3,972,000
売上総利益
(売上)　　　(売上原価)

営 業 利 益 ＝ ￥3,972,000 − ￥3,275,000 ＝ ￥697,000
(売上総利益)　(販売管理費)

経 常 利 益 ＝ ￥697,000 ＋ ￥47,000 − ￥19,000 ＝ ￥725,000
(営業利益)　(製品保証引当金戻入)　(手形売却損)

当期純利益 ＝ ￥725,000 ＋ ￥379,000 − ￥331,200 ＝ ￥772,800
(経常利益)　(固定資産売却益)　(法人税,住民税及び事業税)

第16章
本支店会計

［本店］

	借 方 科 目	金 額	貸 方 科 目	金 額
(1)	支 店	180,000	現 金	180,000
(2)	支 店	240,000	仕 入	240,000
(3)	支 店	220,000	売 掛 金	220,000
(4)	広 告 宣 伝 費	134,000	支 店	134,000

［支店］

	借 方 科 目	金 額	貸 方 科 目	金 額
(1)	現 金	180,000	本 店	180,000
(2)	仕 入	240,000	本 店	240,000
(3)	当 座 預 金	220,000	本 店	220,000
(4)	本 店	134,000	現 金	134,000

［本店］

	借 方 科 目	金 額	貸 方 科 目	金 額
(1)	仕 訳 な し			
(2)	仕 訳 な し			
(3)	仕 訳 な し			

［金沢支店］

	借 方 科 目	金 額	貸 方 科 目	金 額
(1)	富 山 支 店	340,000	現 金	340,000
(2)	仕 入	230,000	富 山 支 店	230,000
(3)	富 山 支 店	173,000	未 払 金	173,000

［富山支店］

	借 方 科 目	金 額	貸 方 科 目	金 額
(1)	現 金	340,000	金 沢 支 店	340,000
(2)	金 沢 支 店	230,000	仕 入	230,000
(3)	備 品	173,000	金 沢 支 店	173,000

問題 16-3

[本店]

	借 方 科 目	金 額	貸 方 科 目	金 額
(1)	富 山 支 店	340,000	金 沢 支 店	340,000
(2)	金 沢 支 店	230,000	富 山 支 店	230,000
(3)	富 山 支 店	173,000	金 沢 支 店	173,000

[金沢支店]

	借 方 科 目	金 額	貸 方 科 目	金 額
(1)	本 店	340,000	現 金	340,000
(2)	仕 入	230,000	本 店	230,000
(3)	本 店	173,000	未 払 金	173,000

[富山支店]

	借 方 科 目	金 額	貸 方 科 目	金 額
(1)	現 金	340,000	本 店	340,000
(2)	本 店	230,000	仕 入	230,000
(3)	備 品	173,000	本 店	173,000

問題 16-4

	借 方 科 目	金 額	貸 方 科 目	金 額
(1)	損 益	107,000	本 店	107,000
(2)	支 店	107,000	損 益	107,000
(3)	損 益	106,000	繰越利益剰余金	106,000

問題 16-5

損 益

日付		摘 要	金 額	日付		摘 要	金 額
3	31	売 上 原 価	(6,018,100)	3	31	売 上	(12,724,000)
3	31	給 料	(2,165,700)	3	31	受 取 手 数 料	(656,000)
3	31	減 価 償 却 費	(166,500)	3	31	為 替 差 損 益	(337,800)
3	31	(ソフトウェア)償却	(445,000)	3	31	(支 店)	(400,000)
3	31	貸倒引当金繰入	(18,340)				
3	31	広 告 宣 伝 費	(989,000)				
3	31	(繰越利益剰余金)	(4,315,160)				
			(14,117,800)				(14,117,800)

(B) 未処理事項等

1. 支店 （借） 支 払 家 賃 42,300 （貸） 本 店 42,300
2. 本店 （借） 現 金 預 金 83,000 （貸） 売 掛 金 83,000
3. 支店 （借） 仕 入 132,600 （貸） 本 店 132,600
4. 本店 （借） ソ フ ト ウ ェ ア 1,780,000 （貸） ソフトウェア仮勘定 1,780,000
5. 本店 （借） 買 掛 金 417,000 （貸） 支 店 417,000

支店勘定と本店勘定

支 店

修 正 前 残 高	5,654,600	買 掛 金	417,000
		修 正 後 残 高	**5,237,600**

本 店

修 正 後 残 高	**5,237,600**	修 正 前 残 高	5,062,700
		支 払 家 賃	42,300
		仕 入	132,600

(C) 決算整理事項等

1. 本店 （借） 売 上 原 価 1,920,700 （貸） 繰 越 商 品 1,920,700
   （借） 売 上 原 価 5,864,700 （貸） 仕 入 5,864,700
   （借） 繰 越 商 品 1,793,100 （貸） 売 上 原 価 1,793,100
   （借） 商 品 評 価 損 25,800 （貸） 繰 越 商 品 25,800
   （借） 売 上 原 価 25,800 （貸） 商 品 評 価 損 25,800

   商品期末棚卸高：645個×@¥2,780＝¥1,793,100

   商品評価損：645個×（@¥2,780－@¥2,740）＝¥25,800

   支店 （借） 売 上 原 価 852,100 （貸） 繰 越 商 品 852,100
   （借） 売 上 原 価 3,639,900 （貸） 仕 入 3,639,900
   （借） 繰 越 商 品 624,000 （貸） 売 上 原 価 624,000
   （借） 棚 卸 減 耗 損 117,000 （貸） 繰 越 商 品 150,800
   商 品 評 価 損 33,800
   （借） 売 上 原 価 150,800 （貸） 棚 卸 減 耗 損 117,000
   商 品 評 価 損 33,800

   商品期末棚卸高：320個×@¥1,950＝¥624,000

   棚卸減耗損：（320個－260個）×@¥1,950＝¥117,000

   商品評価損：260個×（@¥1,950－@¥1,820）＝¥33,800

2. 本店 （借） 貸 倒 引 当 金 繰 入 18,340 （貸） 貸 倒 引 当 金 18,340
   （¥1,350,000 + ¥1,750,000 − ¥83,000）× 2% − ¥42,000 = ¥18,340
   受取手形 売掛金 (B)2 修正 貸倒引当金

   支店 （借） 貸 倒 引 当 金 繰 入 23,600 （貸） 貸 倒 引 当 金 23,600
   （¥819,000 + ¥1,011,000）× 2% − ¥13,000 = ¥23,600
   受取手形 売掛金 貸倒引当金

3. 本店 （借） 減 価 償 却 費 166,500 （貸） 建物減価償却累計額 54,000
   備品減価償却累計額 112,500

   建物：｛¥1,500,000 − （¥1,500,000×10%）｝× $\frac{1年}{25年}$ ＝ ¥54,000

   備品：（¥800,000 − ¥350,000）×25% ＝ ¥112,500

   支店 （借） 減 価 償 却 費 33,750 （貸） 備品減価償却累計額 33,750
   備品：（¥240,000 − ¥105,000）×25% ＝ ¥33,750

4．本店（借）ソフトウェア償却　445,000　（貸）ソフトウェア　445,000

$$¥1,780,000 \times \frac{9カ月}{3年 \times 12カ月} = ¥445,000$$

5．本店（借）支　　　　店　119,000　（貸）広 告 宣 伝 費　119,000

　　　支店（借）広 告 宣 伝 費　119,000　（貸）本　　　　店　119,000

6．本店（借）給　　　　料　57,700　（貸）未 払 給 料　57,700

　　　支店（借）給　　　　料　29,100　（貸）未 払 給 料　29,100

　　　　　（借）前 払 家 賃　47,000　（貸）支 払 家 賃　47,000

（決算振替仕訳）

　　　本店（借）売　　　　上　12,724,000　（貸）損　　　　益　13,717,800

　　　　　　　　受 取 手 数 料　656,000

　　　　　　　　為 替 差 損 益　337,800

　　　　　（借）損　　　　益　9,802,640　（貸）売 上 原 価　6,018,100

　　　　　　　　　　　　　　　　　　　　　給　　　　料　2,165,700

　　　　　　　　　　　　　　　　　　　　　広 告 宣 伝 費　989,000

　　　　　　　　　　　　　　　　　　　　　貸 倒 引 当 金 繰 入　18,340

　　　　　　　　　　　　　　　　　　　　　減 価 償 却 費　166,500

　　　　　　　　　　　　　　　　　　　　　ソフトウェア償却　445,000

　　　支店（借）売　　　　上　6,351,000　（貸）損　　　　益　6,533,250

　　　　　　　　受 取 手 数 料　182,250

　　　　　（貸）損　　　　益　6,133,250　（貸）売 上 原 価　4,018,800

　　　　　　　　　　　　　　　　　　　　　給　　　　料　1,091,100

　　　　　　　　　　　　　　　　　　　　　広 告 宣 伝 費　402,000

　　　　　　　　　　　　　　　　　　　　　支 払 家 賃　564,000

　　　　　　　　　　　　　　　　　　　　　貸 倒 引 当 金 繰 入　23,600

　　　　　　　　　　　　　　　　　　　　　減 価 償 却 費　33,750

（支店における当期純利益の本店への引き継ぎ）

　　　本店（借）支　　　　店　400,000　（貸）損　　　　益　400,000

　　　支店（借）損　　　　益　400,000　（貸）本　　　　店　400,000

（本支店合併損益計算書における当期純利益の資本振替）

　　　本店（借）損　　　　益　4,315,160　（貸）繰 越 利 益 剰 余 金　4,315,160

損 益 計 算 書
自 20X4年4月1日　至 20X5年3月31日　　（単位：円）

費　用	金　額	収　益	金　額
売 上 原 価	(5,139,800)	売　上　高	8,161,000
広 告 宣 伝 費	(52,000)	有価証券運用益	(59,000)
貸倒引当金繰入	(2,600)		
減 価 償 却 費	(105,300)		
販 売 管 理 費	(952,800)		
支 払 利 息	54,600		
法人税, 住民税及び事業税	629,600		
当 期 純 利 益	(1,283,300)		
	(8,220,000)		(8,220,000)

貸 借 対 照 表
20X5年3月31日　　（単位：円）

資　産	金　額		負債および純資産	金　額
現 金 及 び 預 金		916,200	支 払 手 形	268,000
売 掛 金	(780,000)		買 掛 金	(469,400)
貸 倒 引 当 金	(11,700)	(768,300)	借 入 金	2,600,000
(有 価 証 券)		(139,000)	未 払 法 人 税 等	(629,600)
商 品		(656,000)	(未 払 費 用)	(37,100)
前 払 費 用		(84,700)	資 本 金	1,000,000
建 物	1,950,000		利 益 準 備 金	130,000
減価償却累計額	(448,500)	(1,501,500)	繰越利益剰余金	(1,477,000)
備 品	234,000			
減価償却累計額	(150,800)	(83,200)		
土 地	1,983,200			
投 資 有 価 証 券		(180,000)		
(関 係 会 社 株 式)		(299,000)		
		(6,611,100)		(6,611,100)

解説

支店勘定と本店勘定

	支	店	
期首残高	735,000	現金預金	123,000
仕　入	1,850,000	現金預金	839,000
		買掛金	719,000
		広告宣伝費	33,000
		期末残高	**871,000**

本　店

現 金 預 金	123,000	期 首 残 高	735,000	
売 掛 金	839,000	仕 入	1,850,000	
現 金 預 金	719,000	支店仕入誤記		
		$\triangle(170,000 - 17,000)$		
現 金 預 金	33,000			
支店広告宣伝費誤記				
$\triangle 13,000$				
期 末 残 高	**731,000**			

「？」推定後の残高試算表

本店における支店勘定：支店勘定貸借差額より¥871,000

本店における買掛金勘定：残高試算表貸借差額より¥284,400

支店における売掛金勘定：残高試算表貸借差額より¥260,000

支店における本店勘定：本店勘定貸借差額より¥731,000

本支店合併損益計算書

(1) 有価証券運用益：^{本店有価証券運用益} ^{X社株式帳簿価額} ^{X社株式時価}
$\underset{\text{本店有価証券運用益}}{¥78,000} - (\underset{\text{X社株式帳簿価額}}{¥158,000} - \underset{\text{X社株式時価}}{¥139,000}) = ¥59,000$

(2) 売上原価：$(\underset{\text{本店繰越商品}}{¥247,000} + \underset{\text{支店繰越商品}}{¥183,400}) + \{\underset{\text{本店仕入}}{¥2,561,000} + \underset{\text{支店仕入}}{¥2,651,400} + (\underset{\text{支店仕入誤記}}{¥170,000 - ¥17,000})\} - (\underset{\text{本店帳簿棚卸高}}{¥177,000}$
$+ \underset{\text{支店帳簿棚卸高}}{¥479,000}) = ¥5,139,800$

(3) 広告宣伝費：$\underset{\text{本店広告宣伝費}}{¥52,000} + \underset{\text{支店広告宣伝費}}{¥13,000} - \underset{\text{支店広告宣伝費誤記}}{¥13,000} = ¥52,000$

(4) 貸倒引当金繰入：$(\underset{\text{本店売掛金}}{¥520,000} + \underset{\text{支店売掛金}}{¥260,000}) \times 1.5\% - (\underset{\text{本店貸倒引当金}}{¥6,500} + \underset{\text{支店貸倒引当金}}{¥2,600}) = ¥2,600$

(5) 減価償却費（本店建物）：$\underset{\text{本店建物}}{¥1,300,000} - (\underset{\text{本店建物}}{¥1,300,000} \times 10\%) \times 1/30 = ¥39,000$

減価償却費（本店備品）：$\underset{\text{本店備品}}{¥130,000} \times \dfrac{1\text{年}}{5\text{年}} = ¥26,000$

減価償却費（支店建物）：$\underset{\text{支店建物}}{¥650,000} - (\underset{\text{支店建物}}{¥650,000} \times 10\%) \times \dfrac{1\text{年}}{30\text{年}} = ¥19,500$

減価償却費（支店備品）：$\underset{\text{支店備品}}{¥104,000} \times \dfrac{1\text{年}}{5\text{年}} = ¥20,800$

合計：$¥39,000 + ¥26,000 + ¥19,500 + ¥20,800 = ¥105,300$

(6) 販売管理費：$\underset{\text{本店販売管理費}}{¥416,000} - \underset{\text{本店前払一般管理費}}{¥84,700} + \underset{\text{支店販売管理費}}{¥584,400} + \underset{\text{支店未払一般管理費}}{¥37,100} = ¥952,800$

(7) 当期純利益：$\underset{\text{収益合計}}{¥8,220,000} - \underset{\text{費用合計}}{¥6,936,700} = ¥1,283,300$

本支店合併貸借対照表

(1) 売掛金：$\underset{\text{本店売掛金}}{¥520,000} + \underset{\text{支店売掛金}}{¥260,000} = ¥780,000$

(2) 貸倒引当金：$(\underset{\text{本店売掛金}}{¥520,000} + \underset{\text{支店売掛金}}{¥260,000}) \times 1.5\% = ¥11,700$

(3) 商品：$\underset{\text{本店帳簿棚卸高}}{¥177,000} + \underset{\text{支店帳簿棚卸高}}{¥479,000} = ¥656,000$

(4) 有価証券：$\underset{\text{X社株式時価}}{¥139,000}$

(5) 投資有価証券：$\underset{\text{Y社社債帳簿価額}}{¥180,000}$

(6) 関係会社株式：$\underset{\text{Z社株式帳簿価額}}{¥299,000}$

(7) 前払費用：$\underset{\text{本店前払一般管理費}}{¥84,700}$

(8) 建物減価償却累計額：$\underset{\text{本店建物減価償却累計額}}{¥260,000} + \underset{\text{減価償却費（本店建物）}}{¥39,000} + \underset{\text{支店建物減価償却累計額}}{¥130,000} + \underset{\text{減価償却費（支店建物）}}{¥19,500} = ¥448,500$

(9) 備品減価償却累計額：$\underset{\text{本店備品減価償却累計額}}{¥52,000} + \underset{\text{減価償却費（本店備品）}}{¥26,000} + \underset{\text{支店備品減価償却累計額}}{¥52,000} + \underset{\text{減価償却費（支店備品）}}{¥20,800} = ¥150,800$

(10) 買掛金：$\underset{\text{本店買掛金}}{¥284,400} + \underset{\text{支店買掛金}}{¥185,000} = ¥469,400$

(11) 未払法人税等：¥629,600

(12) 未払費用：$\underset{\text{支店未払一般管理費}}{¥37,100}$

(13) 繰越利益剰余金：$\underset{\text{本店繰越利益剰余金}}{¥193,700} + \underset{\text{当期純利益}}{¥1,283,300} = ¥1,477,000$

第 17 章

連結会計

問題 17-1

(1)	(2)	(3)	(4)	(5)
×	○	○	○	×

解説

(1) 連結の範囲の決定の手続などについても継続性が要求されています。

(5) 決算日の差異が3カ月を超えなければ，子会社の正規の決算を基礎とすることができます。

問題 17-2

(1)	(2)	(3)	(4)	(5)
○	○	×	×	×

解説

(3) 破産会社は，破産裁判所から選任された破産管財人によって会社に属する財産の管理および処分が行われるため，一般に親会社との有効な支配従属関係が存在しないと認められるため，子会社には該当しません。

(4) 負債計上された資金調達総額の過半を親会社とその緊密な関係者が融資していないので，連結の範囲に含めません。

(5) いわゆる孫会社となるため，連結の範囲に含まれます。

問題 17-3

	借 方 科 目	金 額	貸 方 科 目	金 額
(1)	資 本 金	10,000	S 社 株 式	13,000
	資 本 剰 余 金	1,800		
	利 益 剰 余 金	1,200		
(2)	資 本 金	10,000	S 社 株 式	18,000
	資 本 剰 余 金	1,800		
	利 益 剰 余 金	1,200		
	の れ ん	5,000		
(3)	資 本 金	10,000	S 社 株 式	10,000
	資 本 剰 余 金	1,800	負ののれん発生益	3,000
	利 益 剰 余 金	1,200		

解説

S社株式とS社の資本の額が，(1)のように同額であれば，投資消去差額は生じませんが，(2)のようにS社株式への投資額のほうが多い場合は借方に投資消去差額が生じます。この場合，この投資消去差額はS社の超過収益力とみることができるため，のれんとして処理します。

消去差額が貸方に生じる場合もあります。これを負ののれんといい，負ののれん発生益として処理します。

問題 17-4

	借 方 科 目	金 額	貸 方 科 目	金 額
(1)	資 本 金	30,000	S 社 株 式	30,750
	資 本 剰 余 金	7,800	非支配株主持分	10,250
	利 益 剰 余 金	3,200		
(2)	資 本 金	30,000	S 社 株 式	36,350
	資 本 剰 余 金	7,800	非支配株主持分	10,250
	利 益 剰 余 金	3,200		
	の れ ん	5,600		
(3)	資 本 金	30,000	S 社 株 式	25,850
	資 本 剰 余 金	7,800	非支配株主持分	10,250
	利 益 剰 余 金	3,200	負ののれん発生益	4,900

解説

　非支配株主が存在する場合は，投資と資本の相殺消去にあたって，子会社の資本は親会社と非支配株主の持株比率に応じて按分され，親会社持分の相当額は親会社の投資勘定と相殺しますが，非支配株主持分相当額は非支配株主持分へと振り替えます。

問題 17-5

連 結 貸 借 対 照 表
20X1年 3 月31日

諸　　資　　産	(1,470,000)	諸　　負　　債	(300,000)
（の　れ　ん）	(40,000)	資　　本　　金	(900,000)
		資 本 剰 余 金	(130,000)
		利 益 剰 余 金	(110,000)
		（非支配株主持分）	(70,000)
	(1,510,000)		(1,510,000)

解説

連結修正仕訳は次のようになります。

（借）	資 本 金	200,000	（貸）	S 社 株 式	320,000
	資 本 剰 余 金	90,000		非支配株主持分	70,000
	利 益 剰 余 金	60,000			
	の れ ん	40,000			

非支配株主持分＝ S 社資本（¥200,000 ＋¥90,000 ＋¥60,000）×20％＝¥70,000

のれん＝ S 社株式¥320,000 － S 社資本（¥200,000 ＋¥90,000 ＋¥60,000）×80％＝¥40,000

問題 17-6

問 1

借 方 科 目	金 額	貸 方 科 目	金 額
資 本 金	300,000	S 社 株 式	710,000
資 本 剰 余 金	130,000		
利 益 剰 余 金	50,000		
の れ ん	230,000		

問2

借　方　科　目	金　　額	貸　方　科　目	金　　額
の れ ん 償 却	23,000	の　　れ　　ん	23,000
受 取 配 当 金	30,000	利 益 剰 余 金	30,000

問3

連結貸借対照表
20X2年3月31日

諸　　資　　産	(2,470,000)	諸　　負　　債	(650,000)
（の　　れ　　ん）	(207,000)	資　　本　　金	(1,400,000)
		資 本 剰 余 金	(360,000)
		利 益 剰 余 金	(267,000)
	(2,677,000)		(2,677,000)

解説

問1　S社株式への投資額の方がS社の資本より大きい場合は借方に投資消去差額が生じます。この場合，
　　　この投資消去差額はS社の超過収益力とみることができるため，のれんとして処理します。

問2　20X2年度にはのれんの償却と期中配当の相殺を行います。

問3　連結貸借対照表上の利益剰余金は次のように計算します。

　　　利益剰余金＝P社利益剰余金¥200,000＋S社当期純利益¥120,000－のれん償却額¥23,000
　　　　　　　　　　－S社配当金¥30,000＝¥267,000

問題 17-7

問1

借　方　科　目	金　　　額	貸　方　科　目	金　　　額
資　　本　　金	500,000	S　社　株　式	724,000
資 本 剰 余 金	120,000	非支配株主持分	216,000
利 益 剰 余 金	100,000		
の　　れ　　ん	220,000		

問2

借　方　科　目	金　　額	貸　方　科　目	金　　額
の れ ん 償 却	22,000	の　　れ　　ん	22,000
非支配株主に帰属する当期純利益	21,000	非支配株主持分	21,000
受 取 配 当 金	7,000	利 益 剰 余 金	10,000
非支配株主持分	3,000		

問3

連結貸借対照表
20X2年3月31日

諸 資 産 （2,750,000）	諸 負 債 （ 490,000）	
（の れ ん）（ 198,000）	資 本 金 （1,800,000）	
	資 本 剰 余 金 （ 230,000）	
	利 益 剰 余 金 （ 194,000）	
	（非支配株主持分）（ 234,000）	
（2,948,000）	（2,948,000）	

解説

問1　非支配株主が存在する場合は，投資と資本の相殺消去にあたって，子会社の資本は親会社と非支配株主の持株比率に応じて按分します。親会社持分相当額は親会社の投資勘定と相殺しますが，非支配株主持分相当額は非支配株主持分へと振り替えます。また，S社株式への投資額の方がS社資本のP社持分相当額より大きい場合，この投資消去差額はのれんとして処理します。

問2　20X1年度末にはのれんを償却し，非支配株主が存在するので，子会社の利益を非支配株主にも振り替え，子会社が期中に配当している場合は，その修正処理も必要となります。

問3　連結貸借対照表上の利益剰余金は次のように計算します。

　　　利益剰余金＝P社利益剰余金¥174,000＋S社当期純利益¥70,000－のれん償却額¥22,000
　　　　　　　　　－S社当期純利益の非支配株主への振替額¥21,000－S社配当額のうちP社への配当額¥7,000
　　　　　　　　＝¥194,000

問題 17-8

	借 方 科 目	金 額	貸 方 科 目	金 額
(1)	売 上 高	3,000,000	売 上 原 価	3,000,000
	買 掛 金	200,000	売 掛 金	200,000
(2)	貸 倒 引 当 金	4,000	貸倒引当金繰入	4,000
(3)	長 期 借 入 金	4,000,000	長 期 貸 付 金	4,000,000
	受 取 利 息	240,000	支 払 利 息	240,000
	未 払 費 用	40,000	未 収 収 益	40,000
(4)	受 取 配 当 金	525,000	利 益 剰 余 金	750,000
	非支配株主持分	225,000		

解説

(1)　内部の販売額¥3,000,000は全額相殺消去します。また，掛代金の未決済¥200,000について，売掛金と買掛金とを相殺します。

(2)　上記の売掛金の減少に伴い，貸倒引当金の繰入額も減らします。

(3)　返済期限が4年後であるため，個別貸借対照表では固定資産・固定負債の区分に計上されていることから，長期貸付金と長期借入金とを相殺して内部での資金の貸借を消去します。また，年間の利息¥240,000（＝¥4,000,000×6％）は，受取利息と支払利息を相殺します。さらに，本問では，10月末日が利払日であるため，12月までの2カ月分¥40,000（¥240,000×2カ月/12カ月）について，未収収益（未収利息）と未払費用（未払利息）が個別貸借対照表に計上されていますので，これらも相殺消去します。

(4)　S社の実施した配当金について，親会社への分（70％）は受取配当金と相殺し，非支配株主への分（30％）は非支配株主持分の減少として処理します。

問題 17−9

	借　方　科　目	金　　額	貸　方　科　目	金　　額
(1)	売　　上　　高	2,400,000	売　上　原　価	2,400,000
(2)	売　上　原　価	60,000	商　　　　品	60,000
(3)	支　払　手　形	150,000	受　取　手　形	150,000
(4)	買　　掛　　金	200,000	売　　掛　　金	200,000
(5)	貸　倒　引　当　金	7,000	貸倒引当金繰入	7,000

解説

(2) 期末商品に含まれている未実現利益 $\left(=¥360,000 \times \dfrac{20\%}{100\% + 20\%} = ¥60,000\right)$ は，商品を減額させるとともに，売上原価を増額させて消去します。

(3) 掛代金と同様に，連結会社間で約束手形を振り出していた場合も，未決済の受取手形と支払手形の金額を相殺消去します。

(5) 貸倒引当金の修正額は，受取手形¥150,000と売掛金¥200,000の合計額¥350,000の2％で，¥7,000となります。

問題 17−10

	借　方　科　目	金　　額	貸　方　科　目	金　　額
(1)	売　　上　　高	1,800,000	売　上　原　価	1,800,000
(2)	売　上　原　価	32,000	商　　　　品	32,000
	非支配株主持分	12,800	非支配株主に帰属する当期純利益	12,800
(3)	支　払　手　形	240,000	受　取　手　形	240,000
(4)	買　　掛　　金	120,000	売　　掛　　金	120,000

解説

アップ・ストリームの場合も基本的にダウン・ストリームの場合と同様に未実現利益を全額消去します。ただし，未実現利益が子会社の側に生じていますので，消去にともない子会社の当期純利益が減少していることから，持分比率に応じて非支配株主にも負担させる必要があります。

問題 17−11

（単位：千円）

	借　方　科　目	金　　額	貸　方　科　目	金　　額
(1)	固定資産売却益	25,000	土　　　　地	25,000
(2)	土　　　　地	12,000	固定資産売却損	12,000

解説

(1) 固定資産売却益25,000千円（売却価額95,000千円−帳簿価額70,000千円）は，未実現利益のため，全額消去します。

(2) 固定資産売却損12,000千円（売却価額48,000千円−帳簿価額60,000千円）は，未実現損失のため，全額消去します。

連 結 精 算 表　　　　　　　　　（単位：千円）

科　　目	個別貸借対照表		修正・消去		連　結貸借対照表
	P 社	S 社	借　方	貸　方	
諸　資　産	1,269,000	720,000			1,989,000
売　掛　金	400,000	100,000		65,000	435,000
貸倒引当金	△4,000	△1,000	650		△4,350
商　　　品	350,000	181,000		8,400	522,600
子会社株式	600,000			600,000	
［の　れ　ん］			150,000	15,000	135,000
	2,615,000	1,000,000	150,650	688,400	3,077,250
諸　負　債	415,000	143,000			558,000
買　掛　金	280,000	67,000	65,000		282,000
資　本　金	900,000	420,000	420,000		900,000
資本剰余金	450,000	180,000	180,000		450,000
利益剰余金	570,000	190,000	150,000	650	571,250
				15,000	
				16,000	
				8,400	
［非 支 配］株主持分				300,000	316,000
				16,000	
	2,615,000	1,000,000	854,400	316,650	3,077,250

解説　（仕訳の金額は千円単位）

(1)　投資と資本の相殺消去

（借）	資　本　金	420,000	（貸）	S　社　株　式	600,000
	資 本 剰 余 金	180,000		非支配株主持分	300,000
	利 益 剰 余 金	150,000			
	の　れ　ん	150,000			

　投資（S社株式）とS社の資本（資本金・資本剰余金・利益剰余金）を相殺消去します。また，P社は

S社の発行済株式総数の60%$\left(\dfrac{7,200株}{12,000株}\right)$の株式を取得したので，非支配株主の持分比率は40%になります。

したがって，S社の資本の40%相当額が非支配株主持分になります。S社株式の取得原価とS社の資本の

60%との差額150,000千円がのれんに計上されます。

(2)　のれんの償却

（借）	利 益 剰 余 金（の れ ん 償 却）	15,000	（貸）	の　れ　ん	15,000

　のれん150,000千円は，支配獲得の翌年度から10年間で均等償却するため，10分の1を減らします。た

だし，本問では連結貸借対照表のみを作成するため，のれん償却は利益剰余金の減少として仕訳します。

⑶ 当期純利益の非支配株主持分への振替え

| （借） | 利 益 剰 余 金
（非支配株主に帰属する当期純利益） | 16,000 | （貸） | 非 支 配 株 主 持 分 | 16,000 |

　　S社の貸借対照表に着目すると，20X1年3月31日に150,000千円だった利益剰余金が20X2年3月31日には190,000千円に増えています。S社は当該年度に配当を行っていないため，この増加分40,000千円がS社の当期純利益であり，そのうち40％の16,000千円を非支配株主持分に振り替える必要があります。なお，非支配株主に帰属する当期純利益は，連結上，利益剰余金の減少として仕訳します。

⑷ 商品売買にかかる未実現利益の消去

| （借） | 利 益 剰 余 金
（売 上 原 価） | 8,400 | （貸） | 商　　　　　　品 | 8,400 |

　　未実現利益は，28,000千円×30％＝8,400千円となります。本問では連結貸借対照表のみを作成するため，売上原価ではなく，利益剰余金の減少として仕訳します。

　（参考）

　　本問では連結貸借対照表のみを作成するため，求められてはいませんが，商品売買の内部売上に関して売上高と売上原価の相殺消去も行われています。

| （借） | 売 上 高 | 28,000 | （貸） | 売 上 原 価 | 28,000 |

⑸ 債権・債務の相殺消去

| （借） | 買 掛 金 | 65,000 | （貸） | 売 掛 金 | 65,000 |

⑹ 貸倒引当金の修正

| （借） | 貸 倒 引 当 金 | 650 | （貸） | 利 益 剰 余 金
（貸倒引当金繰入） | 650 |

　　貸倒引当金修正額は，65,000千円×1％＝650千円となります。本問では連結貸借対照表のみを作成するため，貸倒引当金繰入の減少ではなく，利益剰余金の増加として仕訳します。

⑺ 連結精算表の作成

　　上記連結修正仕訳を連結精算表の修正・消去欄に記入します。その上で，P社とS社の個別貸借対照表の合計に修正・消去欄の金額を加減し，連結貸借対照表の金額を求めます。

連結第2年度　　　　　　　　　　　連　結　精　算　表　　　　　　　　　　（単位：千円）

科　　　目	個別財務諸表		修正・消去		連結財務諸表
	P　社	S　社	借　方	貸　方	
貸　借　対　照　表					連結貸借対照表
諸　　資　　産	2,549,000	1,240,000			3,789,000
売　　掛　　金	860,000	420,000		176,000	1,104,000
商　　　　品	720,000	380,000		5,000	1,095,000
S　社　株　式	1,000,000			1,000,000	
［の　　れ　　ん］			157,500	17,500	140,000
資　産　合　計	5,129,000	2,040,000	❾ 157,500	❾ 1,198,500	⓮ 6,128,000
諸　　負　　債	775,000	320,000			1,095,000
買　　掛　　金	460,000	230,000	176,000		514,000
資　　本　　金	2,000,000	500,000	500,000		2,000,000
資　本　剰　余　金	500,000	280,000	280,000		500,000
利　益　剰　余　金	1,394,000	710,000	❻ 1,601,500	❻ 1,144,000	⓬ 1,646,500
非　支　配　株　主　持　分			❽ 37,500	❽ 410,000	⓭ 372,500
負債・純資産合計	5,129,000	2,040,000	❾ 2,595,000	❾ 1,554,000	⓮ 6,128,000
損　益　計　算　書					連結損益計算書
売　　上　　高	3,460,000	1,839,000	990,000		4,309,000
売　上　原　価	2,580,000	1,243,000	5,000	990,000	2,834,000
				4,000	
販売費及び一般管理費	590,000	367,000			957,000
営　業　外　収　益	340,000	110,000	112,500		337,500
営　業　外　費　用	70,000	39,000			109,000
［の　　れ　　ん］償却			17,500		17,500
当　期　純　利　益	560,000	300,000	❷ 1,125,000	❷ 994,000	729,000
非支配株主に帰属する当期純利益			75,000		75,000
親会社株主に帰属する当期純利益	560,000	300,000	❸ 1,200,000	❸ 994,000	⓫ 654,000
株主資本等変動計算書					連結株主資本等変動計算書
利益剰余金当期首残高	1,168,000	560,000	397,500		1,326,500
			4,000		
配　　当　　金	334,000	150,000		150,000	334,000
親会社株主に帰属する当期純利益	560,000	300,000	❹ 1,200,000	❹ 994,000	⓫ 654,000
利益剰余金当期末残高	1,394,000	710,000	❺ 1,601,500	❺ 1,144,000	⓬ 1,646,500
非支配株主持分当期首残高				335,000	335,000
非支配株主持分当期変動額			37,500	75,000	37,500
非支配株主持分当期末残高			❼ 37,500	❼ 410,000	⓭ 372,500

解説　（仕訳の金額は千円単位）

(1) 開始仕訳（連結第１年度に係る部分）

① 投資と資本の相殺消去

（借）資　本　金	500,000	（貸）Ｓ　社　株　式	1,000,000
資本剰余金	280,000	非支配株主持分当期首残高	275,000
利益剰余金当期首残高	320,000		
の　れ　ん	175,000		

　　本問では，連結精算表の中で連結株主資本等変動計算書を，利益剰余金と非支配株主持分に限って，期中の変動を記入させています。したがって，上記の連結修正仕訳では資本金と資本剰余金は，期首残高，当期変動額および期末残高と区別させずに，直接相殺消去されています。

② のれんの償却

（借）利益剰余金当期首残高	17,500	（貸）の　れ　ん	17,500

　　問題文の指示により，のれんを支配獲得の翌期から10年間で均等償却しています。

③ 当期純利益の振替え

（借）利益剰余金当期首残高	60,000	（貸）非支配株主持分当期首残高	60,000

　　連結第１年度のＳ社の当期純利益240,000千円の25%を非支配株主持分に振り替えます。なお，この期に配当を実施していないため，これにかかる連結修正仕訳は不要です。

以上，①から③をまとめると，次のとおりになります。

（借）資　本　金	500,000	（貸）Ｓ　社　株　式	1,000,000
資本剰余金	280,000	非支配株主持分当期首残高	335,000
利益剰余金当期首残高	397,500		
の　れ　ん	157,500		

(2) のれんの償却

（借）の　れ　ん　償　却	17,500	（貸）の　れ　ん	17,500

　　のれんを毎期同額ずつ償却します。のれん償却は，販売費及び一般管理費の区分に記載されますが，本問では解答欄にもとづき区別して表記します。

(3) Ｓ社が実施した配当金の消去

（借）受取配当金（営業外収益）	112,500	（貸）配　当　金	150,000
非支配株主持分当期変動額	37,500		

　　Ｓ社が実施した配当のうち，Ｐ社が受領した受取配当金（営業外収益）を消去し，非支配株主が受領した分は非支配株主持分の減少として処理します。

(4) 当期純利益の非支配株主持分への振替え

（借）非支配株主に帰属する当期純利益	75,000	（貸）非支配株主持分当期変動額	75,000

　　非支配株主に帰属する当期純利益：300,000千円×25%＝75,000千円

(5) 商品の内部売上の相殺消去

（借）売　上　高	990,000	（貸）売　上　原　価	990,000

(6) 商品売買の未実現利益の消去（ダウン・ストリーム）

① 期首分

（借）利益剰余金当期首残高	4,000	（貸）売　上　原　価	4,000

　　期首商品の未実現利益：$44,000千円 \times \dfrac{10\%}{100\% + 10\%} = 4,000千円$

② 期末分

(借) 売 上 原 価　　　5,000　(貸) 商　　　　　品　　　5,000

期末商品の未実現利益：55,000千円 × $\dfrac{10\%}{100\% + 10\%}$ = 5,000千円

(7) 債権債務の相殺消去

(借) 買　掛　金　　176,000　(貸) 売　掛　金　　176,000

(8) 連結精算表の完成（以下，①，⑩を除き〇数字は連結精算表の黒〇数字に対応しています）

① 上記の連結修正仕訳を修正・消去欄に記入します。

② 損益計算書の各行に関し，修正・消去欄を合計し，「当期純利益」の行に金額を記入します。

③ 上記②の金額に「非支配株主に帰属する当期純利益」を加算した金額を「親会社株主に帰属する当期純利益」の借方に記入します。貸方には②の金額をそのまま移記します。

④ 上記③の金額を株主資本等変動計算書の「親会社株主に帰属する当期純利益」に貸借とも移記します。

⑤ 株主資本等変動計算書の利益剰余金当期末残高を貸借とも算出します。

⑥ 上記⑤の金額を貸借対照表の「利益剰余金」の行に貸借とも移記します。

⑦ 株主資本等変動計算書の「非支配株主持分当期首残高」に「非支配株主持分当期変動額」を加算し，「非支配株主持分当期末残高」を貸借とも算出します。

⑧ 上記⑦の数値を貸借対照表の「非支配株主持分」の行に貸借とも移記します。

⑨ 貸借対照表の「資産合計」および「負債・純資産合計」を貸借とも算出します。

⑩ Ｐ社・Ｓ社の個別財務諸表の数値に修正・消去欄の金額を加算・減算して連結財務諸表の金額を算出します。

⑪ 連結損益計算書で算出した「親会社株主に帰属する当期純利益」と連結株主資本等変動計算書で算出した「親会社株主に帰属する当期純利益」が一致しているかを確認します。

⑫ 連結株主資本等変動計算書で算出した「利益剰余金当期末残高」と連結貸借対照表に計上した「利益剰余金」が一致しているかを確認します。

⑬ 連結株主資本等変動計算書で算出した「非支配株主持分当期末残高」と連結貸借対照表に計上した「非支配株主持分」が一致しているかを確認します。

⑭ 連結貸借対照表の「資産合計」と「負債・純資産合計」が一致しているかを確認します。

問題 17−14

連結損益計算書

20X1年4月1日〜20X2年3月31日 （単位：千円）

売　　上　　高	(6,418,000)
売　上　原　価	(4,215,000)
売　上　総　利　益	(2,203,000)
販売費及び一般管理費	(1,348,850)
営　業　利　益	(854,150)
営　業　外　収　益	(228,000)
営　業　外　費　用	(410,000)
当　期　純　利　益	(672,150)
非支配株主に帰属する当期純利益	(108,405)
親会社株主に帰属する当期純利益	(563,745)

連結貸借対照表

20X2年3月31日　（単位：千円）

【資産の部】

現　金　預　金	（	2,138,000)
売　　掛　　金	（	1,140,000)
貸　倒　引　当　金	（	△17,100)
商　　　　　品	（	1,060,000)
固　定　資　産	（	2,200,000)
の　　れ　　ん	（	134,000)
資 産 の 部 合 計	（	6,654,900)

【負債の部】

支　払　手　形	（	980,000)
買　　掛　　金	（	590,000)
長　期　借　入　金	（	850,000)
負 債 の 部 合 計	（	2,420,000)

【純資産の部】

資　　本　　金	（	1,700,000)
資　本　剰　余　金	（	500,000)
利　益　剰　余　金	（	1,543,995)
非 支 配 株 主 持 分	（	490,905)
純 資 産 の 部 合 計	（	4,234,900)
負債・純資産合計	（	6,654,900)

解説　（仕訳の金額は千円単位）

(1)　開始仕訳（連結第1年度にかかる部分）

①　投資と資本の相殺消去（資本連結）

（借）資　　本　　金	350,000	（貸）S　社　株　式	580,000
資　本　剰　余　金	150,000	非支配株主持分	337,500
利　益　剰　余　金	250,000		
の　　れ　　ん	167,500		

②　のれんの償却

（借）利　益　剰　余　金	16,750	（貸）の　れ　ん	16,750

　問題文の指示により，のれんを支配獲得の翌期から10年間で均等償却します。

　本問では，連結株主資本等変動計算書の作成が求められていないので，利益剰余金を直接減額します。

③　当期純利益の非支配株主持分への振替え

（借）利　益　剰　余　金	76,500	（貸）非支配株主持分	76,500

　連結第1年度のS社の当期純利益170,000千円の45％（100％－55％）を非支配株主持分に振り替えます。なお，この期に配当を実施していないので，これにかかる連結修正仕訳は不要です。

　本問では，連結株主資本等変動計算書の作成が求められていないので，利益剰余金を直接減額します。以上，①から③をまとめると，開始仕訳は次のとおりになります。

（借）資　　本　　金	350,000	（貸）S　社　株　式	580,000
資　本　剰　余　金	150,000	非支配株主持分	414,000
利　益　剰　余　金	343,250		
の　　れ　　ん	150,750		

(2)　連結第2年度にかかる処理

① のれんの償却

　　　（借）　の れ ん 償 却　　　16,750　（貸）　の　　れ　　ん　　16,750
　　　　　　（販売費及び一般管理費）

　のれんを毎期均等額償却します。のれん償却は，販売費及び一般管理費の区分に記載されます。

② 当期純利益の振替え

　　　（借）　非支配株主に帰属　　112,500　（貸）　非支配株主持分　　112,500
　　　　　　する当期純利益　　　　　　　　　　　　（非支配株主持分当期変動額）

　非支配株主に帰属する当期純利益：250,000千円×45％＝112,500千円

③ 配当金の授受

　　　（借）　受 取 配 当 金　　　22,000　（貸）　配　　当　　金　　40,000
　　　　　　（営 業 外 収 益）　　　　　　　　　　　（利 益 剰 余 金）

　　　　　　非支配株主持分　　　18,000
　　　　　　（非支配株主持分当期変動額）

　S社が実施した配当のうち，P社が受領した受取配当金を消去し，非支配株主が受領した分は非支配
株主持分の減少として処理します。

④ 商品の内部売上の相殺消去

　　　（借）　売　　上　　高　　575,000　（貸）　売　上　原　価　　575,000

⑤ 商品売買にかかる未実現利益の消去（アップ・ストリーム）

　㋐ 期首分

　　　（借）　利 益 剰 余 金　　　30,000　（貸）　売　上　原　価　　30,000
　　　　　　（利益剰余金当期首残高）

　　　（借）　非支配株主持分　　　13,500　（貸）　利 益 剰 余 金　　13,500
　　　　　　（非支配株主持分当期首残高）

　　　（借）　非支配株主に帰属　　13,500　（貸）　非支配株主持分　　13,500
　　　　　　する当期純利益　　　　　　　　　　　　（非支配株主持分当期変動額）

　　・期首商品の未実現利益：$150,000千円×\dfrac{25\%}{100\%+25\%}=30,000千円$

　　・非支配株主持分変動額：30,000千円×45％＝13,500千円

　㋑ 期末分

　　　（借）　売　上　原　価　　　40,000　（貸）　商　　　　品　　40,000

　　　（借）　非支配株主持分　　　18,000　（貸）　非支配株主に帰属　　18,000
　　　　　　（非支配株主持分当期変動額）　　　　　　する当期純利益

　　・期末商品の未実現利益：$200,000千円×\dfrac{25\%}{100\%+25\%}=40,000千円$

　　・非支配株主持分当期変動額：40,000千円×45％＝18,000千円

⑥ 債権債務の相殺消去

　　　（借）　買　　掛　　金　　60,000　（貸）　売　　掛　　金　　60,000

⑦ 貸倒引当金の修正

　　　（借）　貸 倒 引 当 金　　　　900　（貸）　貸倒引当金繰入　　　900
　　　　　　　　　　　　　　　　　　　　　　　　（販売費及び一般管理費）

　　　（借）　非支配株主に帰属　　　405　（貸）　非支配株主持分　　　405
　　　　　　する当期純利益　　　　　　　　　　　　（非支配株主持分当期変動額）

　　・貸倒引当金修正額：60,000千円×1.5％＝900千円

　　・非支配株主持分当期変動額：900千円×45％＝405千円

⑧ 土地売買に関する土地売却益の消去

　　　（借）　固定資産売却益　　100,000　（貸）　土　　　　地　　100,000
　　　　　　（特 別 利 益）　　　　　　　　　　　（固 定 資 産）

73

土地売却益の修正額：300,000千円−200,000千円

⑨ 資金の貸借および利息の相殺

(借)	長 期 借 入 金 （固 定 負 債）	500,000	(貸)	長 期 貸 付 金 （固 定 資 産）	500,000
	受 取 利 息 （営 業 外 収 益）	20,000		支 払 利 息 （営 業 外 費 用）	20,000

第18章 総合模擬問題(1)

問題 18−1 (20点)

	借 方 科 目	金 額	貸 方 科 目	金 額
1	（オ）	800,000	（イ）	800,000
2	（イ）	70,000,000	（ウ）	35,000,000
	（　）		（エ）	35,000,000
	（カ）	150,000	（ア）	150,000
3	（キ）	400,000	（ア）	400,000
	（ク）	40,000	（エ）	40,000
4	（イ）	2,000,000	（キ）	2,000,000
	（ク）	2,000,000	（エ）	2,000,000
5	（ウ）	270,000	（ア）	300,000
	（カ）	30,000	（　）	
	（オ）	270,000	（ク）	270,000

仕訳１組につき４点。合計20点。

解説

1. 神戸支店は本店が支払うべき買掛金を代わって支払ったので，本店に対する債権が増加しています。そのため，借方は「本店」と仕訳します。なお，問題文では求められていませんが，本店側の仕訳は，

　　　　(借) 買　　掛　　金　800,000　(貸) 支　　　　　店　800,000

となります。

2. 会社法では，原則として株式の発行価額の総額を資本金とすることとされていますが，半額を超えない金額を資本金としないことも容認されています。資本金に組み入れない部分は「資本準備金」と仕訳します。また，会社設立にあたってかかった費用はすべて「創立費」を用いて仕訳します。

3. 商品配達用のトラックは固定資産であるため，その取得のために約束手形を振り出したのであれば「営業外支払手形」を用いて仕訳します。「支払手形」を使用してはなりません。また，利息は手形振出時に全額資産とするという指示にもとづいて，「前払利息」とします。参考までに，取得時の仕訳を示すと，下記のとおりとなります。なお，「前払利息」を「前払費用」と仕訳しても別解として認められます。

　　　　(借) 車 両 運 搬 具　1,440,000　(貸) 営業外支払手形　1,600,000

　　　　　　前 払 利 息　　160,000

　　利息は定額法で処理しますので，￥40,000｛￥1,600,000（￥400,000×４枚）−現金購入価額￥1,440,000）÷４カ月｝が毎月の支払時に「支払利息」として費用計上されます。

4. 国庫補助金を受け取った場合，「国庫補助金受贈益」（収益）と仕訳します。また，直接控除方式で圧縮記帳をするにあたっては，「固定資産圧縮損」（費用）と仕訳するとともに資産の帳簿価額を減額します。

5. コピー機の見積現金購入価額が￥1,620,000と判明しているので，リース契約締結時に，

（借）リース資産　　1,620,000　（貸）リ ー ス 債 務　　1,620,000

と仕訳されています。そこで，リース料支払日に支払ったリース料￥300,000から利息相当額￥30,000
{（￥300,000×6年－￥1,620,000）÷6年} を差し引いた￥270,000はリース債務を返済したと考えます。また，リース資産については，残存価額ゼロ，耐用年数を6年とする定額法によって減価償却を行います。

問題 18－2 （20点）

問1

銀行勘定調整表
20X2年3月31日

銀行の残高証明書の残高			（　　325,800）
加算：［　　②　　］	（　38,000）		
［　　④　　］	（　24,700）	（　62,700）	
減算：［　　①　　］	（　21,000）		
［　　③　　］	（　16,500）	（　37,500）	
当社の当座預金勘定の残高			（　351,000）

■ 1つにつき3点。

問2

	修　正　仕　訳			
	借 方 科 目	金　　額	貸 方 科 目	金　　額
①	当 座 預 金	21,000	有価証券利息	21,000
②	現　　　　金	38,000	当 座 預 金	38,000
③	仕 訳 な し			
④	仕 訳 な し			

①～④それぞれにつき2点。

問3

有 価 証 券 利 息

日　付		摘　　要	仕丁	借　　方	貸　　方	借または貸	残　　高
年	月 日						
20X1	6 12	未 払 金		8,400		借	8,400
	9 30	当 座 預 金			21,000	貸	12,600
20X2	3 31	当 座 預 金			21,000	〃	33,600
	〃 〃	損　　　益		33,600			
				42,000	42,000		

■ 1つにつき3点。合計20点。

解説

問1　銀行勘定調整表の作成にあたって，銀行の残高証明書残高から始まっているので，加算には「企業のみ受入記入・銀行のみ引出記入」を記入し，減算には「企業のみ引出記入・銀行のみ受入記入」を記載します（誤記入を除く）。

①の銀行のみ受入記入（企業側の受入未記入）である有価証券利息の金額

$$＝国債額面￥5,000,000×年利0.84\%×\frac{6カ月}{12カ月}＝￥21,000$$

問2　①は企業側の未記入，②は誤記入のため，当座預金勘定を修正する必要があります。

75

問3 購入日と利払日は次のように仕訳します。

20X1年6月12日	（借）	売買目的有価証券	4,940,000[※1]	（貸）	未　払　金	4,948,400
		有価証券利息	8,400[※2]			
20X1年9月30日	（借）	当座預金	21,000	（貸）	有価証券利息	21,000
20X2年3月31日	（借）	当座預金	21,000	（貸）	有価証券利息	21,000

※1　売買目的有価証券の金額 = 額面 ¥5,000,000 × $\dfrac{¥98.8}{¥100}$ = ¥4,940,000

※2　端数利息の金額 = 額面 ¥5,000,000 × 利率0.84% × $\dfrac{73日（4月1日～6月12日）}{365日}$ = ¥8,400

貸 借 対 照 表　　　　（単位：円）

20X5年 3 月31日

資産の部

Ⅰ	流 動 資 産		
1	現 金 及 び 預 金		（　1,650,060）
2	電 子 記 録 債 権	205,000	
	貸 倒 引 当 金	（　2,460）	（　202,540）
3	売 掛 金	（　435,000）	
	貸 倒 引 当 金	（　5,220）	（　429,780）
4	商 品		（　276,760）
	流 動 資 産 合 計		（　2,559,140）
Ⅱ	固 定 資 産		
1	建 物	840,000	
	減価償却累計額	（　42,000）	（　798,000）
2	（投資有価証券）		（　749,700）
	固 定 資 産 合 計		（　1,547,700）
	資 産 合 計		（　4,106,840）

負債の部

Ⅰ	流 動 負 債		
1	買 掛 金		706,000
2	契 約 負 債		（　193,000）
3	短 期 借 入 金		（　180,000）
4	（未 払 費 用）		（　290）
5	未 払 法 人 税 等		（　79,690）
	流 動 負 債 合 計		（　1,158,980）
Ⅱ	固 定 負 債		
1	長 期 借 入 金		（　270,000）
2	（繰 延 税 金 負 債）		（　1,000）
	固 定 負 債 合 計		（　271,000）
	負 債 合 計		（　1,429,980）

純資産の部

Ⅰ	株 主 資 本		
1	資 本 金		1,250,000
2	資 本 剰 余 金		
	(1) 資 本 準 備 金	427,060	427,060
3	利 益 剰 余 金		
	(1) 利 益 準 備 金	312,500	
	(2) その他利益剰余金		
	（繰越利益剰余金）	（　678,000）	（　990,500）
	株 主 資 本 合 計		（　2,667,560）
Ⅱ	評価・換算差額等		
	(1) （その他有価証券評価差額金）	（　9,300）	（　9,300）
	評価・換算差額等合計		（　9,300）
	純 資 産 合 計		（　2,676,860）
	負債及び純資産合計		（　4,106,840）

■ 1 つにつき 2 点。合計20点。

解説

　問題文で示されている「税効果会計を適用する。…，将来においても税率は変わらないと見込まれている。なお，繰延税金資産は全額回収可能性があるものとする」という注意点は，別解が生じる可能性を排除するもので，2 級では当該注意書きについて特段の考慮は要しません。

【決算整理事項等】

1． （借）普 通 預 金 960 （貸）受取利息配当金 1,200
　　　　仮 払 法 人 税 等 240

　　受取利息配当金：¥960÷（100％−20％）＝¥1,200

　　仮払法人税等：¥1,200×20％＝¥240

　　普通預金：¥1,200−¥240＝¥960

2． （借）為 替 差 損 益 3,000 （貸）売 　 掛 　 金 3,000

　　（¥162,000÷¥108）×（¥108−¥106）＝¥3,000

　　契約負債は仕訳なし。

3．⑴　振り戻し処理

　　　　（借）その他有価証券 56,000 （貸）その他有価証券評価差額金 42,000
　　　　　　　　　　　　　　　　　　　　　　　繰 延 税 金 資 産 14,000

　　その他有価証券：¥42,000^{TBその他有価証券評価差額金}÷（100％−25％）＝¥56,000

　　その他有価証券評価差額金：¥56,000×（100％−25％）＝¥42,000

　　繰延税金資産：¥56,000×25％＝¥14,000

　　⑵　期末時価評価処理

　　　　（借）その他有価証券 12,400 （貸）その他有価証券評価差額金 9,300
　　　　　　　　　　　　　　　　　　　　　　　繰 延 税 金 負 債 3,100

　　その他有価証券：¥349,700^{A社株式時価}−（¥281,300^{TBその他有価証券}+¥56,000^{振り戻し金額}）＝¥12,400

　　その他有価証券評価差額金：¥12,400×（100％−25％）＝¥9,300

　　繰延税金負債：¥12,400×25％＝¥3,100

4． （借）仕 　 　 　 入 308,000 （貸）繰 越 商 品 308,000
　　（借）繰 越 商 品 285,000 （貸）仕 　 　 　 入 285,000
　　（借）棚 卸 減 耗 損 4,500 （借）繰 越 商 品 8,240
　　　　　商 品 評 価 損 3,740

　　商品期末棚卸高：190個×@¥1,500＝¥285,000

　　棚卸減耗損：（190個−187個）×@¥1,500＝¥4,500

　　商品評価損：187個×（@¥1,500−@¥1,480）＝¥3,740

5． （借）減 価 償 却 費 42,000 （貸）建物減価償却累計額 42,000
　　（借）繰 延 税 金 資 産 2,100 （貸）法 人 税 等 調 整 額 2,100

　　減価償却費：$¥840,000×\dfrac{1年}{20年}＝¥42,000$

　　損金算入額：$¥840,000×\dfrac{1年}{25年}＝¥33,600$

　　繰延税金資産：（¥42,000−¥33,600）×25％＝¥2,100

　　貸借対照表における繰延税金は，その他有価証券評価差額金における繰延税金負債¥3,100（3．）と減価償却費損金算入限度超過額に係る繰延税金資産¥2,100とを相殺し，純額の繰延税金負債¥1,000をもって固定負債に計上します。

6．借入金は，貸借対照表上，決算日の翌日から起算して1年以内に返済期限が到来する分は短期借入金として流動負債の区分に，1年を超えて返済期限が到来する分は長期借入金として固定負債の区分に表示されます。

　　短期借入金：$¥450,000×\dfrac{12カ月^{翌期期限到来月数}}{（3年×12カ月）−6カ月_{返済残存期間}}＝¥180,000$

　　長期借入金：¥450,000−¥180,000＝¥270,000

7．　　　（借）　貸倒引当金繰入　　　6,660　（貸）　貸倒引当金　　　　　6,660

　　電子記録債権：¥205,000×1.2％＝¥2,460

　　売掛金：（¥438,000－3,000）×1.2％－1,020＝¥4,200
　　　　　　　　　　　　２．為替差損

8．　　　（借）　その他の販売管理費　　　290　（貸）　未　払　費　用　　　　　290

9．　　　（借）　法人税，住民税及び事業税　119,000　（貸）　仮払法人税等　　　39,310

　　　　　　　　　　　　　　　　　　　　　　　未　払　法　人　税　等　　79,690

　　未払法人税等：¥119,000－（¥39,070＋¥240）＝¥79,690
　　　　　　　　　　　　　仮払法人税等

第19章　総合模擬問題(2)

	借　方　科　目	金　　額	貸　方　科　目	金　　額
1	（ウ） （カ）	9,820,000 18,000	（ア） （　）	9,838,000
2	（ウ）	8,000	（イ）	8,000
3	（ア） （　）	600,000	（ク） （カ）	540,000 60,000
4	（オ） （ク）	720,000 20,000	（イ） （オ）	720,000 20,000
5	（カ） （　） （　）	10,500,000	（エ） （ア） （オ）	500,000 7,000,000 3,000,000

仕訳1組につき4点。合計20点。

解説

1．売買目的で取得した他社発行の社債は「売買目的有価証券」とし，手数料を取得原価に含めます。端数利息は，¥10,000,000×0.73％×90日（前回の利払日の翌日の10月1日から12月29日までの90日間）÷365日で求めます。

2．為替予約による差額¥8,000 ｛（¥110－¥108）×4,000ドル｝は「為替差損益」とします。

3．姫路商事は契約で定められたリベートの条件を達成する可能性が高いと見込まれるため，販売価格の10％に当たる¥60,000は売上として認識せずに返金負債として計上します。

4．問題文の指示に従い，いったん全額を「長期前払費用」に計上し，そのあとに当月分を「広告宣伝費」に振り替えます。

5．会社法では，準備金は資本金の4分の1に達するまで積み立てることになっていますが，すでに資本準備金と利益準備金を合わせて¥9,500,000積み立てた状態です。したがって，本問では資本金¥40,000,000の4分の1の¥10,000,000まで準備金を積み立てればよいので，差額の¥500,000と，配当額の10分の1の¥700,000を比較していずれかの低い方の金額，すなわち¥500,000のみ利益準備金に計上することになります。

問題 19-2 (20点)

連結第4年度　　　　　　　　　　連 結 精 算 表　　　　　　　　　　（単位：千円）

科　目	個別財務諸表		修正・消去		連結財務諸表
	P 社	S 社	借 方	貸 方	
貸 借 対 照 表					連結貸借対照表
諸　　資　　産	2,176,500	893,400			3,069,900
売　　掛　　金	720,000	340,000		120,000	940,000
貸 倒 引 当 金	△10,800	△5,100			△15,900
商　　　　　品	643,000	338,000		10,500	970,500
S 社 株 式	872,000			872,000	
土　　　　　地	74,300	98,700	31,000		204,000
［の　れ　ん］			272,000	16,000	256,000
資 産 合 計	4,475,000	1,665,000	303,000	1,018,500	5,424,500
諸　　負　　債	497,400	267,000			764,400
買　　掛　　金	387,000	199,000	120,000		466,000
資　　本　　金	1,750,000	400,000	400,000		1,750,000
資 本 剰 余 金	620,000	240,000	240,000		620,000
利 益 剰 余 金	1,220,600	559,000	402,000 / 9,000 / 887,700	60,000 / 3,600 / 804,200	1,348,700
非 支 配 株 主 持 分			24,000 / 3,600 / 4,200	442,000 / 61,600 / 3,600	475,400
負債・純資産合計	4,475,000	1,665,000	2,090,500	1,375,000	5,424,500
損 益 計 算 書					連結損益計算書
売　　上　　高	2,779,000	1,574,000	760,000		3,593,000
売 上 原 価	2,084,000	1,180,000	10,500 / 9,000	760,000	2,505,500
販売費及び一般管理費	346,000	299,000			645,000
営 業 外 収 益	197,000	156,000	36,000		317,000
営 業 外 費 用	221,000	97,000			318,000
特 別 損 失	31,000			31,000	
［の れ ん］償却			16,000		16,000
当 期 純 利 益	294,000	154,000	822,500	800,000	425,500
非支配株主に帰属する当期純利益			61,600	4,200	61,000
			3,600		
親会社株主に帰属する当期純利益	294,000	154,000	887,700	804,200	364,500

▨ 1つにつき2点。合計20点。

解説　（仕訳の金額は千円単位）

(1)　開始仕訳（連結第1年度から連結第3年度までにかかる部分）

①　投資と資本の相殺消去

（借）資　　本　　金　　400,000　（貸）S　社　株　式　　872,000
　　　資 本 剰 余 金　　240,000　　　　非 支 配 株 主 持 分　368,000
　　　利 益 剰 余 金　　280,000
　　　の　　れ　　ん　　320,000

本問では，株主資本等変動計算書の作成が求められていませんので，利益剰余金と非支配株主持分を直

接増減させています。

② のれんの償却

（借）利 益 剰 余 金　　48,000　（貸）の れ ん　　48,000

　問題文の指示により，のれんを支配獲得の翌期から20年間で均等償却しています。連結第3年度までの3年分償却します（320,000千円÷20年×3年＝48,000千円）。

③ 当期純利益の振替え

（借）利 益 剰 余 金　　74,000　（貸）非支配株主持分　　74,000

　連結第4年度の利益剰余金当期首残高が465,000千円（S社の利益剰余金559,000千円－S社の当期純利益154,000千円＋S社の配当金60,000千円）であるため，20X0年3月末の280,000千円との差額185,000千円が3年間の当期純利益の合計額となります。連結第1年度から連結第3年度までのS社の当期純利益の合計185,000千円の40％を非支配株主持分に振り替えます。なお，この期間に配当を実施していないため，配当にかかる連結修正仕訳は不要です。

　以上，①から③をまとめると，次のとおりになります。

（借）資 本 金	400,000	（貸）S 社 株 式	872,000
資 本 剰 余 金	240,000	非支配株主持分	442,000
利 益 剰 余 金	402,000		
の れ ん	272,000		

(2) のれんの償却

（借）の れ ん 償 却　　16,000　（貸）の れ ん　　16,000

　のれんを毎期同額ずつ償却します（320,000千円÷20年）。のれん償却は販売費及び一般管理費の区分に含まれますが，精算表の科目欄で記入欄が設けられているため，そこに記入します。

(3) 当期純利益の非支配株主持分への振替え

（借）非支配株主に帰属する当期純利益　　61,600　（貸）非支配株主持分　　61,600

　非支配株主に帰属する当期純利益：154,000千円×（100％－60％）＝61,600千円

(4) 配当金

（借）受 取 配 当 金（営業外収益）　　36,000　（貸）利 益 剰 余 金（配 当 金）　　60,000

（借）非支配株主持分　　24,000

　S社が実施した配当のうち，P社が受領した受取配当金（営業外収益）（60,000千円×60％）を消去し，非支配株主が受領した分（60,000千円×40％）は非支配株主持分の減少として処理します。

(5) 商品売買の相殺消去

（借）売 上 高　　760,000　（貸）売 上 原 価　　760,000

(6) 未実現利益の消去

① 期首分

（借）利 益 剰 余 金　　9,000　（貸）売 上 原 価　　9,000

（借）非支配株主持分　　3,600　（貸）利 益 剰 余 金　　3,600

（借）非支配株主に帰属する当期純利益　　3,600　（貸）非支配株主持分　　3,600

　期首商品の未実現利益：36,000千円×25％＝9,000千円

　非支配株主持分への調整額：9,000千円×40％＝3,600千円

② 期末分

（借）売 上 原 価　　10,500　（貸）商 品　　10,500

81

（借）非支配株主持分　4,200　（借）非支配株主に帰属する当期純利益　4,200

期末商品の未実現利益：42,000千円×25％＝10,500千円

非支配株主持分への負担額：10,500千円×40％＝4,200千円

(7) 債権債務の相殺消去

（借）買　掛　金　120,000　（貸）売　掛　金　120,000

(8) 土地売却損の修正

（借）土　　　地　31,000　（貸）土地売却損（特別損失）　31,000

土地売却損は，特別損失の区分に記載されます。

土地の修正額：129,700千円－98,700千円＝31,000千円

問題 19－3 （20点）

損　益　計　算　書

自20X7年4月1日　至20X8年3月31日　（単位：円）

Ⅰ	売　上　高				5,070,000
Ⅱ	売　上　原　価				
	1	商品期首棚卸高	（　351,000）		
	2	当期商品仕入高	（2,808,000）		
		合　　計	（3,159,000）		
	3	商品期末棚卸高	（　312,000）		
		差　　引	（2,847,000）		
	4	棚卸減耗損	（　26,000）		
	5	商品評価損	（　28,600）	（2,901,600）	
		売上総利益		（2,168,400）	
Ⅲ	販売費及び一般管理費				
	1	給　　料	969,010		
	2	支払地代	122,200		
	3	保険料	（286,000）		
	4	（減価償却費）	（385,320）		
	5	貸倒引当金繰入	（24,570）		
	6	（修繕引当金）繰入	（216,000）	（2,003,100）	
		営業利益		（165,300）	
Ⅳ	営業外費用				
	1	（支払利息）	（20,800）	（20,800）	
		経常利益		（144,500）	
Ⅴ	特別利益				
	1	（固定資産売却益）	（77,500）	（77,500）	
		税引前当期純利益		（222,000）	
		法人税，住民税及び事業税		（66,600）	
		当期純利益		（155,400）	

貸 借 対 照 表

20X8年3月31日　　　　　　　　　　　　　　　　　　　（単位：円）

資 産 の 部			負 債 の 部		
I 流 動 資 産			**I 流 動 負 債**		
1 現 金 及 び 預 金		(2,615,490)	1 買 掛 金		566,000
2 受 取 手 形 (130,000)			2 (返 金 負 債)		(253,500)
貸 倒 引 当 金 (3,900)		(126,100)	3 (修 繕) 引 当 金		(1,651,000)
3 売 掛 金 (949,000)			4 未 払 法 人 税 等		(38,600)
貸 倒 引 当 金 (28,470)		(920,530)	流 動 負 債 合 計		(2,509,100)
4 商 品		(257,400)	**II 固 定 負 債**		
5 前 払 費 用		(26,000)	1 長 期 借 入 金		468,000
流 動 資 産 合 計		(3,945,520)	固 定 負 債 合 計		(468,000)
II 固 定 資 産			負 債 合 計		(2,977,100)
1 建 物	5,200,000		**純 資 産 の 部**		
減価償却累計額 (1,560,000)		(3,640,000)	**I 株 主 資 本**		
2 備 品	1,560,000		1 資 本 金		3,250,000
減価償却累計額 (1,024,920)		(535,080)	2 資 本 剰 余 金		
3 投 資 有 価 証 券		(234,000)	(1) 資 本 準 備 金	780,000	780,000
4 (繰 延 税 金 資 産)		(5,850)	2 利 益 剰 余 金		
固 定 資 産 合 計		(4,414,930)	(1) 利 益 準 備 金	715,000	
			(2) その他利益剰余金		
			新 築 積 立 金	377,000	
			(繰越利益剰余金) (275,000)		(1,367,000)
			株 主 資 本 合 計		(5,397,000)
			II 評価・換算差額等		
			その他有価証券評価差額金 (△13,650)		
			評価・換算差額等合計 (△13,650)		(△13,650)
			純 資 産 合 計		(5,383,350)
資 産 合 計		(8,360,450)	負債及び純資産合計		(8,360,450)

　　　　　　　　　　　　　　　　　　　■ 1つにつき2点。合計20点。

解説

1. (1) （借）現 金 預 金　130,000　（貸）受 取 手 形　130,000
   (2) （借）現 金 預 金　39,000　（貸）売 掛 金　39,000
   (3) 未取付小切手のため，仕訳なし。

2. 　（借）貸倒引当金繰入　24,570　（貸）貸 倒 引 当 金　24,570
   {（¥260,000－¥130,000）+（¥988,000－¥39,000）} × 3％ － ¥7,800 ＝ ¥24,570
   （受取手形）　　　　　　　　　（売掛金）　　　　　　　（貸倒引当金）

3. 　（借）その他有価証券評価差額金　13,650　（貸）その他有価証券　19,500
   　　　　繰 延 税 金 資 産　5,850
   繰延税金資産：（¥253,500－¥234,000）×30％ ＝ ¥5,850

4. 　（借）仕 入　351,000　（貸）繰 越 商 品　351,000
   　（借）繰 越 商 品　312,000　（貸）仕 入　312,000
   　（借）棚 卸 減 耗 損　26,000　（貸）繰 越 商 品　54,600
   　　　　商 品 評 価 損　28,600
   商品期末棚卸高：1,200個×@¥260 ＝ ¥312,000
   棚 卸 減 耗 損：（1,200個－1,100個）×@¥260 ＝ ¥26,000
   商 品 評 価 損：1,100個×（@¥260－@¥234） ＝ ¥28,600

5．　（借）減 価 償 却 費　　385,320　（貸）建物減価償却累計額　　156,000
　　　　　　　　　　　　　　　　　　　　　　　備品減価償却累計額　　229,320

　　建物：（¥5,200,000 − ¥5,200,000 × 10％）÷ 30年 = ¥156,000

　　備品：（¥1,560,000 − ¥795,600）× 30％ = ¥229,320

6．　（借）修 繕 引 当 金 繰 入　　216,000　（貸）修 繕 引 当 金　　216,000
　　　　　貸借対照表　　　　残高試算表
　　¥1,651,000 − ¥1,435,000 = ¥216,000

7．　（借）前 払 保 険 料　　26,000　（貸）保　　険　　料　　26,000
　　　　　　　残高試算表　　　　1 カ月（20X8年 4 月分）
　　¥312,000 ×──────────────── = ¥26,000
　　　　　　　　　　　　12カ月

8．　（借）法人税，住民税及び事業税　　66,600　（貸）仮　　払　　金　　28,000
　　　　　　　　　　　　　　　　　　　　　　　　　　未 払 法 人 税 等　　38,600
　　　　　　　　　　　　　　　　　　　　中間納付等　　　確定納付（貸借対照表）
　　法人税，住民税及び事業税（損益計算書）：¥28,000 ＋ ¥38,600 ＝ ¥66,600

第20章
総合模擬問題(3)

問題 20−1 (20点)

	借　方　科　目	金　　　額	貸　方　科　目	金　　　額
1	（ カ ） （ エ ） （ イ ） （ キ ）	37,500 900,000 240,000 22,500	（ ウ ） （ 　 ） （ 　 ） （ 　 ）	1,200,000
2	（ エ ）	762,300	（ イ ）	762,300
3	（ イ ） （ 　 ）	783,000	（ キ ） （ ウ ）	285,000 498,000
4	（ ア ） （ 　 ）	20,000,000	（ イ ） （ オ ）	19,980,000 20,000
5	（ ア ） （ エ ）	1,300,000 645,000	（ ウ ） （ イ ）	1,300,000 645,000

仕訳 1 組につき 4 点。合計20点。

解説

1．売却した備品の当期首の減価償却累計額，当期分の減価償却費および売却時の帳簿価額は以下のとおりです。

　　・減価償却累計額＝¥1,200,000 ÷ 8 年 × 6 年 = ¥900,000

　　・減価償却費＝¥1,200,000 ÷ 8 年 × 3 カ月/12カ月 = ¥37,500

　　・帳簿価額＝取得原価¥1,200,000 −（減価償却累計額¥900,000 ＋ 減価償却費¥37,500）= ¥262,500

　　よって，固定資産売却損＝備品の帳簿価額¥262,500 − 売価¥240,000 = ¥22,500

　　なお，事務用備品の売却取引は営業外取引のため，対価として受け取った約束手形は「営業外受取手形」として処理します。

2．すでに適正に記帳済みである奈良商事株式会社からの掛仕入取引の仕訳を示せば，以下のとおりです。

　　（借）仕　　　　　　入　　693,000　（貸）買　　掛　　金　　762,300
　　　　　仮 払 消 費 税　　69,300

　　本問の取引は，上記の取引を前提として，当該買掛金¥762,300の支払いに対して，すでに保有してい

るびわこ産業株式会社に対する電子記録債権のうち同額分を譲渡する取引を示します。なお，買掛金の支払額（電子記録債権の譲渡額）は，消費税込みの仕入額と同額になります。

3．前提として，6月2日に商品Aを引き渡した際には，まだ商品Bが引き渡されておらず，すべての履行義務を充足していないので，この時点では代金を請求することができず，売掛金ではなく，「契約資産」として処理し，同額を売上計上します。仕訳を示せば，以下のとおりです。

　　　　（借）契 約 資 産　　498,000　　（貸）売　　　　　　上　　498,000

　　本問では，商品Bを引き渡した時点の仕訳を求めており，商品Bの引渡しによってすべての履行義務が充足され，この時点で商品Aを含めて代金を請求できるため，商品Bの売上を計上するとともに，上記の「契約資産」を「売掛金」に振り替えます。

4．倉庫の火災発生時（20X9年5月31日）の減価償却累計額と当期の減価償却費の計算は以下のとおりです。
　　・20X1年4月1日〜20X9年3月31日（8年分）の減価償却累計額＝¥27,000,000÷25年×8年＝¥8,640,000
　　・20X9年4月1日〜20X9年5月31日（当期2カ月分）の減価償却費＝¥27,000,000÷25年×2カ月/12カ月
　　　＝¥180,000

　　よって，火災発生時（20X9年5月31日）の仕訳を示せば，以下のとおりです。

　　　　（借）建物減価償却累計額　　8,640,000　　（貸）建　　　　　物　　27,000,000
　　　　　　減 価 償 却 費　　　180,000　　　　　仕　　　　　入　　　1,800,000
　　　　　　未　 決　 算　　 19,980,000

　　本問では，保険金の受取額¥20,000,000が上記の未決算勘定¥19,980,000よりも¥20,000上回るので，同額が「保険差益（収益)」として計上されます。

5．本問はサービス業の取引です。以前，松本商事株式会社から依頼のあったアンケート調査に係る費用が明確になった時点で，以下のような仕訳を行っています。

　　　　（借）仕　 掛　 品　　645,000　　（貸）給　　　　　料　　460,000
　　　　　　　　　　　　　　　　　　　　　　旅 費 交 通 費　　150,000
　　　　　　　　　　　　　　　　　　　　　　消 耗 品 費　　　35,000

　　本日の取引は，完成したアンケート調査報告書を同社へ引き渡したものであるので，対価である¥1,300,000を「役務収益」として処理し，上記の仕掛品の額¥645,000を当該「役務収益」に対応する費用たる「役務原価」へ振り替えます。

問題 20-2 (20点)

株主資本等変動計算書
自 20X1年4月1日 至 20X2年3月31日 （単位：千円）

	株主資本			
	資本金	資本剰余金		
		資本準備金	その他資本剰余金	資本剰余金合計
当期首残高	37,500	7,500	1,750	9,250
当期変動額				
剰余金の配当				
新株の発行	7,800	7,800		7,800
吸収合併	9,000		6,400	6,400
当期純利益				
株主資本以外の項目の当期変動額（純額）				
当期変動額合計	16,800	7,800	6,400	14,200
当期末残高	54,300	15,300	8,150	23,450

（上段から続く）

	株主資本					評価・換算差額等		純資産合計
	利益剰余金				株主資本合計	その他有価証券評価差額金	評価・換算差額等合計	
	利益準備金	その他利益剰余金		利益剰余金合計				
		別途積立金	繰越利益剰余金					
当期首残高	1,720	970	4,290	6,980	53,730	51	51	53,781
当期変動額								
剰余金の配当	155		△1,955	△1,800	△1,800			△1,800
新株の発行					15,600			15,600
吸収合併					15,400			15,400
当期純利益			870	870	870			870
株主資本以外の項目の当期変動額（純額）						21	21	21
当期変動額合計	155	－	△1,085	△930	30,070	21	21	30,091
当期末残高	1,875	970	3,205	6,050	83,800	72	72	83,872

▨1つにつき2点。合計20点。

解説

　[資料] における，各取引の仕訳（単位：円）を示せば以下のとおりです。

2. ① 　（借）繰越利益剰余金　1,800,000　（貸）未払配当金　1,800,000
　　　　※1株当たり配当額￥12×発行済株式総数150,000株＝￥1,800,000
　 ② 　（借）繰越利益剰余金　155,000　（貸）利益準備金　155,000

※準備金計上額は，配当額の1/10の金額と，資本金の1/4から資本準備金と利益準備金の合計額を控除した金額（準備金合計の上限までの残額）のいずれか低い方の額となります。

配当額の1/10の額＝¥1,800,000×1/10＝¥180,000

準備金合計の上限までの残額＝資本金¥37,500,000×1/4

－（資本準備金¥7,500,000＋利益準備金¥1,720,000）

＝¥155,000

したがって，利益準備金の計上額は¥155,000です。

3. （借）○　○　預　金　15,600,000　（貸）資　　本　　金　7,800,000

資　本　準　備　金　7,800,000

※新株1株当たり発行額¥520×発行株式数30,000株＝¥15,600,000

会社法が定める資本金の最低計上額は払込総額の1/2であるので，資本金計上額は¥7,800,000であり，残額は資本準備金（株式払込剰余金）として計上します。

4. （借）諸　　資　　産　27,600,000　（貸）諸　　負　　債　12,500,000

の　　れ　　ん　　300,000　　　資　　本　　金　9,000,000

その他資本剰余金　6,400,000

※のれん＝新株1株当たり交付額¥550×発行株式数28,000株－（諸資産¥27,600,000

－諸負債¥12,500,000）＝¥300,000

5. 当期首：（借）その他有価証券評価差額金　51,000　（貸）その他有価証券　　68,000

繰　延　税　金　負　債　17,000

※前期のその他有価証券増加額＝¥51,000÷（100％－25％）＝¥68,000

前期の繰延税金負債＝¥68,000×25％＝¥17,000

当期末：（借）その他有価証券　96,000　（貸）その他有価証券評価差額金　72,000

繰　延　税　金　負　債　24,000

※取得原価＝前期末時価¥1,477,000－前期のその他有価証券増加額¥68,000＝¥1,409,000

当期のその他有価証券評価差額金＝（当期末時価¥1,505,000－取得原価¥1,409,000）×（100％

－25％）＝¥72,000

当期変動額（純額）＝¥72,000－¥51,000＝¥21,000

6. （借）損　　　　　益　870,000　（貸）繰越利益剰余金　870,000

問1 支店の本店勘定の金額　　¥　378,000,000

問2

損　　益

日	付	摘　要	金　額	日	付	摘　要	金　額
3	31	売 上 原 価	904,800,000	3	31	売　　　　上	1,525,200,000
3	31	支 払 地 代	112,320,000	3	31	受 取 手 数 料	9,900,000
3	31	給　　　料	181,450,000	3	31	受 取 配 当 金	4,320,000
3	31	広 告 宣 伝 費	67,500,000	3	31	有 価 証 券 利 息	1,500,000
3	31	支 払 利 息	6,480,000	3	31	(有価証券評価損益)	2,800,000
3	31	為 替 差 損 益	400,000	3	31	支　　　店	103,600,000
3	31	商品保証引当金繰入	7,152,000				
3	31	退 職 給 付 費 用	18,000,000				
3	31	貸倒引当金繰入	3,972,000				
3	31	減 価 償 却 費	76,500,000				
3	31	(繰越利益剰余金)	268,746,000				
			1,647,320,000				1,647,320,000

※「有価証券評価損益」は「有価証券運用益」も可。

問3　(1)　売掛金の貸借対照表価額　　¥　356,328,000

　　　　(2)　備品の貸借対照表価額　　¥　208,500,000

　　　　(3)　商品保証引当金の金額　　¥　20,172,000

　　▨1つにつき2点。合計20点。

解説

未処理事項と決算整理事項に関する仕訳を示せば以下のとおりです。

[資料]⒝未処理事項の仕訳

以下，上段が未処理の仕訳です。下段の［　］は処理済みの仕訳です。

1．支店：（借）広 告 宣 伝 費　4,320,000　（貸）本　　　　店　4,320,000
　　［本店：（借）支　　　　店　4,320,000　（貸）当 座 預 金　4,320,000］
2．支店：（借）本　　　　店　33,000,000　（貸）売　　掛　　金　33,000,000
　　［本店：（借）現　　　　金　33,000,000　（貸）支　　　　店　33,000,000］
3．本店：（借）買　　掛　　金　8,100,000　（貸）支　　　　店　8,100,000
　　［支店：（借）本　　　　店　8,100,000　（貸）普 通 預 金　8,100,000］
4．支店：（借）本　　　　店　18,000,000　（貸）仕　　　　入　18,000,000
　　［本店：（借）支　　　　店　68,400,000　（貸）仕　　　　入　68,400,000］
　　※支店の仕入勘定の減額分＝¥86,400,000−¥68,400,000＝¥18,000,000
5．本店：（借）契 約 負 債　6,600,000　（貸）売　　　　上　40,200,000
　　　　　　　　売　　掛　　金　33,600,000
　　※契約負債＝¥110×60,000ドル＝¥6,600,000
　　　売掛金＝¥112×（360,000ドル−60,000ドル）＝¥33,600,000

6．本店：（借）支　　　　店　14,400,000　（貸）未　払　　金　14,400,000

　　　［支店：（借）備　　　　品　14,400,000　（貸）本　　　　店　14,400,000　］

［資料］(C)決算整理事項の仕訳

1．本店：（借）為 替 差 損 益　1,300,000　（貸）買　掛　　金　1,300,000

　　　※為替差損益＝650,000ドル×￥115－￥73,450,000＝￥1,300,000

　　　本店：（借）売　掛　　金　900,000　（貸）為 替 差 損 益　900,000

　　　※為替差損益＝（360,000ドル－60,000ドル）×（￥115－￥112）＝￥900,000

2．本店：（借）貸 倒 引 当 金 繰 入　3,972,000　（貸）貸 倒 引 当 金　3,972,000

　　　※貸倒見積額＝（￥263,100,000＋￥33,600,000＋￥900,000）×2％＝￥5,952,000

　　　※貸倒引当金繰入額＝￥5,952,000－￥1,980,000＝￥3,972,000

　　　支店：（借）貸 倒 引 当 金 繰 入　700,000　（貸）貸 倒 引 当 金　700,000

　　　※貸倒見積額＝（￥99,000,000－￥33,000,000）×2％＝￥1,320,000

　　　※貸倒引当金繰入額＝￥1,320,000－￥620,000＝￥700,000

3．(1)本店：（借）売 買 目 的 有 価 証 券　2,800,000　（貸）有 価 証 券 評 価 損 益　2,800,000

　　　※有価証券評価益＝￥158,800,000－￥156,000,000＝￥2,800,000

　　　(2)本店：（借）満 期 保 有 目 的 債 券　600,000　（貸）有 価 証 券 利 息　600,000

　　　※有価証券利息＝（￥100,000,000－￥100,000,000×￥97／￥100）÷5年＝￥600,000

4．売上原価勘定で売上原価を計算します。

　　　本店：（借）売　上　原　価　738,000,000　（貸）繰　越　商　品　738,000,000

　　　　　　（借）売　上　原　価　891,000,000　（貸）仕　　　　入　891,000,000

　　　　　　（借）繰　越　商　品　756,000,000　（貸）売　上　原　価　756,000,000

　　　　　　（借）棚 卸 減 耗 損　10,500,000　（貸）繰　越　商　品　31,800,000
　　　　　　　　　商 品 評 価 損　21,300,000

　　　　　　（借）売　上　原　価　31,800,000　（貸）棚 卸 減 耗 損　10,500,000
　　　　　　　　　　　　　　　　　　　　　　　　　商 品 評 価 損　21,300,000

　　　※商品期末棚卸高＝＠￥2,100×360,000個＝￥756,000,000

　　　※棚卸減耗損＝＠￥2,100×（360,000個－355,000個）＝￥10,500,000

　　　※商品評価損＝（＠￥2,100－＠￥2,040）×355,000個＝￥21,300,000

　　　支店：（借）売　上　原　価　102,600,000　（貸）繰　越　商　品　102,600,000

　　　　　　（借）売　上　原　価　264,600,000　（貸）仕　　　　入　264,600,000

　　　　　　（借）繰　越　商　品　110,200,000　（貸）売　上　原　価　110,200,000

　　　　　　（借）棚 卸 減 耗 損　5,700,000　（貸）繰　越　商　品　7,900,000
　　　　　　　　　商 品 評 価 損　2,200,000

　　　　　　（借）売　上　原　価　7,900,000　（貸）棚 卸 減 耗 損　5,700,000
　　　　　　　　　　　　　　　　　　　　　　　　　商 品 評 価 損　2,200,000

　　　※当期仕入高＝￥282,600,000－￥18,000,000＝￥264,600,000

　　　※商品期末棚卸高＝＠￥1,900×58,000個＝￥110,200,000

　　　※棚卸減耗損＝＠￥1,900×（58,000個－55,000個）＝￥5,700,000

　　　※商品評価損＝（＠￥1,900－＠￥1,860）×55,000個＝￥2,200,000

5．本店：（借）減 価 償 却 費　76,500,000　（貸）建物減価償却累計額　36,000,000
　　　　　　　　　　　　　　　　　　　　　　　　　備品減価償却累計額　40,500,000

　　　※建物の減価償却費＝￥1,080,000,000÷30年＝￥36,000,000

　　　※備品の減価償却費＝（￥216,000,000－￥54,000,000）×1年／8年×200％＝￥40,500,000

　　　（償却保証額＝￥216,000,000×0.07909＝￥17,083,440）

支店：（借）減 価 償 却 費　37,200,000　（貸）建物減価償却累計額　12,600,000

　　　　　　　　　　　　　　　　　　　　　　　　備品減価償却累計額　24,600,000

※建物の減価償却費＝￥378,000,000÷30年＝￥12,600,000

※備品の減価償却費＝（￥144,000,000－￥14,400,000－￥32,400,000）×１年/８年×200％＋￥14,400,000

　　　　　　　　　　　　×１年/８年×200％×１カ月/12カ月＝￥24,600,000

　（前期以前に取得した備品の分の償却保証額＝￥144,000,000×0.07909＝￥11,388,960）

6．本店：（借）商品保証引当金繰入　7,152,000　（貸）商品保証引当金　7,152,000

※商品保証引当金繰入額＝（￥1,485,000,000＋￥40,200,000）×１％－￥8,100,000＝￥7,152,000

　　支店：（借）商品保証引当金繰入　2,040,000　（貸）商品保証引当金　2,040,000

※商品保証引当金繰入額＝￥492,000,000×１％－￥2,880,000＝￥2,040,000

7．本店：（借）退 職 給 付 費 用　18,000,000　（貸）退職給付引当金　18,000,000

　　支店：（借）退 職 給 付 費 用　3,600,000　（貸）退職給付引当金　3,600,000

8．本店：（借）給　　　　　料　5,950,000　（貸）未 払 給 料　5,950,000

　　　　　（借）前 払 地 代　56,160,000　（貸）支 払 地 代　56,160,000

　　支店：（借）給　　　　　料　1,600,000　（貸）未 払 給 料　1,600,000

　　　　　（借）前 払 地 代　13,800,000　（貸）支 払 地 代　13,800,000

9．本店：（借）支　　　　　店　103,600,000　（貸）損　　　　　益　103,600,000

　　支店：（借）損　　　　　益　103,600,000　（貸）本　　　　　店　103,600,000

※支店の当期純利益＝（売上￥492,000,000＋受取手数料￥5,760,000）－｛売上原価￥264,900,000

　　　　　　　　　　＋貸倒引当金繰入￥700,000＋減価償却費￥37,200,000

　　　　　　　　　　＋商品保証引当金繰入￥2,040,000＋退職給付費用￥3,600,000

　　　　　　　　　　＋給料￥41,200,000（＝￥39,600,000＋￥1,600,000）

　　　　　　　　　　＋支払地代￥27,600,000（＝￥41,400,000－￥13,800,000）

　　　　　　　　　　＋広告宣伝費￥16,920,000（＝￥12,600,000＋￥4,320,000）｝＝￥103,600,000

問1　前記の［資料］(B)未処理事項の仕訳により，以下のように計算することができます。

　　本店勘定＝￥424,680,000＋￥4,320,000－￥33,000,000－￥18,000,000＝￥378,000,000

　　※支店勘定＝￥371,700,000－￥8,100,000＋￥14,400,000＝￥378,000,000

問3　本支店合併貸借対照表を作成した場合における各金額は以下のように計算できます。

　　売掛金の貸借対照表価額＝本店分（￥263,100,000＋￥33,600,000＋￥900,000－￥5,952,000）

　　　　　　　　　　　　　　＋支店分（￥99,000,000－￥33,000,000－￥1,320,000）＝￥356,328,000

　　備品の貸借対照表価額＝本店分｛￥216,000,000－（￥54,000,000＋￥40,500,000）｝＋支店分｛￥144,000,000

　　　　　　　　　　　　　　－（￥32,400,000＋￥24,600,000）｝＝￥208,500,000

　　商品保証引当金の金額＝本店分（￥8,100,000＋￥7,152,000）＋支店分（￥2,880,000＋￥2,040,000）

　　　　　　　　　　　　　　＝￥20,172,000

INFORMATION

検定情報ダイヤル

日本商工会議所では，検定試験に関する様々な
お問い合わせに対応していくため，検定情報ダ
イヤルを設置しています。
試験概要，試験日程，受験料，申し込み方法、
場所等のお電話によるお問い合わせの場合は，
下記電話番号までご連絡下さい。

050-5541-8600

受付時間◆9：00～20：00（年中無休）

検定試験に役立つ情報がインターネットに満載

https://www.kentei.ne.jp

今すぐ，アクセスを!!